IWANAMI TEXTBOOKS

比較憲法 第3版

Miyoko Tsujimura 辻村みよ子

岩波書店

はしがき

　「比較憲法学」とは，一般に，「諸外国の憲法現象を比較の視点から対象としてとりあげる科学」であると定義される(本書17頁参照)．このテキストも，単に外国憲法の内容を知るだけでなく，憲法現象すなわち憲法の運用状況をも対象に加えて，諸国の憲法原理とその展開を，理論的・歴史的・動態的に学び取ることを目的としている(本書12頁参照)．
　従来は，イギリス，アメリカ，フランス，ドイツ，イタリアをはじめとする西欧の主要先進諸国をもっぱら対象として，日本の憲法解釈等に役立たせることが課題とされていた．しかし本書では，初版(2003年)，新版(2011年)でも，アジア・アフリカ諸国や中南米諸国を対象に加え，世界の憲法変動に対応した検討を行ってきた．とくにこの第3版では，新版の最終章で課題として示した平和主義の問題を第XI章として独立させ，日本で喫緊の政治課題となっている憲法改正について第XII章を新設して諸国の改正手続等を比較検討している．また，第VI章では，近年の最高裁判決等によって関心が高まっている家族の問題について，比較憲法的検討を加えた．
　折しも，憲法施行70周年の節目を迎えた日本では，2014年と2017年の衆議院議員選挙，2016年の参議院議員選挙の結果，改憲に賛成する政党が3分の2以上の議席を占めた．これによって与党自民党の宿願である憲法改正を，この機に「一気に」達成してしまおうとする議論が高まっている．権力者を縛るために憲法を制定するという「立憲主義」の考え方や，時々の政権担当者の意思によって憲法が安易に変更されないように通常の法改正より厳しい手続を要求する「硬性憲法」の特質からすれば，このような「政治の論理」によって「立憲主義」が危機を迎えていることを軽視することはできない．
　例えば，「ドイツで60回，フランスで24回も憲法改正されたのに，日本では一度も改正されていないのは，96条の手続が厳しすぎるからである」という議論や，「国民主権原理を実現するために国民投票による憲法改正が好機である」という議論，ひいては，「一度憲法改正を体験しよう」という「お試し

はしがき

改憲論」など，「立憲主義」の本質を理解しない安易な議論が多いことが，比較憲法を学ぶ視点から危惧される．

実際，数多くの憲法改正を経験したドイツやフランスでも，人権保障や共和制の憲法原理など基本的な部分で改正が行われているわけではない(これらの改正を禁止する条文も置かれている)．欧州統合や国際化・分権化のもとで究極的な選択を余儀なくされつつも真摯な議論と民主的手続を積み重ね，人権保障や民主主義を強化する方向で修正が加えられてきたのである．近代革命から200—300年を経て，なおも基本的な憲法原理を護り続けてきたイギリス，アメリカ，フランスなどの諸国では，たゆまぬ努力によって人権保障や国民主権原理等を憲法政治のなかに定着させてきた．グローバル化による国家主権の動揺，人権保障のための違憲審査制活用とレファレンダム等の直接民主主義の展開など，さまざまな「型の選択」を伴いながらも，憲法を活かすための自覚的な努力が絶えず続けられている．

これに対して日本では，「押しつけ憲法」論などの言説を根拠に，「解釈改憲」と「明文改憲」(本書241頁参照)を伴いながら憲法政治が進められてきた．そして憲法施行70周年にあたる2017年5月3日，自民党総裁である首相から，2020年オリンピック時の憲法改正の施行や，第9条第3項を追加して自衛隊を明示する案が唐突に提案され，一気に憲法改正日程が議題に上ることになった．同年10月22日総選挙の与党大勝や，北朝鮮のミサイル発射等を背景に，憲法改正の議論が正念場を迎えていることは間違いない．

このような状況下にある今こそ，世界の多くの憲法が，改正手続を厳しくして「硬性憲法」にしているのはなぜなのか，「立憲主義」とは何か，を真摯に問いかけ，諸外国の状況を正しく理解することから始めなければならない．広範な視座に立って比較憲法を学ぶことによって，これらの問いに答えることができるであろう．

本書の新版(2011年)以降，筆者は，比較憲法史的視座を強調した教科書『憲法(第5版)』(日本評論社，2016年)のほか，『ポジティヴ・アクション——「法による平等」の技法』(岩波新書，2011年)，『人権をめぐる15講——現代の難問に挑む』(岩波現代全書，2013年)，『比較のなかの改憲論——日本国憲法の位置』(岩

はしがき

波新書, 2014年),『選挙権と国民主権——政治を市民の手に取り戻すために』(日本評論社, 2015年),『憲法と家族』(日本加除出版, 2016年)などを上梓して, 現代憲法の諸課題を追究してきた. また, 諸外国の憲法については, 初宿正典・辻村みよ子編『新解説 世界憲法集(第4版)』*(三省堂, 2017年), 辻村編集代表『政治・社会の変動と憲法——フランス憲法からの展望(全2巻)』(信山社, 2017年), 辻村責任編集『憲法研究』(信山社, 2017年11月創刊)等によって最新の情報を発信するよう努めてきた(これらのうち, とくに*については, それぞれ本書第XII章, 第VI章2, 第I章2の記述と重なる部分があることをご海容願いたい).

これらから得た新たな知見をもとに改訂した本書第3版が, 初版・新版に劣らず多くの読者に支えられ, 比較憲法を学ぶ意義や楽しさを共有していただくことができれば幸いである.

最後に, 上記の共同研究等の機会にご教示をいただいた研究者の皆様, および, 本書刊行のために大変お世話になった岩波書店の伊藤耕太郎さん, 山本賢さんに, 心よりお礼を申し上げる.

2018年1月

辻村みよ子

目　次

はしがき

I　世界の憲法状況 ── 1
1　比較憲法の意義 …………………………………………… 1
2　21世紀の憲法状況 ………………………………………… 2

II　比較憲法の方法 ── 11
1　比較憲法の目的 …………………………………………… 11
2　日本および諸外国における比較憲法研究の展開 ……… 13
3　現代比較憲法の対象と方法 ……………………………… 16
4　世界の憲法の類型 ………………………………………… 17

III　近代憲法の成立と展開 ── 23
1　近代立憲主義の成立 ……………………………………… 23
2　近代憲法原理の成立と展開 ……………………………… 24
　(1)　イギリス ……………………………………………… 24
　(2)　アメリカ ……………………………………………… 27
　(3)　フランス ……………………………………………… 30
　(4)　ドイツ ………………………………………………… 37
3　近代市民憲法の変容と現代憲法への移行 ……………… 38

IV　現代憲法の特徴と展開 ── 西欧型と非西欧型 ── 43
1　現代憲法の特徴 …………………………………………… 43
2　現代憲法の展開 …………………………………………… 49
　(1)　フランス ……………………………………………… 49
　(2)　ドイツ ………………………………………………… 52

目　次

　　　　(3) イタリア ………………………………………………… 55
　　　3 非西欧諸国の憲法 ………………………………………… 57
　　　　(1) 社会主義型憲法の展開と変容 ………………………… 58
　　　　　　──旧ソ連，ベトナム，中国など
　　　　(2) アジア・アフリカ・中南米諸国の資本主義型憲法 …… 66
　　　　　　──韓国，インド，南アフリカ，ルワンダなど

V　現代憲法下の人権保障 (1)──自由権 ──────── 75

　　　1 人権の用法と展開 ………………………………………… 75
　　　2 第1世代の人権──自由権 ……………………………… 78
　　　　(1) 信教の自由と政教分離 ………………………………… 78
　　　　(2) 表現の自由 ……………………………………………… 87

VI　現代憲法下の人権保障 (2)──平等権・社会権 ───── 103

　　　1 平等の実質的保障とポジティブ・アクション ………… 103
　　　　(1) 形式的平等との実質的平等 …………………………… 103
　　　　(2) 男女共同参画とポジティブ・アクションの課題 …… 107
　　　　(3) 平等権をめぐる問題 …………………………………… 113
　　　2 現代家族の憲法規定──比較憲法的分類 ……………… 115
　　　　(1) 国際人権条約などの家族規定 ………………………… 115
　　　　(2) 各国憲法における家族規定 …………………………… 117
　　　　(3) 家族の国家保護の諸類型 ……………………………… 121
　　　3 社会権──第2世代の人権 ……………………………… 122
　　　　(1) 生存権 …………………………………………………… 122
　　　　(2) 労働権 …………………………………………………… 125

VII　現代憲法下の人権保障 (3)──新しい人権 ─────── 131

　　　1 プライバシー権の展開 …………………………………… 131
　　　　(1) アメリカ──プライバシーの権利 …………………… 132
　　　　(2) フランス──私生活尊重権 …………………………… 133

2　自己決定権とリプロダクティブ・ライツ ……………………… 134
　　　（1）リプロダクティブ・ライツの展開と課題 ……………… 134
　　　（2）人工妊娠中絶と自己決定権——「産まない権利」……… 135
　　　（3）代理出産をめぐる問題——「子をもつ権利」「産む権利」… 139
　　　（4）各国の法制度——代理出産の禁止をめぐる国家の規制 … 144

VIII　現代憲法下の統治構造 ─────────────── 151
　　1　民主主義の実現と統治システム ………………………………… 151
　　2　選挙権と選挙制度 ………………………………………………… 156
　　　（1）選　挙　権 ………………………………………………… 156
　　　（2）選挙制度の種類 …………………………………………… 160
　　　（3）各国の選挙制度 …………………………………………… 163
　　3　議会の組織と権能 ………………………………………………… 168
　　　（1）議会の組織——二院制 …………………………………… 168
　　　（2）国会の権能と議院の権能 ………………………………… 171
　　4　議院内閣制と大統領制——行政権強化の構図 ……………… 174
　　5　財政制度とコントロール ………………………………………… 180

IX　司法制度と違憲審査 ─────────────────── 183
　　1　司法権の観念と裁判機構 ………………………………………… 183
　　2　違憲審査制 ………………………………………………………… 189
　　　（1）違憲審査制の意義と類型 ………………………………… 189
　　　（2）付随的審査制——アメリカ型 …………………………… 193
　　　（3）抽象的審査制——ドイツ型 ……………………………… 197
　　　（4）事前審査制・抗弁による事後審査制——フランス型 … 200
　　　（5）日本の違憲審査制と課題 ………………………………… 206

X　地方自治・住民投票と国民投票 ──────────── 209
　　1　地方自治・地方行政制度 ………………………………………… 209
　　2　国民投票と住民投票 ……………………………………………… 214
　　　（1）レファレンダムの態様 …………………………………… 214

(2) 諸国の国民投票制度 …………………………………… 215
　　(3) 諸国の住民投票制度 …………………………………… 219
　3　日本における住民投票 …………………………………… 224

XI 「人権としての平和」と戦争放棄 ──────── 227
　1　世界の平和主義の流れ …………………………………… 227
　2　平和と人権の相互依存性 ………………………………… 228
　3　諸国の憲法における平和条項 …………………………… 230
　4　憲法第9条の政府解釈と運用 …………………………… 237

XII 憲法改正手続 ──────────────────── 241
　1　憲法改正をめぐる論点──改正限界説と改正無限界説 ……… 241
　2　日本の憲法改正手続 ……………………………………… 249
　3　各国の改憲条項 …………………………………………… 252
　4　主要国の憲法改正状況 …………………………………… 259
　　(1) ド イ ツ──60回の改正 ……………………………… 259
　　(2) フランス──24回の改正 …………………………… 260
　　(3) アメリカ──18回27ヵ条の改正 …………………… 261
　　(4) 韓　　国 ……………………………………………… 263
　　(5) 日　　本 ……………………………………………… 264

　主要参考文献一覧　　267

　主要国憲法略年表　　282

　索　　引　　289

I
世界の憲法状況

1 比較憲法の意義

　世界には 200 を超える「国と地域」があり，2017 年 12 月現在，国連加盟国は 193 カ国，日本が承認している国（日本を含む）が 196 カ国存在する（外務省ウェブサイト http://www.mofa.go.jp/mofaj/area/world.html 参照．日本が承認している国のうち，バチカン，コソボ，クック及びニウエは国連未加盟で，他方，日本が承認していない北朝鮮は国連加盟国である．国家として認められていない「地域」には，台湾，パレスチナ，香港，マカオなどが含まれる）．国家形態は連邦制と単一国に分かれ，統治形態は君主制と共和制に，さらに大統領制，議院内閣制，半大統領制などに区分される（憲法の定義や分類については本書 11 頁，統治形態については Ⅷ 章以下参照）．

　17・18 世紀に誕生した近代憲法の基本原理は人権保障，国民主権，権力分立，法の支配などであるが，これらは 20 世紀前半以降，現代憲法原理へと発展し，変容を遂げた．とくに第 2 次世界大戦後に制定された諸国の憲法では，①「社会国家」理念・社会権の出現，人権の国際化，②議会優位の構造から行政府優位の構造への展開（「行政国家」現象），③違憲審査制による法治国家の確立などの特徴が認められる．

　そして 1990 年代以降は，グローバリゼーションや欧州統合，ソ連邦崩壊等を背景に著しい憲法変動の波にさらされ，近代に成立した国民国家（Nation-State）が変容した．それが国家主権の制限や人権の国際的保障を促進し，近代憲法の基本原理としての国民主権や人権保障にも影響を与えた．

　こうして，大きな転換期を迎えた 21 世紀の憲法を，主権原理・人権原理の

動揺を踏まえつつ，大局的な視座から研究することが重要な課題となった．同時に，諸国の憲法状況と課題をダイナミックに比較する比較憲法学の意義もまた，一段と大きくなったといえよう．

そこで本書では，イギリス，アメリカ，フランス，ドイツなどの資本主義国の諸憲法を中心に近代憲法の成立と展開を概観し，近代憲法原理の歴史性と普遍性を確認した上で，アジア・アフリカ・中南米諸国や社会主義国など非西欧諸国を含めた21世紀の世界の憲法について，現状と理論的諸課題を考察する．第Ⅲ章以下の歴史的検討や国別の検討に入る前に，ここで予め序論として，主権原理・人権原理・法の支配（法治国家）・統治機構・平和主義・憲法改正の順に，現時点での世界の憲法状況を総合的に概観しておくことにしよう（初宿・辻村編『新解説 世界憲法集（第4版）』6頁以下〔辻村執筆〕参照）．

2　21世紀の憲法状況

1)　主権原理——欧州統合等による国家主権の制限

ヨーロッパ諸国では，欧州連合条約（マーストリヒト条約，アムステルダム条約，ニース条約，リスボン条約等）による国家主権の制限や移（委）譲が政治課題となり，主権論の再検討が緊急課題となった．

フランスの現行憲法（1958年）は，「国民（＝国家）の主権（souveraineté nationale）は，人民に存する」（第3条第1項）と定めるが，souveraineté nationale の語は，対外的な国家主権の意味と同時に対内的な国民主権の意味をもつ．従来は，いわゆる主権の3用法（①国家権力の最高・独立性，②国家権力の総体，③国家における最高意思決定機関）のうち，第二の用法によって人民に帰属する主権（国家権力）の移譲が禁止されてきた．しかしマーストリヒト条約批准に関する1992年憲法院判決は，「主権行使の本質的要件」を侵害しない限りでの移譲を認め，諸学説も主権の多義性を強調して移譲を正当化するようになった．

ドイツでも，連邦共和国基本法では「すべての国家権力（Staatsgewalt）は，国民（Volk）に由来する」（第20条第2項）と定めるが，東西ドイツ統一や欧州統合時に揺らぎが生じた．1992年の第38回改正で第23条の新規定と第24条1a項が付加され，Hoheitsrechte（高権）の委譲が明記されて欧州連合への主権委譲が

正当化された．

さらに，欧州連合市民に対する欧州市民権，地方参政権の付与や欧州連合条約に基づく庇護権の承認，欧州逮捕状の創設，欧州憲法の制定など，新たな欧州連合の組織化のなかで，国民国家の国家主権の制約が続いた．2009年12月1日にリスボン条約（欧州連合基本条約を修正する条約）が発効し，2013年7月にクロアチアが加盟して加盟国28カ国，人口約5億1000万人に拡大した新たな段階に入った．他方ギリシア債務危機などに端を発した財政問題が重大な局面を迎え，2016年6月にはイギリスのEUからの離脱が国民投票で決定されるなど，多難な状態が続いている（本書215—216頁参照）．

2） 人権原理——人権の国際化と「新しい人権」の展開

国際連合や欧州共同体（EC）などで採択された国際人権条約が国内法化され，人権規範が拡大した．国際刑事裁判所設立条約（ローマ規程）が1998年7月17日に採択され，戦争犯罪，人道に対する罪などの国際法違反の個人等を裁くための常設裁判所が設置されるなど，人権保障手段も拡大した（この条約は，60カ国以上の批准を発効の条件としていたが，2002年7月1日に138カ国の署名と76カ国の批准を得て発効した）．

さらに現代憲法では，自由権中心の第1世代の人権から，社会権中心の第2世代の人権を経て，第3世代の人権といわれる「新しい人権」が登場した．日本でも，憲法第13条の個人尊重原則のもとで，幸福追求権として「新しい人権」が保障されている．ドイツ連邦共和国基本法では，人間の尊厳の不可侵性が定められ（第1条），これを保護する国家の基本権保護義務論が盛んとなった．「人格を自由に発展させる権利」や「生命に対する権利」（第2条）も，リプロダクティブ・ライツ（人工妊娠中絶，生殖補助医療問題），クローン技術の発展等との関係で重要な意味を持つようになった．1999年制定（2000年施行）のスイス連邦憲法でも，ドイツの場合と同様に，基本権カタログの冒頭に人間の尊厳の保護（第7条）が規定され，生命に対する権利，プライバシーの権利，環境保護等が定められた．

人権主体についても，近代国民国家では排除されていた外国人・子ども・女性・障害者などの権利が保障され，人権の普遍性が承認された．反面，多文化

主義などの諸潮流から批判が加えられ，マイノリティの権利が重視されるようになった．

欧州基本権憲章では，差別禁止条項(第 21 条第 1 項)の中に，人種，性別等とならんで「性的指向(sexual orientation)」が含められ，同性カップルなどによる家族形成が認められた．現実に，2000 年のオランダに続いてカナダ等で同性婚が認められ，2010 年 6 月アイスランドで同性婚が認められて首相が世界初の同性婚首脳になり，2013 年 5 月にフランスでも同性婚が法制化された．その後も，イギリス，ドイツで法制化され，世界 24 カ国(2017 年 12 月現在)で同性婚法が制定されるに至っている．また，各州の対応に委ねられているアメリカでも，2013 年 6 月に連邦最高裁が婚姻防衛法(DOMA，同性婚を禁止)を違憲と判断し，2015 年 6 月には，婚姻を異性カップルに限定する州法を違憲無効とする判決を下した(Obergefell v. Hodges, 135 S. Ct. 2584, 2015)(本書 133 頁参照)．

平等原理についても，欧州連合や国連が暫定的特別措置を推奨したことを受けて，各国で積極的格差是正措置(アファーマティブ・アクション／ポジティブ・アクション)が採用された．フランスでは 1999 年 7 月 9 日に，公職における男女平等参画のための憲法第 3 条・第 4 条の改正が実施され，2008 年 7 月の憲法改正によってこの原則が経済的社会的領域にも拡大された(本書 110 頁参照)．イタリアでも，アムステルダム条約に則して，ポジティブ・アクションを認める憲法第 51 条改正が 2003 年 5 月 30 日に実施され，公職における男女の機会均等を促進する法律制定も可能となった．

3) 法の支配(法治国家)と「違憲審査制革命」

違憲審査制は，人権保障と憲法保障を目的としてアメリカの建国期のマーベリー対マディソン事件(1803 年)を契機に確立された(治安判事任命の辞令交付をめぐる本件合衆国最高裁判所判決で，マーシャル首席裁判官は，法律が違憲であるかどうかを審査する権限が裁判所にあることを論じた)．以後，合衆国憲法の最高解釈権が合衆国最高裁判所にあることが確立され，州に対する違憲立法審査権の確立や判例法主義の確立につながった．

第 2 次大戦後には，違憲審査制が欧州諸国の憲法で採用され，オーストリアやドイツのような憲法裁判所制度が大きな影響を与えた．1980 年代以降，欧

米・アジア諸国をとわず，世界の多くの国でこの制度が重視されたことについて，「違憲審査制革命」という評価も生じた．

違憲審査制は，非集中型（司法裁判所による前提問題型，アメリカ型）の付随的審査制，および，集中型（特別の憲法裁判所による主要問題型，ドイツ型）の抽象的審査制の2類型に分類される．

第一の付随的審査制は，民事・刑事・行政の裁判を扱う通常の司法裁判所が，係属した訴訟事件の審理判断に付随して，事件解決の前提として適用法令の合憲性を審査する方式である（アメリカ，カナダ，日本，インドなどで採用）．この類型では，原告適格や訴えの利益などの訴訟要件が必要とされ，違憲判決の効力も個別的効力にとどまる．

第二の抽象的審査制は，特別に設置された憲法裁判所が，法定された提訴権者の申立てに基づいて具体的事件と関係なく法令等の合憲性を審査する方式である（ドイツ，オーストリア，イタリア，スペインなどで採用）．1990年代以降，東欧諸国やロシア，旧ソ連邦諸国，アジア・アフリカ・中南米諸国でも憲法裁判所が設置され，この方式を採用する国家が飛躍的に増大した．この類型では，原告適格等が厳しく制限されることなく違憲審査を請求できる．さらに違憲判決の効力も，一般的効力をもつことが特徴となる（本書197頁以下参照）．

加えて，両者の要素を折衷した類型がイタリア，ロシア，フランス，韓国などで確立された．例えばイタリアの方式は，通常裁判所または行政裁判所に係属中の争訟の途中に法律等の合憲性審査の必要が生じた場合に，抗弁の方法または職権によって憲法裁判所に事件を移送するものである．

伝統的な人民主権原理との関係で違憲審査制を拒んできたフランスでも，第5共和制憲法下で，もともと政治的諮問機関として設置された憲法院（Conseil constitutionnel）が，自らを人権擁護機関として位置づけて積極的な違憲審査を行った．その後2008年7月の憲法改正によって抗弁の方法による事後的審査制が導入され，2010年3月から活発に運用されている（本書204頁以下参照）．

ロシア共和国では，ロシア連邦憲法裁判所が機関訴訟等のほか憲法訴願の方法で法律の合憲性審査を実施している．大韓民国でも憲法訴願審判を含む集中型（ドイツ型）の違憲審査制を採用しており，憲法裁判所の役割が注目されている．憲法裁判所は9人の裁判官からなり，法律の違憲審査のほか，弾劾の審判，

政党の解散審判等を実施する．2017年3月10日には，朴槿恵(パククネ)大統領に対する弾劾審判の結果として罷免を言い渡した．また，抽象的規範統制は行わず付随的審査制(アメリカ型)である点で，特有の制度である(本書191頁以下参照)．その運用においても，1987年憲法施行直後の1988—94年に身体の自由や経済的自由に関する多くの違憲判決を下し，その後も，韓国の伝統に由来する民法の同姓同本間の婚姻禁止制度を1997年に違憲とするなど，積極的な司法審査を行ってきた．但し近年では，比例性の原則に基づいて判断されることが多く，違憲審査基準論は揺らいでいる．

　理論的にも，アメリカなど多くの国で，司法審査および違憲審査権を有する司法裁判官の民主的正統性が問題となっている．主権者によって選出されたわけではない(民主的正統性をもたない)裁判官が，主権者国民の代表としての立法者が制定した法律を無効にすることが，なぜ正当化されるのか，民主主義と司法審査(民主主義と立憲主義)の関係が課題となるからである．アメリカの憲法学説では，「我々，合衆国人民」の憲法制定権力を問題として人民主権を再登場させたブルース・アッカーマンらの研究が注目され，人民主権の立場からレファレンダムを重視する立場も登場した．さらにフランスのように伝統的に違憲審査を認めなかった国でも立憲主義(法治国家)が重視されるようになった．各国がほぼ類似の憲法課題に直面していることが理解できる．

4） 統治機構——権力分立の現代的展開

　近代憲法から現代憲法への移行に伴う権力分立構造の変容が問題となる．18—19世紀の近代立憲主義の定着期には，議会中心主義が確立されたが，現代憲法のもとでは，立法国家(立法権を中心とする国家)から，行政国家(法を執行する行政権が強大な力をもつ国家)への展開が認められた．これは，近代の消極国家・夜警国家・自由国家から，現代の積極国家・社会国家への展開に伴うもので，社会権などの実現を目的として国家の機能が強化された結果，執行機関に権力が集中される傾向が強まったものである．いいかえれば，議会中心主義からみた場合には，主権者によって直接選挙で選出される国会議員が民主的正統性をもつとして，「立法までの民主主義」が重視されてきた．これに対して，20世紀後半以降は，大統領が主権者から直接選出されるなど，行政府の首長

が民主的正統性を確保することによって,「行政までの民主主義」が問題となった.

さらに20世紀末からは,違憲審査制等による司法権の拡充によって,司法国家という用法も出現した.陪審制・参審制や日本型裁判員制度の導入などによって,「司法までの民主主義」が求められている.

統治制度について,立法権(議会)と行政権(政府)との関係に注目して分類する場合には,大統領制(議会と政府とを完全に分離し,政府の長たる大統領を民選とする制度),議院内閣制(行政権を担当する内閣の存立を議会に依存する制度)などに分類され,前者はアメリカ,後者はイギリスや日本などで採用されている.さらに,両者の中間的な制度(議院内閣制のもとで,大統領を擁する制度)もフランスなどで採用されており,「半大統領制」という用法も生じている.

これに対して,社会主義憲法では,中華人民共和国憲法のような民主集中制も存在する.この体制では,人民主権(2条)のもとで全国人民代表大会と地方各級(クラス)代表大会が意思決定し,人民に対して責任を負い,その監督を受ける(3条)と定められるが,実際には,党の執行機関に権力が集中され,一党独裁体制が維持されている.

主要国では,アメリカ,イギリスなどでは小選挙区制が,ベネルクス三国・北欧諸国などでは比例代表制が採用されており,国民代表と選挙を介在させる間接民主制のもとでは,選挙制度が非常に重要な意味を持っている(本書163頁以下参照).

近年では,間接民主制に対して,直接民主制の手続が多用される傾向にある.直接民主制の一形態としてのレファレンダムは多様であり,スイスのほか,フランス,イタリアなど多くの国で国民(人民)投票制が憲法上に明記されているほか,憲法や法律に根拠を有する多様な住民投票(拘束型,諮問型等)が実施されている.フランスでも,2003年の憲法改正によって憲法上に住民投票が明確化され,地方自治の強化による分権化傾向が強まった.また2008年7月の憲法改正で人民発案を伴う人民投票制が導入され,「半直接制」への展開が一層特徴的なものになっている(本書51頁,154頁参照).

5）平和主義——日本国憲法の特徴としての平和的生存権

　近代憲法の成立以後，政府による軍隊統制の仕組みが明確にされるようになり，侵略戦争の放棄が憲法に定められるようになった（フランス 1791 年憲法第 6 篇第 1 条参照）．このような「立憲平和主義」はフランス 1848 年憲法・1946 年憲法，ブラジル 1891 年憲法，スペイン 1931 年憲法，イタリア 1947 年憲法，1949 年ドイツ連邦共和国基本法等に引き継がれ，侵略不正戦争の放棄という立場が一般化した．

　これに対して，日本国憲法では，人類初の原子爆弾の使用を招いた第 2 次世界大戦への反省から，平和主義の現代的形態を先取りする形で戦争放棄・戦力不保持と平和的生存権が保障された．その後，アジア・アフリカ・中南米諸国の憲法のなかにも，平和主義条項をもつものが急増した．これらは，(a)抽象的な平和条項を置く国（フィンランド，インド，パキスタンなど），(b)侵略戦争・征服戦争の放棄を明示する国（フランス，ドイツ，大韓民国など），(c)国際紛争を解決する手段としての戦争を放棄し，国際協調を明示する国（イタリアなど），(d)中立政策を明示する国（スイス，オーストリアなど），(e)核兵器等の禁止を明示する国（パラオ，フィリピン，コロンビアなど），(f)軍隊の不保持を明示する国（コスタリカなど），(g)戦争放棄・戦力不保持を明示する国（日本），に分類することができる．今日では 1949 年憲法第 12 条で常備軍を廃止した中米のコスタリカが注目されているが，憲法上は軍隊を組織できると定められていることも忘れてはならない（詳細は，本書 231 頁以下参照）．

　以上のような比較検討からすれば，憲法上で戦争放棄と戦力不保持をともに明示し，さらに憲法前文で平和的生存権に言及した日本国憲法が特別の位置にあることが理解される．しかし，実態は憲法規定から大きくかけ離れており，世界 8 位（2017 年現在，本書 236 頁）の装備をもつ自衛隊が海外派遣されている現実がある．憲法の運用が規範とかけ離れてしまったから憲法を改正すべきだという議論も強いが，それによって日本国憲法の比較憲法上の意義が損なわれるものではないことも事実であろう．

6) 憲法改正——「硬性憲法」の意義

立憲主義とは憲法を制定して政府(政治権力)を拘束するという原則であり，憲法は権力者を縛る「檻」にほかならない．そのため世界の圧倒的多数の国では，通常の法改正より厳格な憲法改正手続を定めており，「硬性憲法」を採用している(例外は，成文憲法をもたないイギリスやニュージーランドなど，ごく一部の国に限られる．本書241頁)．

諸国の憲法改正手続は，大まかに以下の類型に分類できる．

(ⅰ)特別の憲法会議招集または議会の特別の議決による発議と，その批准要件を定める場合(アメリカでは，連邦議会両院の3分の2の要求で発議または州議会の3分の2の要求で憲法会議を招集し，改正案について4分の3州の批准または憲法会議での批准が必要)．

(ⅱ)特別の憲法会議の議決または国民投票による承認を要求する場合(フランスでは，国民投票または両院合同会議の5分の3以上の賛成が必要)．

(ⅲ)議会の特別の議決および国民投票の承認を要求する場合(韓国〔一院制〕では議会の3分の2の賛成で発議し，国民投票の過半数の承認が必要．但し，最低投票率50％が要件)．

(ⅳ)議会の特別の議決または国民投票の承認を要求する場合(スペインでは，重要事項以外の部分改正の場合，各議院の5分の3で可決後，10分の1以上の要求があれば国民投票にかける)．

(ⅴ)議会の特別の議決を要求する場合(ドイツでは，連邦議会議員および連邦参議院の票決数の3分の2の同意で成立．国民投票は不要)(詳細は本書252頁以下参照)．

これらのうち，州の批准や国民投票を必要としないで改正が可能なドイツやフランスでは，実際に憲法改正がそれぞれ60回，24回も繰り返されてきた(本書259頁以下参照)．

日本の憲法改正動向

これに対して日本では，2007年の憲法改正手続法(国民投票法)制定・2010年施行後，2012年12月総選挙によって自民党が政権復帰して以来，憲法第96条の改正手続の先行改正論などの改憲論議が盛んになった．さらに2017年10

Ⅰ　世界の憲法状況

　月22日の総選挙における与党の大勝を背景に，憲法審査会等における具体的な憲法改正論議が進められている．その理由として，従来からの「押しつけ憲法」論や自主憲法制定論に加えて，近年では，「ドイツでは60回も憲法改正しているのに日本が全く改正してないのはおかしい」など，諸外国との比較論を持ち出して政治的な(世論誘導的な)議論がなされているようにみえる．

　しかし，各国でどのような改正手続を採用し，どのような議論をしてきたのか，国民投票が有効に機能するためにどのような条件が必要か(例えば，投票率30%で，その過半数である15%超の賛成でも改正できる制度でいいのか)など，各国の憲法状況に照らして具体的に検討することが必要である(本書259頁以下参照．世界各国の憲法改正手続と課題については，辻村『比較のなかの改憲論』を参照されたい)．ここにこそ，諸外国の憲法を学ぶ意義が示されているといえよう．

　まさに今，比較憲法の広い視点にたって，多くの国で厳格な改正手続を採用している理由を，憲法保障の重要性に照らして十分に理解しなければならない．今こそ，比較憲法を学ぶことが求められているのである．

II
比較憲法の方法

1　比較憲法の目的

　国の統治組織や人権保障等の基本原則を定めた最高法規を憲法(Constitution〔英〕，Constitution〔仏〕，Verfassung〔独〕)と呼ぶならば，どこの国にも憲法は存在する．法の存在形式や名称等にかかわらず，実質的内容に注目して，このような国家の基本構造や根本秩序を定める法規範を憲法と定義する場合，それは実質的意味の憲法といわれる．例えば，イギリスでは，憲法(典)という名称をもった実定法は存在しないため，形式的意味の憲法は存在しないが，実質的意味の憲法は存在する(イギリスでは，国会主権の原則のもとに国会で制定された法律が最高法規であり，国家の基本構造を定める成文法としての諸法律が，実質的意味における憲法となっている)．

憲法の独自性と普遍性の発見
　世界の単一国家や連邦国家が，最高法規としての憲法をもつ場合も，その内容や原理は一様ではない．それぞれ歴史や伝統・国民性等に依拠しつつ，憲法の制定や改廃を繰り返してきた．その結果，1つの国が歴史的に数多くの憲法をもつにいたる場合がある．例えば，フランスでは，最初の1791年憲法以降，現行の1958年憲法まで，君主制・共和制・帝制など政治形態を異にする15の憲法が制定された．
　また，同じ憲法でも，数多くの改正を経て生き続けることもある．例えば，アメリカ合衆国憲法は，1787年の制定以降，27回の修正を経て230年以上存続している．ドイツ連邦共和国基本法の場合は，東西ドイツ統合やEU加盟な

Ⅱ 比較憲法の方法

ど重大な変更に伴って60回の改正を経験した．これらの諸国の憲法に固有な特徴や内容を比較して研究することによって，一層その固有な特徴・独自性を明らかにすることができる(初宿・辻村編『新解説 世界憲法集(第4版)』165頁以下参照)．

反面，世界の諸憲法の内容や原則が異なっているとしても，全体を概観すると，そこに一定の共通項を見出すことができる．基本的人権の保障，国民主権と民主主義，権力分立，法の支配などは，現在の多くの憲法が共通の目標としてかかげている原則である．世界の諸憲法を比較することによって，このような共通の憲法原理や傾向を承認し，すべての人類にとって普遍的な憲法原理というものを導き出すことも可能となろう．

また資本主義国と社会主義国，発展途上国などで，互いに異なる憲法原理が採用される場合には，国家の社会・経済体制や政治体制，宗教・文化等と憲法原理の相互関係などを抽出することが可能になる．同じ資本主義国のなかでも，近代革命の成果として近代的な憲法を制定したアメリカ，フランス，ドイツなどの諸国では，いずれも基本的人権の保障，国民主権，権力分立という近代憲法原理を確立しつつ，これらを現代憲法原理に展開させる過程で各々異なる特徴を示してきた．

憲法学の方法と比較憲法

このようにみてくると，比較憲法学を次のように定義することが妥当と思われる．それは，「諸国の憲法規範と憲法現象を，憲法解釈と区別された憲法科学の手法で，近代憲法から現代憲法への歴史的展開を重視しつつ体系的に比較研究する学問分野」である．これは，拙著『憲法』(初版2000年―第5版2016年1―5頁)のなかで，憲法を学ぶ3つの方法について示した視座――動態的視座，科学的視座，歴史的・比較憲法的視座――に対応している．ここでいう第一の動態的視座とは，憲法規範のみならず，現実の憲法現象や憲法の運用をふまえて憲法問題を捉える現実的で機能的な視座をさす．また第二の科学的視座とは，特定の政治的立場等とは一線を画して，歴史学や政治学など隣接諸科学の成果をとりいれて社会科学としての憲法学をめざす視座をさす．第三の歴史的・比較憲法的視座とは，憲法規範が成立した歴史的過程やその後の展開，さらに広

く諸国の憲法状況を見通す広範な視野のことであり，本書はそのような比較憲法史的研究を実践するものである．

2 日本および諸外国における比較憲法研究の展開

日本における外国法研究

日本では，1889(明治22)年に大日本帝国憲法(明治憲法)が近代的憲法の外観をまとって登場したが，実際には，天皇主権(君主主権)・権力集中・基本的人権の否定(臣民の権利の恩恵的保障)などの特徴から，外見的立憲主義が確立されたにすぎなかった．明治憲法制定に先立つ自由民権運動期にフランス人権宣言の邦訳(ジブスケの口訳)(辻村『人権の普遍性と歴史性』229頁以下参照)や中江兆民の民約論(ルソーの社会契約論の邦訳)が出現してフランス憲法への関心も高まった．また，大隈重信らによってイギリス憲法政治を模範とする憲法意見書も提出され，ブーミー(深井英五訳)『英米仏比較憲法論』(1892年)も翻訳された．しかし，成立した明治憲法はおもにプロイセンの憲法を参考にした欽定憲法であり，自由民権の思想は弾圧されて，憲法学研究の主流も(イエリネック，ラーバントなどを中心とする)ドイツ国法学であった．

当時の帝国大学(東京大学・京都大学等)では，憲法講座とならんで国法学講座が設けられ，憲法の基礎理論研究としての比較憲法研究の萌芽が認められる．一木喜徳郎講述『国法学』(1889年)，美濃部達吉『国法学資料第二冊・憲法及び憲法史研究』(1908年)などによっておもにイエリネックらの公権論・国家学などが研究された．但し，明治憲法の天皇主権の解釈をめぐって上杉慎吉らの正統学派と対立した美濃部達吉の著書には，「欧州ニ於ケル成文憲法ノ発達」「佛国憲法ノ百年間ノ変遷」などが収録されており，外国憲法研究の対象が拡大されていたことが窺える．

上記のように，明治期の研究の進展に影響を与えたのが，イエリネック『主観的公権の体系』(Georg Jellinek, *System der subjektiven öffentlichen Recht*, 1892)，同『人および公民の権利の宣言』(原著1885年，美濃部達吉訳『国法学資料第一冊・人権宣言論』1906年)，同『一般国家学』(原著1900年，大西邦敏・水垣進訳1932年)であり，ほかにJ. W. バージェス『政治論および比較憲法論』(John W. Burgess,

Ⅱ 比較憲法の方法

Political Sciences and Comparative Constitutional Law, 2 vols. 1891，高田早苗・吉田己之助訳『比較憲法論』1908 年）などがあった．

のちにフランスのエスマン『フランス憲法及び比較憲法』(A. Esmein, *Élements de droit constitutionnel français et comparé*, 1895) や M. ゲツェヴィチの『比較憲法史』(Mirkines-Gueetzevitch, *L' histoire constitutionnelle comparée*, 1936) が，宮沢俊義「憲法の比較的，歴史的研究について」(1936 年)，鈴木安蔵『比較憲法史』(1936 年) や大西邦敏「比較憲法学の任務，方法および意義」(早稲田政治経済学雑誌 69 号，1940 年，同『比較憲法の基本問題』1968 年所収) などで紹介されたことも，日本における比較憲法研究の発展にとって重要な意味をもった．

日本国憲法下の比較憲法研究

1946 年 2 月の日本国憲法制定過程において，鈴木安蔵らの憲法研究会が 1945 年 12 月 26 日に公表した草案「憲法草案要綱」が，民政局が作成したマッカーサー草案に直接的な影響を与えたことは近年ではよく知られている．とくに国民主権（象徴天皇制）や財産権規定は現行憲法に近いものであった．自由民権期の千葉卓三郎案の財産権規定もフランス人権宣言第 17 条と酷似していた．当時の憲法思想が鈴木安蔵らの憲法研究会の草案を介して日本国憲法に反映されてくる過程は，現行憲法の出自をめぐる論争にも一石を投じるものであり，比較憲法的にみても興味深いものである（辻村『人権の普遍性と歴史性』264 頁以下，辻村『比較のなかの改憲論』80 頁以下参照）．

日本国憲法制定後は，田上穣治『比較憲法』(1950 年)，弓家七郎『比較憲法講義要綱（上巻）』(1951 年)，長谷川正安「比較憲法論の一考察」(法政論集 2 巻 1 号，同『憲法学の方法』1957 年所収) などで比較憲法の方法論が検討され，M. ゲツェヴィチの比較憲法的・歴史的研究手法が参照された（同『比較憲法の方法』小田滋・樋口陽一訳，1964 年）．

その後，樋口陽一『比較憲法』(1977 年) が登場して日本の比較憲法研究に重要な足跡を残した．ここでは，近代立憲主義を個人主義という思想的特徴で捉えてイギリス，アメリカ，フランス，ドイツの 4 カ国について比較検討する視座を明確に打ち出し，改憲論の潮流の中で比較憲法が改憲主張の正当化のために用いられていることを危惧して認識と実用の混用を戒めた．さらにその後は，

外国憲法研究がますます盛んになり，個別研究が進展して情報量が膨大となった．反面，1人の研究者が単著として比較憲法学のテキストを著すことが極めて困難になった．

とくに1990年代以降では，単著は，樋口陽一『比較憲法(全訂第3版)』(1992年)，吉田善明『現代比較憲法論(改訂版)』(1996年)，杉原泰雄『憲法の歴史——新たな比較憲法学のすすめ』(1996年)，小林昭三『比較憲法学・序説』(1999年)，辻村みよ子『比較憲法』(2003年)，塩津徹『比較憲法学』(2005年)など，少数にすぎなくなった．現在では，各国憲法の研究を専門とする研究者の論稿を集約した編集本が多くなっている(君塚正臣編著『比較憲法』，初宿正典編『レクチャー比較憲法』参照)．

比較憲法研究のネットワーク化

近年では憲法学の国際学会である国際憲法学会(IACL: International Association of Constitutuional Law/AIDC: Association Internationale de Droit Constitutionnel, 1985年設立：http://www.iacl-aidc.org/)などを中心に研究者や研究機関のネットワークが形成され，世界大会等を通じて研究成果の交流が図られている．とくにミシェル・ローゼンフェルドら国際憲法学会執行部が編著者となった大著 (Michel Rosenfeld and András Sajó eds. *The Oxford Handbook of Conparative Constitutionnalism*, 2012)が世界の第一線の憲法研究者64人の論文を集めて体系的な比較憲法書として刊行された．併せて，ニューヨーク大学を拠点に国際憲法学会メンバーを中心に刊行された *International Journal of Constitutional Law* (I-CON)は，2017年春までに14号を刊行している．

アジアでも，憲法学の国際化，グローバル化の進展によって，憲法学者のネットワーク化が進んだ．日本では国際憲法学会日本支部が1989年に横浜で「アジア憲法シンポジウム」を開催し，全国憲法研究会が1999年に東京で「アジア・オセアニア立憲主義シンポジウム」を開催した．2005年韓国ソウルで創設された「アジア憲法フォーラム」の第2回大会が2007年に名古屋で開催され，第7回2017年タイ・バンコク大会まで継続されている．2014年には，ソウルで開催された「世界憲法裁判会議」第3回総会で，アジア地域の人権向上のためにアジア人権裁判所を設立しようという提案が，韓国憲法裁判所のパ

ク所長からなされた．2017年1月にも地域人権保障機関としてのアジア人権裁判所創設の提案がされているが，まだ発足には至っていない．

3 現代比較憲法の対象と方法

　比較憲法が，諸国の憲法の比較を行う学問であるとしても，成文憲法を単純に比べることを意味しない．憲法学が実定憲法の文理解釈にとどまらず，基礎理論研究や憲法史・憲法思想史的研究，憲法現象を主な対象とする憲法社会学的研究などを含んでいるのと同様に，比較憲法学も広い射程をもっている．

4つの研究領域と視座
　憲法学の射程ないし領域について，(i)憲法基礎理論研究，(ii)憲法解釈論研究，(iii)憲法社会学的研究，(iv)憲法史的研究，の4つを含める場合には，比較憲法学についても，比較憲法基礎理論研究，比較憲法解釈論研究，比較憲法社会学的研究，比較憲法史的研究，を構想することが可能となる．
　また，憲法学の視座ないし方法として，(i)憲法理論(演繹)的視座・方法，(ii)憲法解釈(実践)的視座・方法，(iii)憲法社会学的視座・方法，(iv)憲法史的視座・方法の4つを区別する場合には，比較憲法学のそれについても，比較憲法理論的視座・方法，比較憲法解釈的視座・方法，比較憲法社会学的視座・方法，比較憲法史的視座・方法，が成立するであろう．
　要するに，憲法学も比較憲法学も，憲法を広い視座から多面的かつ多次元的に研究する学問である．憲法原理のなかにも，主権原理と人権原理の各々について選挙・代表制，自由・平等など多くの理論・テーマが含まれていることからすれば，比較主権論研究，比較選挙・代表制論研究，比較人権論研究，比較平等論研究なども可能となる．
　こうして，比較憲法の研究対象は無限に存在するといっても過言ではない．例えば，「女性の人権」について憲法理論的・憲法解釈的・憲法社会学的・憲法史的研究が可能であるとする場合に，諸国の憲法を比較する比較憲法研究の手法を導入することで，比較憲法理論的・比較憲法解釈的・比較憲法社会学的・比較憲法史的な「女性の人権」研究が成立しうるのである(辻村「比較女性

人権史の試み」比較憲法史研究会編『憲法の歴史と比較』28 頁以下参照）．実際に「人権に関する，比較憲法的視点に立った教科書」として，中村睦男ほか編著『世界の人権保障』(2017 年) も刊行された．

科学としての比較憲法学

次に，このような広範な研究対象を有する比較憲法学を，独自の存在意義を有する真の学問分野として再構築するために，その方法を明確にしておかなければならない．従来の比較憲法学では，例えば，樋口陽一は，「比較憲法学とは，諸外国の憲法現象を比較の観点から対象としてとりあげる科学のことである」と定義している (樋口陽一『比較憲法 (全訂第 3 版)』3 頁)．ここには少なくとも「憲法現象」「比較」および「科学」という 3 つの論点にかかわって重要な問題が内包されている．

4 世界の憲法の類型

世界の諸憲法を比較する場合には，憲法の類型化や比較の手法も問題となる．一般に，憲法学では，以下のような分類方法を採用してきた．

① 憲法の存在形式について，成文憲法と不文憲法 (成文によらない憲法) を区別する分類．現代のほとんどの国は成文憲法をもっており，不文憲法の国 (もしくは単一の成文憲法をもたない国) は，イギリス (不文) のほか，ニュージーランド (複数の法典で構成)，イスラエルなど少数である (サウジアラビア，オマーンでは，1992, 1996 年に基本法，ブータンでは 2008 年に憲法が制定された．Central Intelligence Agency, *The World Factbook*, 2017 参照)．

② 憲法制定の主体について，欽定憲法 (君主が制定主体である憲法，フランス 1814 年憲章，大日本帝国憲法等)・民定憲法 (人民が直接もしくは議会を通じて間接に憲法を制定する憲法)・協約憲法 (君主と人民の合意で制定される憲法，フランス 1830 年憲章等)・国約憲法 (多数の国家 (州) が連邦を形成したアメリカ合衆国憲法，ドイツ 1871 年帝国憲法，植民地から独立したアフリカ諸国の憲法等) が区別される．

③ 経済社会体制などとの関係で，資本主義憲法 (私的所有と自由競争経済原理に立脚する資本主義的生産関係に基づく憲法) と社会主義憲法 (私的所有を否定し社会

Ⅱ　比較憲法の方法

主義的生産関係に基づく憲法)などに分類することも通例である.

④　そのほか，国家形態に即して，君主制憲法・共和制憲法等の区別や，連邦制の憲法と単一国家の憲法との区別，人権保障の程度に応じた分類なども可能となる.

憲法改正手続による分類

改正手続について，硬性憲法(通常法律より厳格な改正手続が要請されている憲法)と軟性憲法(通常の立法手続と同等の要件下で改正が可能な憲法)が区別される．歴史的には，フランス1830年憲章やイタリア1848年憲法が軟性憲法として存在したが，今日ではほとんどすべてが硬性憲法である(例外は，成文憲法をもたないイギリスやニュージーランドなど，ごく一部の国に限られる)．

憲法改正手続は，以下のように種々の方式に分類される(本書9頁，252頁参照)．(ⅰ)特別の憲法会議招集および厳格な議決・批准要件を定める場合，(ⅱ)特別の憲法会議の議決または国民投票による承認を要求する場合，(ⅲ)議会の特別の議決および国民投票の承認を要求する場合，(ⅳ)議会の特別の議決または国民投票の承認を要求する場合，(ⅴ)議会の特別の議決を要求する場合(詳細は，西修『憲法体系の類型的研究』419頁以下参照)．

比較憲法学の類型論

これらの憲法の類型をふまえて，比較憲法学でも，世界の諸憲法の類型化が試みられてきた．フランスのモーリス・デュヴェルジェ(Duverger, M.)の『社会科学の諸方法』に従って，「さまざまの現象を比較可能な形態にパラフレーズする類型学」の必要を指摘した樋口陽一は，比較の方法として「機能的方法(法現象をその動態において比較すること)」と「歴史的方法(法現象をそれが存在する歴史社会とのかかわりにおいて比較すること)」の2つを掲げた．そして，「横軸」として諸憲法を比較する際に，「社会・経済的構造」を基礎とする歴史的類型学の立場から，デュヴェルジェが提示した4つの座標面のモデルを基本的に承認した(図1参照)．これは，X座標では「経済的・社会的環境」を基準とした資本主義体制と社会主義体制の区別，Y座標では「政治制度それ自体の構造」を基準とした「自由な制度」と「権威的な制度」の区別を基準とするこ

とによって，(a)西側資本主義諸国の自由主義民主制，(b)東側諸国の社会主義独裁，(c)資本主義諸国の権威的制度(ファシズムや保守的独裁)，(d)社会主義型の自由な制度(未実現)という4つの体制を区別する類型論である(但し近代立憲主義の成立と発展において重要な役割を果たしたフランス，イギリス，アメリカおよびドイツの憲法を中心に詳細な分析がなされており，社会主義憲法や第三世界の諸国について言及がないことが問題とならざるをえない．西修『憲法体系の類型的研究』9―10頁，小林昭三『比較憲法学・序説』9頁以下などではこの点を批判しつつ，第三世界の憲法を重視している)．

図1　デュヴェルジェ＝樋口陽一のモデル
(樋口陽一『比較憲法(全訂第3版)』40頁参照)

これに対して，近代における憲法の型を，①近代立憲主義型の市民憲法(フランス革命期の憲法等)，②外見的立憲主義型の市民憲法(プロイセン憲法と大日本帝国憲法等)，③民衆の憲法思想(ジャン・ヴァルレや「バブーフの陰謀」，パリ・コミューン等の憲法構想等)の3つに分類する見解がある(杉原泰雄『憲法の歴史』，杉原泰雄「比較憲法史をどう描くか」比較憲法史研究会編『憲法の歴史と比較』2頁以下．図2参照)．この類型論は，一般には①・②の対抗のみが問題とされてきたのに対して，③を独立させたことに特徴がある．また，近代立憲主義型市民憲法の「光」(封建体制からの解放など)の裏側に存在した「陰」——従来の研究では軽視されてきた性差別や原生的労働関係の問題——を直視した．さらに憲法史分析の際の歴史的区分論(前近代・近代・現代・現在)を前提に，ソ連＝東欧型社会主義国の崩壊を招いた「第三の転換期」としての「現在」の諸課題を明確にした．それは，戦争と軍備問題・南北問題の克服，議会制民主主義の強化，人権保障などの諸課題であり，ここには，それらを克服するための日本国憲法第9条の意義やアジアとの交流，地方分権等への視点が示される点でも注目すべき主張

Ⅱ 比較憲法の方法

が含まれている．

しかし，近代憲法の3類型と現代における類型論との相関関係や，アジアや発展途上国の憲法の位置とメルクマールの問題など，現代における憲法類型論の問題はなお残存しているといわざるをえない．

図2　杉原泰雄の「近代における3類型」
（杉原泰雄「比較憲法史をどう描くか」をもとに作成）

新たな座標図の試み

以上のように，比較憲法の前提となる方法論や類型論の確定は，なお今後の課題である．本書では，第一に，平面的(二次元)座標図においては基本的にはデュヴェルジェの図式におけるX座標(資本主義型と社会主義型)を維持しつつ，Y座標については，先進国型と発展途上国型という対抗図式を描くことによって，新たな4座標図を提示しておくことにしたい．多くの項目にしたがって分類する方が現状に忠実であろうが，ここではあえて単純化して，類型図を暫定的な試作として示すならば，次のようになる(図3参照)．

図3　本書の類型論(平面的座標図)

そのうえで，第二に，Z座標の指標を新たに設定することにより，立体的

(三次元)類型図が構築される．その指標としては，前述(本書 17 頁参照)の憲法の存在形式・改正手続・制定主体のほか，第Ⅴ章以降で検討するような人権保障状況，統治構造(デモクラシー・行政システム・違憲審査制などの「型」)，平和主義条項などが該当しうる．これらの諸指標を順次，多元的に組み合わせることによって，複合的な(多次元)類型図を形成することができるであろう．

　なお最近では，旧来の意味での社会主義国がごく少数になり，また，アジア諸国なども「途上国」に含めることが適切でないほどの発展ぶりを見せていることからこのような分類にも困難が伴っている．本書では，これらの困難を留保したうえで，当面，上記のような類型図を基礎として，歴史的および理論的な検討に入ることにしよう．

III
近代憲法の成立と展開

1　近代立憲主義の成立

　立憲主義の概念は多義的であるが，もともと権力者の権力濫用を抑えるために憲法を制定するという考え方のことであり，広く「憲法による政治」を意味している．このような立憲主義は，歴史的には，前近代の君主制のもとで君主の権力を制限しようとする立憲君主制とも結びつくことができた．
　しかし一般には，近代以降に，国民主権・権力分立・基本的人権保障の基本原理を伴った近代憲法が成立して立憲主義(constitutionalism〔英〕，constitutionalisme〔仏〕，Konstitutionalismus〔独〕)が定着したため，これを近代立憲主義の意味で用いることが多い．例えば，フランス1789年人権宣言第16条が，「権利の保障が確保されず，権力の分立が定められていない社会は憲法をもたない」と定めたことを受けて，立憲主義を「権利保障と権力分立によって権力を制限しようとする原理」と説明することがある(樋口陽一「立憲主義」大須賀明ほか編『憲法辞典』473頁参照)．
　このような近代立憲主義は，20世紀前半以降しだいに現代立憲主義と称すべきものに展開した．すなわち近代の市民革命期に成立した近代(市民)憲法は，国民主権・基本的人権保障・権力分立の諸原理の内容が一定の変化を被ることによって現代憲法へと展開をとげたのである．
　他方，19世紀のドイツや日本では，「上からの改革」によって，君主主権・権力集中・臣民の権利保障を内容とする外見的立憲主義の憲法(ドイツ帝国憲法，大日本帝国憲法)が制定された．
　以下ではまず，イギリス，アメリカ，フランス，ドイツにおける近代憲法原

Ⅲ 近代憲法の成立と展開

理の成立と現代的展開を概観しよう．

2　近代憲法原理の成立と展開

(1) イギリス

1) 近代憲法原理の成立とイギリス革命

イギリスには成文憲法が存在しないため，成文憲法に限定して近代憲法史を語る際には，イギリスをその母国と称することはできない．にもかかわらず一般には，近代憲法原理の源流は，17世紀のイギリス革命によって成立した法の支配や議会主権，あるいは議会制であると解されてきた．人権原理についても，近代の人権の歴史をみるときは，マグナ・カルタ(Magna Carta)にまで遡って検討することが通例である．

マグナ・カルタとクック

マグナ・カルタは，1215年6月15日に成立後，約9週間で教皇インノケンティウス3世の上諭によって無効と宣言され，1216年に新たに制定されて1217年，1225年等に繰り返し修正された．これはもともとジョン王に対するバロン(貴族)たちの要求文書であり，特権身分の自由を拡大したものにすぎなかった．したがって，厳密には，これは近代的意味の人権保障をめざしたものでも，近代市民憲法の成立を画するものでもない．

しかしその後，クック(コーク卿，Sir Edward Coke)が，自著『イングランド法提要(*The Institutes of the Laws of England*)』のなかで近代的な解釈を与えて以来，近代的意味での自由・人権を保障するものとみなされるようになった．とくに，有名な第39条(1215年版)の「いかなる自由人も，その同輩の合法的な裁判によるか，または国土の法によるのでなければ逮捕・監禁・差押え・法外放置もしくは追放……されない」という人身の自由に関する規定などが，しだいに普遍的な意味を獲得していった．

1628年には，クックが起草した権利請願(Petition of Right)が，チャールズ1世の強制公債に反対して議会(庶民院)で採択された．これは，議会の承諾のな

い課税の禁止や人身の自由と法の適正な手続を求めたものであったが，マグナ・カルタと同様，身分制社会を前提にした特権身分の権利やイギリス人の「古来の権利と自由」を求めた点で，近代的人権の普遍的性格を欠いていた．

ピューリタン革命と近代憲法思想

その後，1642年からのピューリタン革命期には，近代憲法史上重要な憲法思想や憲法原理が形成された．ピューリタン革命は，フランス革命に比して多分に不徹底で妥協的な性格を残しながらも，王党派と議会派との対抗のなかで，絶対王政と前近代的封建社会を打倒して近代的市民社会と資本主義社会への途を用意したブルジョア革命であった．当時の議会派には，長老派(特権商人層・商業資本家層を代表)，独立派(富裕な産業資本主義家層・中小ブルジョアを代表)，平等派(レヴェラーズ(Levellers)，小ブルジョア・農民を代表)などのグループがあり，そのほかにディガーズ(Diggers)とよばれたグループ(貧農・初期プロレタリアート等の無産者層を代表)が存在していた．

レヴェラーズは，1647年10月のパトニー論争や「人民協約(Agreement of the People)」などの綱領のなかで，個人の生得権(自然権)に基づいて「普通選挙」制を主張し，自然権論・社会契約論を基調とする人権理論と主権理論を提示した．この主権原理は一般に「人民主権」と解されているが，リルバーン(Lilburne, J.)など各指導者のpeopleや主権の観念は必ずしも一致しておらず，フランス革命期の「人民主権(souveraineté populaire)」原理とも同じではない．このため，比較憲法思想史・比較市民革命史の観点からの検討や，ディガーズら民衆派の憲法思想との比較検討がさらに必要となるであろう．

名誉革命と権利章典

さらに，1660年の王政復古を経た1688年には名誉革命(Glorious Revolution)が起こり，オレンジ公ウィリアム(William of Orange)が王位について翌1689年に権利章典(Bill of Rights)が発布された．これは，前王ジェームズ2世の行為を糾弾し，イギリス臣民の「古来の権利と自由」の名において諸権利を擁護しようとしたものであった．権利章典は，イギリス近代憲法史を飾る重要な歴史的文書であるが，その対象が，イギリス人の権利保障にとどまった点で，なお

III 近代憲法の成立と展開

普遍的人権を宣言した近代の人権宣言とはいえないものであった．

2) 近代立憲主義の確立——ダイシーと議会主権

　近代革命としてのイギリス革命が終わった後も，イギリスでは成文憲法が制定されることはなかった．しかし，産業革命を終えた後，18世紀から19世紀にかけて，「議会主権(Sovereignty of Parliament)」原理のもとで政党制が発達して近代議会制が確立され，「法の支配(Rule of law)」原則にもとづく人権保障が展開されることによって，近代立憲主義が確立した．

　1885年に『憲法研究序説』を著したA・V・ダイシー(Dicey, A. V.)は，19世紀のイギリス憲法の特質として，議会(国会)主権，法の支配，憲法慣習(憲法習律，constitutional convention)の3つをあげた．議会主権とは，「議会における国王(King in Parliament)」の主権という定式のもとで，議会があらゆる法を制定・廃止する権限をもち，何人も議会が制定した法律を無効としたり取り消したりする権限をもたないことを意味した．ここでは，議会とは，法的な観念として，王，上院，下院の三者を一体として捉えたものであった．

　法の支配とは，第一に，(政府の専断を排して)議会制定法の優位を意味すると同時に，第二に，法の前の平等すなわち通常裁判所の管轄権にすべての者が服従すること，第三に，(成文憲法の諸国における権利保障と異なり)裁判所が私権を実現することを意味していた．

　また，憲法慣習について，内閣の総辞職と下院の解散，上院と下院の関係，議事手続などを例にあげた．ダイシーの憲法論は1915年に第8版が出版されたのち1939年に補訂され，長く支持された．実際には，国王や上院がしだいに実権を行使しなくなり，下院を担い手とする議会主権が確立された．1832年の選挙法改正以降，数度にわたる選挙権拡大の過程で，法的主権は議会にあるが政治的主権は選挙民自身にあるといわれる状況が出現した．但し，女性や労働者の政治的権利は排除され続け，男女普通選挙制が確立するためには1930年まで待たなければならなかった．

(2) アメリカ

アメリカ合衆国憲法の成立──「独立宣言」と「普遍的人権」

アメリカ大陸にイギリスの植民地が形成されたのは，17世紀(1620年，メイフラワー号に乗ったピルグリム・ファーザーズの上陸)から18世紀初頭にかけてのことである．その植民地では，本国の重商主義政策下の課税要求に対する抵抗が強まり，1775年に独立戦争が勃発した．そして1776年7月4日に，連合議会(コングレス)における13州の宣言(独立宣言)が発せられた．

トマス・ジェファーソン(Jefferson, Th.)によって起草された「独立宣言(The Declaration of Independence)」は，13州の独立を正当化するとともに，人民の主権や政府変更権，および自由権などの自然的権利を宣言した．この宣言は，「われわれは，自明の真理として，すべての人が平等に造られ，造物主によって，一定の奪うことができない権利を与えられ，その中には，生命・自由および幸福追求の権利が含まれる」ことを明らかにした．こうして，同年に発せられたヴァージニア州の権利章典とともに，はじめて，「すべての人間」が有する「普遍的」人権を宣言したことで，近代憲法原理の成立にとってきわめて重要な意味をもった．この「生命・自由・幸福追求の権利」という文言は，マッカーサー草案を介して，今日の日本国憲法第13条にも導入されている．

独立宣言の翌年には，独立した13州の連合を定めた連合規約(Articles of Confederation)が採択され，1781年に発効した．しかし連合機関としての「連合議会」が弱体であったため憲法を制定して中央政府をもつことが必要となった．そこで，1787年にフィラデルフィアで開催された憲法制定会議で新しい憲法草案が起草されることとなり，強力な中央政府の樹立を提案するヴァージニア案と，連合規約に則したニュー・ジャージー案が対立した．この両者の対立は，フェデラリスト(連邦派)と反フェデラリストとの対立を背景としており，熾烈な議論を引き起こしたが，結局，前者の主張に基づく新憲法案が同年9月に採択された．それは，各州の憲法会議での検討の後，1788年6月に第7条で定める9州の承認を得て発効した．これによって1789年4月にジョージ・ワシントン(Washington, G.)が大統領に選出され，合衆国政府が形成された．

Ⅲ　近代憲法の成立と展開

合衆国憲法の特徴

「われら合衆国の人民は，より完全な連邦を形成し，……われらとわれらの子孫の上に自由の恵沢を確保する目的をもって，ここにアメリカ合衆国のために，この憲法を制定し確立する」という前文ではじまるアメリカ合衆国憲法は，世界で最も早く制定された硬性の成文憲法である．それは，7 カ条(合計21の節)からなり，連邦議会・大統領・連邦司法部・連邦制・憲法修正・最高法規等に関する諸規定を置いた．そのなかに，共和主義・連邦主義・人民主権・権力分立・「法の支配」と司法権優位などの基本原則と統治構造を定めていた．

もっとも，この憲法には基本的人権保障の規定が欠けていたため，1791年に，第1修正から第10修正までの修正条項が追加された．とくに第1修正は，信教の自由と表現の自由(言論・出版・集会の自由)等を保障しており，その後の判例理論の中で，精神的自由に関する一般規定として重要な位置を占めた．また，第2修正では人民の武器携帯権，第4修正では不合理な捜索・逮捕・押収の禁止と令状主義，第5修正では二重処罰の禁止やデュー・プロセス(法の適正手続)，第8修正では残虐な刑罰の禁止などが定められた．

近代的人権の理念と現実

「独立宣言」や1791年の合衆国憲法修正条項では，すべての人間の「普遍的な人権」や「法の下の平等」が前提になっていた．しかし実際には，先住民や黒人等の権利は無視されていた．その結果，例えば合衆国憲法では，各州の議員数を決定する際に基準になる人口の計算について「各州の人口とは……納税義務のないインディアンを除く自由人の総数に，自由人以外のすべての人数の5分の3を加えたものとする」(第1条第2節)と定められた．すなわち，自由人以外の黒人奴隷等については，人口の計算においても一人前に数えず5分の3とするなどの人権無視や人種差別が存在していたのであり，この規定は1868年になってようやく改められた(第14修正第2節)．

このほか，女性や先住民についても，参政権などの諸権利は認められなかった．このように，近代革命の成果として確立された人権の普遍性が実現されていたわけではなく，実態は，人権の主体が白人・ブルジョア・男性に限られていた．そこで，1830年代から奴隷制撤廃のための運動がおこり，ルクレシア・

モット(Mott, C. L)らは，1837 年に奴隷制反対女性協会を設立した．また，ロンドンでの世界大会に出席した際，女性に代表部の席が与えられなかったことにショックをうけ，エリザベス・スタントン(Stanton, E. C.)らとともに，女性解放運動を展開した．1848 年には，ニューヨーク州のセネカ・フォールズで集会を開き，1776 年の「独立宣言」を模して「女性の権利宣言」(所信宣言)を発表した(訳文は，辻村『女性と人権』307 頁以下，同『ジェンダーと人権』326 頁以下参照)．

1) 憲法の修正と定着

19 世紀のアメリカでは，合衆国憲法に修正条項が追加される形で憲法上の人権規定が拡大していった．南北戦争後に，州による人種差別を禁止するために第 13 修正(奴隷制の禁止)，第 14 修正(市民権の平等とデュー・プロセスの保障)，第 15 修正(人種等による投票権差別の禁止)が加えられ，黒人の参政権が認められた(1870 年)．20 世紀に入ると，所得税の賦課徴収権と上院議員の選挙法改正に関する第 16・17 修正(1913 年)，禁酒修正(第 18 修正・1919 年，第 21 修正で 1933 年に廃止)を経て，1920 年の第 19 修正で女性参政権が実現された．その後は，第 20 修正(1933 年)・第 22 修正(1951 年)で大統領・副大統領の任期修正と大統領の 3 選禁止，第 25 修正(1967 年)で大統領の地位の承継，第 26 修正(1971 年)で 18 歳以上の市民の選挙権，第 27 修正(1992 年)で連邦議会議員の歳費の改定に関して定められた．

マーベリー対マディソン事件

1803 年のマーベリー対マディソン事件(Marbury v. Madison, 5 U. S. (1 Cranch) 137, 1803)以来，違憲立法審査制が確立され，人権の裁判的保障が強化されていった．この事件は，1801 年の政権交代に際して，連邦派が裁判所法(Judiciary Act)を制定し，アダムズ大統領が治安判事を任命したが，共和派の次期ジェファーソン大統領下のマディソン国務長官が任命の辞令公布を行わなかったため，辞令を留保されたマーベリーら 5 名がマディソンを相手取って合衆国最高裁判所に提訴し，Judiciary Act に基づいて職務執行令状の発給を求めたものである．裁判所は全員一致で請求を棄却したが，判決のなかでマーシャル首

Ⅲ 近代憲法の成立と展開

席裁判官は，法律が違憲であるかどうかを審査する権限が裁判所にあることを合衆国憲法制定の論理必然的な帰結として論じた．以後，合衆国憲法の最高解釈権の所在が確定され，州法に対する違憲立法審査権の確立や，判例法主義の確立につながった(本書193頁以下参照)．

(3) フランス

1) フランス革命と近代憲法の成立

1789年のバスティーユ襲撃をもって始点と解されてきたフランス革命の構造や性格については議論があるが，一般には，フランス革命は「近代市民革命の典型」ないし「古典的なブルジョア革命」と捉えられてきた．

フランス革命では，反革命派(貴族・特権階層)対第三身分(平民)という階級(階層)間の対立が鮮明であったことに特徴がある．さらに革命の進展にともなって，後者のなかに，上層ブルジョアと対抗して下層民衆(労働者・農民)の利益を代表する勢力(ジャコバン派や都市の市民であるサン＝キュロット(sans-culotte)およびその過激派リーダーのアンラジェ(Enragés)など)が出現して民主的な統治原理を構想し実践した．この点で，フランス革命は単に資本主義発達史上の観点からだけでなく，民主主義発達史上の観点からみても，徹底した近代市民革命であったといわれる．このような反革命派(特権身分)・議会派ブルジョア・民衆運動という革命の基本構造は，革命の成果として確立された1789年人権宣言と1791年憲法，1793年憲法などの革命期憲法のなかに示された．

1789年「人および市民の権利宣言」

1789年5月，国王ルイ16世によって175年ぶりに三部会が召集され，第三身分を中心に国民議会が組織された．この国民議会で，一般に革命の勃発時とされるバスティーユ襲撃(7月14日)以前の7月6日から，憲法制定作業が開始され，人権宣言の草案が起草された．そして，8月4—11日の封建制廃棄宣言に続いて，8月26日に，憲法典と一体のものとして，その冒頭に置かれる「人および市民の権利宣言」が採択された．この人権宣言では，まず，あらゆる政治的結合(国家)の目的は，人の自然的権利を保全することにあるという前

提に基づいて自然的権利(自由・所有・安全・圧政への抵抗)の体系が明らかにされた(第2条).ここでは「自由とは,他人を害さないすべての事をなしうることにある」(第4条)として自由の限界が示されたのち,自由(精神的自由権)・安全(身体的自由権)・所有(経済的自由権)について具体的な規定が置かれた.精神的自由権については,(宗教上のものを含む)意見の自由および表現の自由が定められた(第10・11条).安全については,第7・8・9条で逮捕・拘禁についての法定手続主義,罪刑法定主義,無罪推定原則などが定められ,身体の自由が保障された.

また,所有については,「所有は,不可侵で神聖な権利であるから,何人も,適法に確認された公の必要が明白にそれを要求する場合で,かつ,事前の正当な補償の条件のもとでなければ,これを奪われることはない」(第17条)と規定された.この条文は,ブルジョア的所有の神聖・不可侵性を確立した点で近代市民憲法の人権原理の中核を占めるものである.後段が,所有権制限の条件として公共の必要性と事前補償を要求していることは,1789年8月4—11日の封建制廃棄宣言第2・4条などと同様である.ここでは封建的財産も保障の対象とされる点で,反封建革命における限界が示されたものといえる.

さらに,1789年人権宣言では,以上のような「人間の権利」(自然的権利)とは別に,「市民の権利」として,市民の立法参加権・(平等な)公職就任権(第6条),租税決定権(第14条),公務員に対する報告請求権(第15条)などの政治的諸権利が規定された.とくに第6条前段では「法は,一般意思の表明である.すべての市民は,自らあるいはその代表者を通じて,その制定に参与する権利をもつ」として市民の立法参加権が保障され,主権者が自ら立法に参加することで自らの人権を守るという構造が明らかにされた.ここでは,すべての人と市民の権利が保障され,人権の普遍性と全体性が特徴となっていたが,その実態は異なっていた.「すべての人」のなかには女性が当然含まれているはずであったが,当時の議会では女性の権利のことは念頭になく,革命期の法制上も,所有権等の女性の権利は大きく制限されていた.

オランプ・ドゥ・グージュの「女性の権利宣言」

このことを批判して1791年に「女性および女性市民の権利宣言」を発した

のが，オランプ・ドゥ・グージュ(Olympe de Gouges)である．彼女の宣言では，1789年人権宣言の17カ条を変更して男女両性を人権と市民権の主体として明記するとともに，「女性は処刑台にのぼる権利があるとともに，……演壇にのぼる権利がある」「女性が表現の自由をもつのは，子どもと父親の関係をのべる必要があるからである……」(第10・11条)のように記して女性の表現の自由等の諸権利を要求した．皮肉にも，彼女自身1793年に処刑台にのぼらされギロチンの露と消えたが，その宣言は，後代のフェミニズムの基礎となった(オリヴィエ・ブラン〔辻村監訳〕『オランプ・ドゥ・グージュ』参照)．

そのほか，フランス革命期には，ユダヤ人や植民地奴隷などの権利も保障されていなかったが，19世紀中葉には彼らの権利が認められたのに対して，女性の参政権などは20世紀中葉まで拒否され続けた．

1791年憲法とナシオン主権

1789年人権宣言第3条は，権力の淵源が君主にでなく国民の側にあることを宣言し，(広義の)国民主権原理を表明した．しかし，国民のなかで，実際に，だれがどのように主権を行使しうるか，という問題については，1789年の段階では必ずしも明確にはされていない．とくに，人権宣言第6条が，ルソー(Rousseau, J. -J.)の影響を強く受けてすべての市民の立法参加権を掲げていることから，その国民主権原理がルソーの主張する(狭義の)「人民(peuple)主権」であるという解釈も可能となるようにみえる．しかし実際には，人権宣言採択の数日後の審議ではすでに制限選挙制の構想が提示され，同年12月のデクレ(décret)や1791年9月3日に成立した1791年憲法では制限選挙制が採用されて，ブルジョア男性からなる能動市民だけが選挙権と被選挙権をもつ制度が確立された(当時の人口約2600万人，成年男子人口約700万人のうち，能動市民は約430万人，間接選挙制のため実質的な「選挙人」数はわずか4万人であった)．

1791年憲法では，「主権は，単一・不可分・不可譲で時効によって消滅しない．主権は，国民に属する」として，国民(nation)主権原理を宣言し，さらに，「すべての権力は，国民にのみ由来する．その国民は，委任によってしか権力を行使することができない．フランス憲法は，代表制をとる」として，国民代表制を採用した．また，1789年人権宣言第16条は「権利の保障が確保されず，

権力の分立が定められていないすべての社会は，憲法をもたない」として権力分立原則を定め，これに基づいて，立法・執行(行政)・司法権が分立した統治機構を完成させた．

このように，1791年憲法では，国家権力としての主権が国籍保持者の総体としての国民(全国民・ナシオン)に帰属するという(狭義の)「国民(nation)主権」原理を採用した．ここでは，主権の主体としての国民は観念的・抽象的な国籍保持者の総体と考えられたため，国民自体は，本来意思決定能力がなく，主権の行使は意思決定能力をもった国民代表に委ねることを余儀なくされた．こうして，主権の帰属主体と行使主体が分離され，国民代表制と国民(nation)主権原理の結合関係が明らかにされた．また，国民代表は，「命令的委任(mandat impératif)の禁止」によって，国民の意思から独立して行動することが可能とされ，国民代表と国民の間の強制的・命令的な委任関係は否定された．ここでは，選挙民からの委任は，自由委任・一般的委任・非強制的委任を内容とするものに限られた．このことを定めた第3篇第1章第3節第7条の規定(「県において指名された代表は，各県の代表ではなく，全国民の代表である．県は，代表にいかなる委任も与えることができない」)は，いわゆる純粋代表制を確立したものとして，その後の代表制の展開において重要な意味をもった．

1793年憲法(ジャコバン憲法)とプープル主権

1791年憲法下でブルジョアジーの政治支配から排除された民衆は，1792年8月10日に王宮を襲撃して王権を停止させ，9月に初の男子普通選挙で選出された国民公会で，ルイ16世の処刑や共和制憲法の制定を決定した．公募に応じた憲法草案は300にも及んだが，ジロンド派のコンドルセ(Condorcet, M. J. A. N. C.)やジャコバン派(モンターニュ左派)のロベスピエール(Robespierre, M.)などの草案が提示されたのち，ジロンド派追放後の1793年6月24日に1793年憲法(モンターニュ憲法またはジャコバン憲法)が採択された．この憲法は，初の人民投票で成立し，「自由の第4年，平等元年」とよばれた革命状況を反映した急進的・民主的な憲法であった．その冒頭に置かれた人権宣言では，諸権利の筆頭に平等権を掲げたほか，社会保障の権利など，現代的な社会権の先どりともいえる諸権利を列挙した．さらに，1791年憲法とは異なって，すべての市

民の総体としての人民(プープル)を主体とし，市民がみずから主権を行使できる「人民(peuple)主権」原理を標榜した．ここでは，主権者人民を構成する市民には一定の外国人をも含みうることを認めたほか，人民拒否や人民投票によって，主権者が意思決定に参画する直接民主制的な統治原理を採用した．

しかし，この急進的な憲法は，1793年10月10日，革命政府によって施行延期され，決して施行されることはなかった．にもかかわらずその後の民衆運動のなかでモデルとされ，20世紀における社会主義憲法への展開，あるいは資本主義憲法の現代的展開のなかで部分的に実現されることになった(詳細は，辻村『フランス革命の憲法原理』第2章以下参照)．

1795年憲法(共和暦3年憲法)以後の反動

1793年憲法の施行延期後，テルミドールの反動，民衆蜂起の弾圧，バブーフの陰謀など，左傾化した革命のコースをもとにもどす反動的な状況のなかで1795年憲法(共和暦3年憲法)が制定された．この憲法は，はじめて二院制を採用し，フランス憲法史上最初の共和制憲法になった．しかし，冒頭に置かれた権利宣言には義務宣言が含まれ，1793年憲法の社会権的規定や抵抗権の規定は姿を消していた．

また，主権原理については，主権主体を市民の総体と明示して，一見1793年憲法と類似の形式を採用した．しかし実際には，この憲法は，市民の要件のなかに租税要件を課して，制限選挙制を復活させ，間接選挙制を採用するなど，1791年憲法の「国民(nation)主権」の系譜につながる憲法であった．

こうして，近代市民革命の典型としてのフランス革命を経て，「国民主権」・権力分立・自由権中心の人権保障原理を要素とする，近代市民憲法ないし近代立憲主義の憲法が形成された．フランス革命期には，1793年憲法の施行延期後に制定された共和暦3年(1795年)憲法の後，共和暦8年(1799年)憲法，共和暦10年(1802年)憲法など共和制の諸憲法が制定された．共和暦12年(1804年)には，人民投票(plébiscite，プレビシット)で信任されたナポレオン(Napoléon Bonaparte)を皇帝とする帝制の憲法が成立した(各憲法の条文および経緯は，辻村・糠塚康江『フランス憲法入門』12頁以下参照)．

2) 近代立憲主義の確立期

　フランス革命期には，君主制・共和制・帝制という第一のサイクルが認められたが，フランスでは 19 世紀中葉から第 3 共和制期にいたる時期，とりわけ 1830 年代から 1870 年代に，第二・第三のサイクルが形成された．すなわち，1814 年の王政復古により，再び君主制の欽定憲法である 1814 年憲章（シャルト）が制定された．1815 年にはナポレオンの百日天下の際，一時的に帝制憲法典付加法が制定されたが，ナポレオン退位後はルイ 18 世が即位し，1814 年憲章が復活して適用された．この間に，君主制・共和制・帝制の第 2 サイクルの展開が認められる．

　1830 年には，7 月革命がおこってオルレアン家のルイ・フィリップ（Philippe, Louis J.）が国王となり，国王と国民との協約に基づく協約憲法である 1830 年憲章（シャルト）が成立した．7 月王政と呼ばれた立憲君主制の時期には，内閣が国王と議会の両者の信任を要する二元型の議院内閣制（オルレアン型議院内閣制）がギゾー（Guizot, F. P. G.）内閣のもとで萌芽的に成立した．また，7 月王政後半から，労働者や共和主義者の普通選挙要求運動などを背景に初期社会主義の理論が形成された．その運動の成果として，1848 年 2 月にはルイ・ブラン（Blanc, Louis）などを指導者とする 2 月革命が勃発し，第 2 共和制が成立した．1848 年 11 月 4 日に制定された第 2 共和制憲法では，公選の大統領と一院制議会が置かれた．また，同憲法冒頭の人権宣言では，無償の初等教育や労働者の雇用の確保などが規定され，社会権の萌芽が認められた．しかし，12 月に大統領に当選したルイ・ナポレオン（Louis-Napoléon, Bonaparte）は，憲法の再選禁止規定に反発して 1851 年 12 月にクーデターを起こし，人民投票（プレビシット）で信任をえてナポレオン 3 世となって第 2 帝制を開始した．小土地所有農民層を主な担い手としたこの第 2 帝制期は，フランス資本主義の黄金時代と呼ばれたが，1870 年に普仏戦争で敗北して打倒された．1871 年には，パリ・コミューンと称するパリ市民の蜂起がおこり，労働者の代表が人民主権や命令的委任制度の実現を求めて闘った．しかし，社会主義と人民主権原理の結合を模索したパリ・コミューンは弾圧され，その後「王政待ちの共和制」として第 3 共和制が開始された．

Ⅲ　近代憲法の成立と展開

第3共和制の憲法

　第3共和制の憲法は，1875年2月25日の公権力の組織に関する法律，同年2月24日の上院の組織に関する法律，同年7月16日の公権力間の関係に関する法律という3つの憲法的法律からなる．成立当初は共和制の基盤が弱かったがしだいに安定し，1884年には共和政体は憲法改正の対象にならないことが定められた．この時期には，大革命期に提示された2つの主権論の区別や，これらに適合的な代表制のあり方が，理論的に体系化された．とくに，カレ・ドゥ・マルベール(Cerré de Malberg, R.)らによって定式化された2つの主権原理の対抗図式は，その後，フランス憲法学上で一般に承認された．さらに，各々の主権原理と代表制のあり方や選挙権の法的性格をめぐる問題との論理的な関連も明らかにされ，憲法学上の基本概念として重視された．

　第3共和制期には，1848年の(男子)普通選挙制確立後の「民意による統治」の建前の定着を背景として，純粋代表制(régime parlementaire pur)にかわる代表制理論として「半代表制(régime semi-représentatif)」論が導入された．エスマン(Esmein, A.)によって確立されたこの「半代表制」論は，法原理としてよりもむしろ政治状況を追認するための理論として登場したため，背後にある主権原理との関係など，理論的には不明瞭な点も残存していた．しかし，「民意による統治」を実現するために議会に民意が正しく反映されることが標榜され，主権者の選挙によって選出された議会が「民主的正統性」をもつ存在として重視された．事実上，民意による拘束が建前とされても，法原理上は，命令的委任の禁止によって選挙民の拘束からのがれていたため，議会は主権者(国民)との関係でも優位にたった．また，大統領の議会解散権が事実上停止されたことにより，議会は行政権にも優位した．さらに，すでにみた(一般意思の表明としての)法律の優位原則などから違憲立法審査制が否定されたことによって，司法権のみならず，裁判的機関に対しても議会が優位を保つことが可能となり，名実ともに，議会中心主義が確立された．

　また，人権保障の面でも黄金期を迎え，公的自由(libertés publiques)という実定的な諸権利が法律によって保障された．例えば，1881年7月29日法で印刷・出版の自由が保障され，1881年6月30日法・1884年3月21日法・1901年7月1日法などによって結社の自由が保障された．さらに1905年12月9日

法で政教分離が確立された.

しかし,第1次世界大戦以後のいわゆる戦間期には,政治的な安定が崩れた.1929年の世界恐慌以降は共和派(右派)体制が解体され,1936年にレオン・ブルム(Blum, Léon)内閣が人民戦線を成立させた.しかしこれは長続きせず,第2次大戦への突入後,フランスはドイツ軍に降伏して1940年にペタン(Pétain, Philippe)内閣下でヴィシー体制が成立し,第3共和制憲法は失効した.

(4) ドイツ

1)「上からの近代化」と3月革命

ドイツの近代化は,イギリス,アメリカ,フランスのような典型的な近代市民革命によらず,「未完成な市民革命」「遅れてきた市民革命」などと呼ばれる「上からの改革」によって実現された.19世紀はじめには,1814年ウィーン会議の最終議定書であったドイツ同盟規約が議会主義的な憲法の制定を要請した.これをうけて,南ドイツのバーデンなどの諸邦ではフランスの1814年憲章を範として立憲君主制の憲法を制定した.北ドイツでは,おもにベルギーの協約憲法を範として1830年代から憲法を制定しつつあった.このような19世紀前半,1848年以前の憲法思想は,初期立憲主義として位置づけられる.

これに対して,1848年になると,フランス2月革命の影響をうけてドイツの各地で暴動がおこり,3月革命が開始された.「革命は市民的ジェスチュアーによって始まり,封建的反動によって終わった」といわれるように,ドイツ3月革命は,当初は自由主義的な改革を志向していたが,結局は挫折した.

フランクフルトでは,ドイツ西南諸邦の代表が集まって1848年3月末に憲法制定の準備会を開き,同年12月27日に「ドイツ国民の基本権に関する法律」を制定した.さらに,国民議会は,1849年3月28日に「ドイツ・ライヒ憲法」を採択し,ライヒ公民の権利を保障した.この憲法はフランクフルト憲法と呼ばれ,ドイツ憲法史のなかにリベラルな1頁を記した.一方,プロイセンでは,1848年3月に市民の蜂起がおこり,国民議会が憲法草案を制定したが,国王は12月に議会を解散し,欽定憲法を制定した.その後一時的に下院がフランクフルト憲法の採択を決議したが,国王は1849年4月に再度議会を

解散し，新議会のもとで 1850 年 1 月にプロイセン憲法が制定された．この憲法は神権的君主のもとで国王大権を認めた内閣制を採用し，「法律の留保」を付してプロイセン人の権利を保障した，外見的立憲主義の憲法であった．

2) ドイツ帝国憲法の成立と国法学の発展

その後プロイセンでは，1860 年の憲法争議の後，1862 年にビスマルク(Bismarck, O. E. L. F. von)が首相となり，強力な鉄血政策を遂行した．1867 年には北ドイツ連邦を成立させ，北ドイツ連邦憲法を制定した．さらに，普仏戦争で勝利した後，南ドイツ諸邦を加えて統一を実現し，1871 年にドイツ帝国憲法(いわゆるビスマルク憲法)を制定した．この憲法は，ドイツ諸邦を連邦国家(ライヒ)として編成しつつ連邦内部でのプロイセンの優位を確保するものであり，ビスマルクのアメとムチの政策によって社会問題にも対応する形で運用された．

この間，法実証主義的な国法学がゲルバー(Gerber, C. F. W. von)やラーバント(Laband, P.)によって形成された．ここでは国家自体を法人として捉え，統治権の主体とする国家法人説が展開された．また，自然権を否定して実定法だけを法と解する法実証主義のもとで，「法律の留保」による権利制約などが許容された．イエリネック(Jellinek, G.)は，狭隘な法実証主義を批判して自由主義的・法治主義的な観点を加え，1900 年に「19 世紀国法学の集大成」と言われる『一般国家学』を著した．

1889 年に大日本帝国憲法が制定された時には，プロイセン憲法とドイツ帝国憲法が参考にされ，さらに戦前・戦後を通じて，日本の憲法学にイエリネックらの憲法理論が多大な影響を与えた．

3　近代市民憲法の変容と現代憲法への移行

1) 近代立憲主義定着の要因

18 世紀末のフランス人権宣言は，その後「世界を一周した」といわれるほど多くの国に影響を与え，イギリス，アメリカ，フランスで形成された近代市民憲法原理が自由主義的な近代立憲主義を定着させた．それは，近代市民憲法で確立された経済的自由権を中心とする人権保障が，ブルジョワジーを担い手

とする資本制推進の要請にみあっており，また，硬性憲法による法的安定性と予測可能性の保障は，市民社会の展開にとって不可欠であったからである．自律した個人の自由で平等な社会をめざした市民社会の理念が，消極国家のもとで定着する条件が整っていたからであるともいえる．このような近代立憲主義の定着期には，議会中心主義の確立，および，消極国家のもとでの「国家からの自由」すなわち自由権を中心とする人権保障の進展が特徴となった．

近代憲法の変容

反面，近代立憲主義の定着には必然的な限界があった．まず経済・社会的には，近代市民憲法の基礎であった資本主義経済自体が構造的に変化し，その限界が現れてきたことである．産業資本主義から独占資本主義，国家独占資本主義へと移行することによって，近代市民憲法が前提としていた市民の等質性が否定され，社会経済的な不平等が固定された．近代市民社会の「光」の裏面に存在した「陰」の部分が，19世紀における労働者の困窮や生活条件の劣悪さなどによって明らかとなり，これに対する対応が不可避となった．

そこで，社会主義思想の展開にともなって，労働者たちが自己の隷属性を自覚するようになり，無産階級が成立した．労働者たちは従来の無制約的な経済的自由権の保障や参政権の制限などを批判し，階級闘争を展開した．その一部はイギリスでの選挙法改革運動やアメリカでの奴隷解放運動等と結びついたが，いずれにしても，近代市民革命当時の憲法原理をそのまま維持することは不可能であった．また，法理論的にも，近代市民憲法が前提としていた自然法理論の限界(実証不可能性など)が批判されてその破綻がいわれ，実証主義理論がしだいに優勢になった．

これらの状況に遭遇して，概ね20世紀の初頭から，近代市民憲法は，根本的な修正の必要を迫られた．それに対する可能な対応は3つに分かれる．

2) 3つの対応

第一の対応は，資本主義憲法の枠内で社会的不平等を是正し，福祉国家の実現をめざす社会国家憲法への移行である．これは，ドイツの1919年のワイマール憲法などに示された近代市民憲法の現代憲法への変容の大道であり，不可

避的な経過であったといえる．1917年のロシア革命，1918年の第1次大戦の敗戦後に制定されたワイマール憲法は，婚姻・家族・母性の保護(第119条)，子どもの保護(第122条)，「人間たるに値する生存」の保障(第151条)などをおくことで，社会経済的弱者の権利を保障し，財産権などの経済的自由がこれらの社会的権利の実現に従属することを原則とした．もっとも学説上は，「人間たるに値する生存」の保障等は，具体的な権利ではなく，解釈の準則・指針としての性格をもつにすぎないとする「プログラム規定」説が通説を占めていた．

　第二の対応は，ドイツ帝国憲法や大日本帝国憲法のような外見的立憲主義の憲法を経て，ファシズム憲法へと移行する流れである．この流れはナチス・ドイツの独裁など反民主的原理やユダヤ人虐殺などの反人権的状況をもたらした結果，第2次大戦の終結によって崩壊に至る．

　そして第三の対応は，1917年のロシア革命からソ連憲法への展開に示されるような社会主義憲法への移行である．社会主義憲法では，自然権的な自由権中心の人権とは異なって，労働者・農民など搾取された被支配階級を主体とする社会主義的基本権を保障し，統制経済下での国民の生活保障をめざした．しかし反面，反体制の自由を否定し，個人の思想・信条・表現の自由などを厳しく制限したため，その矛盾がやがて露呈することになる．

3) 国家機能の変容

　以上のような近代憲法から現代憲法への展開の背景には種々の要因が存在したが，次のような国家機能の変化が重要である．①近代の消極国家・夜警国家・自由国家(国家が治安・警察等の最小限の機能を果たす以外は，自由放任原則に委ねられた国家)から，現代の積極国家・社会国家(資本主義の展開にともなった社会経済的不平等是正などの社会正義の実現を目的として国家の機能が強化された国家)への展開．②国家作用の面で，立法国家(立法権を中心とする国家)から，行政国家(法を執行する行政権が強大な力をもつ国家)への展開．③人権の裁判的保障を重視する法治国家や司法国家への展開である．

　さらに，これらのほか，近代憲法の価値や基本的人権観念に対する批判論の影響，20世紀後半以降の国際化や近代国民国家の相対化などの要因が存在した．これらの諸要因によって近代憲法の基本原理が現代的な変容を被ったこと

で，従来から，近代立憲主義ないし近代的意味の憲法として定義されてきたものに対して，現代立憲主義や現代的意味の憲法を対置することが可能となる．

4） 現代憲法の基本原理

現代憲法では，その基本原理について次のような展開が認められる．例えば，統治・主権原理については，近代国民国家の枠組みを前提として抽象的な国籍保持者としての国民を主体として国民代表制と結びついて確立されてきた国民主権原理から，政治的意思決定能力をもった具体的な存在である市民やその総体としての人民を主体として，主権者みずからが主権を行使しうる直接民主制等の手続によって意思形成を行う「市民主権」や「人民主権」の原理への展開である．ほかに，従来の権力分立原理を修正する新しいデモクラシー論の導入や違憲審査制の確立が認められる．

また人権原理については，労働者・女性・子ども・障害者や少数民族等の権利を無視ないし軽視した上で，形式的平等原理のもとで成立した近代の人権保障原理に対して，人間の尊厳や個人の尊重，個人の自律を基調としつつ，人権を裁判等によって具体的に保障し，実質的平等を実現することをめざす現代的人権保障への展開を指摘することができる．

このような近代憲法から現代憲法への展開に伴って憲法学も新たな方法や課題に直面することになるが，現代憲法の特徴については，次章で検討することにしよう．

Ⅳ
現代憲法の特徴と展開
── 西欧型と非西欧型

1 現代憲法の特徴

1) 3つの特徴

　前章で指摘した憲法の現代的対応(3つの対応)のうち,西欧資本主義国での社会国家憲法への移行という流れを中心にみてみよう.この系譜では,18・19世紀の近代憲法の諸原理は,20世紀前半(とくに第1次大戦以降)から,近代憲法とは異なる特徴をもった現代憲法へと,大きく変容したことがわかる.

　現代憲法の特徴の第一は,「社会国家」理念の採用と社会権の出現である.前述の社会経済的不平等の是正を目的として,近代の自由国家(消極国家)から,しだいに社会正義の実現のために積極的役割を担うことを義務づけられた社会国家(ないし社会的法治国家・積極国家)に移行した(本書40頁参照).このような社会国家理念への移行は,1919年のワイマール憲法のなかで,「すべての人に対して人間たるに値する生存を保障する」(第151条)など生活保障の権利が宣言され,はじめて社会権が確立されたことに示される.ここでは近代の個人主義・自由主義的思想にかわる社会連帯の共同体的思想が基礎におかれ,社会経済的弱者に生活保障のための請求権が保障された.

　第二の特徴は,近代の議会優位の構造から行政府優位の構造への展開,いわば「行政国家」現象である.第1点で指摘した社会国家理念を実現するために国家が積極的な役割を担うことから,行政の機能が強化され,権力分立原則が行政権中心のものになる傾向がそれである.各国では行政権の首長(首相・大統領など)を直接選挙する制度が採用されることで,従来の「議会までの民主主義」にかわって「行政までの民主主義」が進行した.

第三の特徴は，人権保障の拡大と国際化である．人権保障については，以下のような特徴が認められる．

①主体の拡大——近代憲法では人権主体から排除されるか，もしくは権利が制約されていた女性やマイノリティ(有色人種・障害者等)の人権保障が実現された．②人権内容の拡大——自由権から社会権(第2世代の人権)への展開が認められる．さらに，今日では，世界的に「第3世代・第4世代の人権」という新しい人権が出現し，環境権，プライバシー権，発展の権利，平和的生存権などが認められるようになった．③人権保障範囲の拡大——本来は国家対個人の2極対立構造のなかで問題とされてきた人権保障が，社会的権力による人権侵害の発生によって私人間でも問題となった．④人権保障手段の拡大——法律の違憲審査という手法を通じての人権の裁判的保障が確立された．今日では，司法裁判所型(付随的審査型，アメリカ・日本など)・憲法裁判所型(抽象的審査型，ドイツ・イタリアなど)・フランス型(事前審査型)などの類型にわかれているものの，「違憲審査制革命」といわれるほど世界の諸国で憲法裁判による人権保障が実現されるようになってきた(本書190頁参照)．⑤国際化による人権規範の拡大および国際的な人権保障が進展したことである．

2) 国際人権保障の展開

人権保障の国際化は現代憲法の重要な特徴である．国際連合や欧州共同体(EC)などで採択された国際人権条約が締約国での批准を通して国内法化されることで，国際化による人権規範が拡大され，人権の国際的保障が進展した．

1998年7月17日には，120カ国の賛成によって国際刑事裁判所設立条約(ローマ規程)が採択され，戦争犯罪，人道に対する罪などの国際法違反の個人等を裁くための常設裁判所が設置された．この条約は，2002年7月1日に138カ国の署名，76カ国の批准を得て発効した(日本は2007年7月に批准)．

国連を中心にした国際人権条約

国際連合を中心に締結された国際人権条約には，国際連合憲章・世界人権宣言・国際人権規約，難民条約・女性差別撤廃条約など数多くが存在する．

a) 国際連合憲章

1945年に採択された国際連合憲章は，第2次世界大戦中のユダヤ人に対する強制収容・ジェノサイドなどの重大な人権侵害を念頭に，人権尊重を強調した．前文では「基本的人権と人間の尊厳及び価値と男女及び大小各国の同権とに関する信念」を確認し，第1条第3項では「人種，性，言語又は宗教による差別なくすべての者のために人権及び基本的自由を尊重するように助長奨励することについて，国際協力を達成すること」を国連の目的の1つに掲げた．

しかし，国連憲章では人権の具体的内容と人権保障手段について明確な規定を定めなかったことから，1948年12月10日に世界人権宣言が採択された．

b) 世界人権宣言

世界人権宣言は，前文と30カ条からなり，すべての人間の自由と平等，身体の安全，奴隷・苦役・拷問等の禁止，私生活の保護，所有権，思想・表現の自由などの自由権的規定（第1—20条）と参政権（第21条）のほか，経済的・社会的・文化的権利を実現する権利，労働権，教育を受ける権利などの社会的権利（第22—27条）を保障し，権利の制限や実現に関する一般規定（第28—30条）を置いた．これは，近代人権宣言と異なる現代的権利を掲げた現代的で包括的な人権宣言として，戦後の国際的人権保障の基礎を築くものであった．反面，総会決議によって採択された世界人権宣言には，条約としての性格を有しないため法的拘束力が伴わないという弱点があった．そこで国連は，この宣言を条約化する作業にとりくみ，国際人権規約を総会で採択した．

c) 国際人権規約

1966年に採択された国際人権規約は，「経済的，社会的及び文化的権利に関する国際規約（A規約）」と，「市民的及び政治的権利に関する国際規約（B規約）」および（B規約）選択議定書からなる．この国際人権規約は，内外人平等主義を基礎として，締約国が「人種，皮膚の色，性，言語，宗教，政治的意見その他の意見，国民的若しくは社会的出身，財産，出生又は他の地位によるいかなる差別もなしに」諸権利の行使を保障することを定め（A規約第2条第2項，B規約第2条第1項），締約国に対して人権保障の義務を定めた．

IV 現代憲法の特徴と展開

さらにその実効性を担保するために，A規約(通称，社会権規約)では締約国に定期的な報告書を提出することを義務づけ，人権委員会に勧告権限を認めた．また，B規約(通称，自由権規約)では，規定された人権を実現するための立法的措置や救済措置等をとることを締約国に義務づけ，その義務の履行を監視するために，規約人権委員会(Human Rights Committee, 自由権規約委員会等とも訳される)による政府報告書の審査や勧告の制度を導入した．また，1966年に(第1)選択議定書を採択し，規約人権委員会への個人通報にもとづく審査の制度等を創設した．その後，1989年に，「死刑廃止をめざす市民的・政治的権利に関する国際規約の選択議定書(第2選択議定書)」が採択され，1991年に発効した．

国際人権規約は，1966年の採択後，35カ国が加入して発効するまでに10年を要した(A規約は1976年1月3日，B規約は同年3月23日発効．B規約選択議定書は10カ国が加入してB規約と同時に発効．2017年7月末現在，締約国数はA規約165カ国，B規約169カ国，B規約第1選択議定書116カ国になっている．外務省ウェブサイト参照)．

日本は1979年に両規約に加入したが，A規約について，公の休日の報酬確保(第7条a)・一部公務員のストライキ権保障(第8条第1項b)・中高等教育の無償(第13条第2項b・c)の3項目については加入せず，両規約の警察職員のなかに消防職員が含まれるという解釈宣言を付するなどの留保をした．また，B規約選択議定書に加入していないだけでなく，自由権規約(B規約)人権委員会から，国内人権救済機関の不備や，婚外子に対する差別・国籍による差別，再婚禁止期間や婚姻適齢上の性差別的条項の存在等について指摘され，死刑制度廃止に向けた取組みや刑事施設被収容者や被疑者等の処遇についても，改善の勧告を受けてきた．とくに死刑廃止問題は，死刑存置国としての日本にとって大きな課題である．国際的にみれば，死刑制度を廃止した国は，2016年末までに104カ国となり，ほかに，戦時犯罪等を例外として通常犯罪について死刑を廃止した国が7カ国，事実上廃止している国が30カ国に及んでいる(合計では，法律上・事実上の死刑廃止国が141カ国，存置国が57カ国で，世界の3分の2以上の国が廃止している．アムネスティ・インターナショナル日本支部ウェブサイト参照)．

d) 人種差別撤廃条約

国連は，1965年12月21日「あらゆる形態の人種差別の撤廃に関する国際条約(人種差別撤廃条約)」を採択した(1969年発効．2017年7月現在，締約国数は178ヵ国)．日本は1995年にようやく批准した(1996年に国内的効力が発効)．この条約は，締約国に対して，人種差別を撤廃する政策をとることを義務づけ(第2条)，報告書の提出を要請している．また，人種差別撤廃委員会を設置して，付託案件の調査や調停にあたる(第12・13条)ほか，条約上の義務不履行の場合には，締約国の承認のもとに個人または集団からの通報を検討できることなども定めている(第14条以下)．

e) 女性差別撤廃条約

「女子に対するあらゆる形態の差別の撤廃に関する条約」は，1979年に国連総会で採択された(日本は1985年に批准．2017年7月末現在，締約国は189ヵ国)．この条約は，女性差別排除のみならず，自己の国籍を子どもに与える権利(第9条)や教育・雇用・婚姻等について男性と同等な女性の権利(第10・11・16条)を明確にしていること，立法上のみならず慣習や慣行上の差別を撤廃するための措置を求めていること(第2条f)，母性保護のほか積極的な差別是正措置を認めていること(第4条)，アパルトヘイト等の根絶と軍縮平和が男女の人権実現に不可欠であることを示して平和と人権の相互依存関係を明確にした(前文)などの特徴がある．国家報告制度により，女性差別撤廃委員会に4年に1回報告書を提出することを義務づけている(第17条以下)．

さらに個人通報制度などを導入して実効性をさらに高める目的で，条約20周年にあたる1999年に選択議定書が国連総会で採択された(2017年7月末現在の締約国数は109ヵ国)が，日本は署名も批准もまだ行っていない．このほか，女性に対する暴力撤廃やリプロダクティブ・ライツ等について明確な保障が不十分であったため，1993年6月の世界人権会議のウィーン宣言，同年12月の女性に対する暴力撤廃宣言，1994年の世界人口開発会議のカイロ宣言，1995年世界女性会議の北京行動綱領などで，女性の人権に関する保障が拡充された．また，暫定的特別措置に関する一般的議定書(No.25)も2004年に発表され，諸国の男女共同参画政策の指針になった．

Ⅳ 現代憲法の特徴と展開

f）子どもの権利条約

「児童の権利に関する条約」(外務省訳)は，1989年に採択され(日本は1994年に批准．2017年7月現在締約国は196カ国)，ソマリアと米国を除いてすべての国連加盟国が批准または加入している(アメリカは1995年に署名したが未批准)．この条約では，18歳未満の者(child)を明確に権利の主体として捉え直し，生命に対する権利(第6条)，意見表明の権利(第12条)，私生活への干渉に対して保護を受ける権利(第16条第2項)などの具体的な権利を明確にし，虐待等からの子どもの保護を締約国の義務としたことなど，大きな特徴をもっている．

以上の諸条約は近代以降の人権保障のなかで無視ないし軽視されてきたマイノリティや女性，子どもの人権保障を具体的に保障した点でも，また，締約国に報告義務や具体的措置を課したことで実効性を確保しようとしている点でも，画期的な内容をもっている．また，今日では，世界人権会議や世界女性会議などの国連特別会議も人権保障を強化するために重要な役割を果たしており，NGO(非政府組織)が積極的に参加して政府の人権政策を監視することで，人権保障の進展に大きな役割を担っている．

3) 地域的人権条約

一方，地域的な集団的人権保障の展開も著しい．国連以外の地域的な国際機構を中心とした人権保障には，欧州連合(EU)のほか，米州機構(OAS)，アフリカ統一機構(OAU，2002年7月9日にアフリカ連合に発展)によるものがある．米州機構(加盟国数35カ国)では，1969年に採択された「人権に関する米州条約(米州人権条約) American Convention on Human Rights」が1978年に加盟国19カ国で発効した．このほか，死刑廃止に関する米州人権条約選択議定書や，拷問防止および処罰に関する米州条約等も採択されている．

アフリカ統一機構では，「人及び人民の権利に関するアフリカ憲章(African Charter on Human and Peoples' Rights)」(1986年に発効)や「子どもの権利及び福祉に関するアフリカ憲章(African Charter on the Rights and Welfare of the Child)」が採択された(1990年に採択され，2000年末までに38カ国が署名，25カ国が批准済みである)．

欧州人権条約

ヨーロッパでは，1951年に欧州石炭鉄鋼共同体(ECSC)，1957年に欧州経済共同体(EEC)等を設立，1967年に欧州共同体(EC)に統一して以降，欧州統合を強化してきた．1991年のマーストリヒト条約(1993年発効)による欧州連合(EU)設立によって，加盟国が市場や貨幣を統一し，1997年のアムステルダム条約(1999年発効)および2000年のニース条約では，人権・男女平等・民主主義・法の支配などの基本原則を掲げた．2000年には死刑廃止やクローン人間禁止などを含む54カ条の欧州連合基本権憲章を採択した．2009年にリスボン条約が発効し，2013年にクロアチアが加盟して28カ国に拡大した．この展開のなかで，欧州人権条約およびヨーロッパ人権裁判所が重要な役割を果たしてきた．

欧州人権条約は，1950年にローマ条約で締結され1953年に発効した「人権及び基本的自由の保護に関する条約」である(2010年1月にロシアを加えて締約国が47カ国となった)．生命権，プライバシー権，思想・良心の自由，信教の自由，集会・結社の自由，財産権，教育権，外国人の集団的追放の禁止など，基本的な諸権利が網羅されており，議定書によって，さらに補充・強化されている．

2 現代憲法の展開

第2次世界大戦後には，フランス第4共和制憲法(1946年)やイタリア共和国憲法(1947年)，ドイツ連邦共和国基本法(1949年，西ドイツ・ボン基本法)などで社会国家理念が採用され，労働権や家族の保障など社会権が確立された．また，行政権の強化や直接民主主義の手続の採用，違憲審査制の導入など，現代憲法の特徴を備えた憲法が支配的となった．

(1) フランス

1) 第4共和制憲法・第5共和制憲法の成立

65年間続いたフランス第3共和制憲法は，1940年にドイツ占領下のペタン内閣のもとでヴィシー政府が成立したことから効力を失った．1944年6月3

日，ロンドンに亡命してレジスタンス運動を指揮していたド・ゴール(De Gaulle, Ch. A. J. M.)将軍がフランス共和国臨時政府を樹立し，1945年5月のドイツ降伏の後，同年10月に大統領に就任した(翌年1月に辞任). 憲法第一草案が1946年5月5日の国民投票で否決された後，新憲法草案が10月13日に国民投票にかけられ，第4共和制憲法(1946年憲法)が社会党・共産党・人民共和運動派(MRP)からなる3党政治のもとで制定された. この憲法では，「フランスは社会的共和国である」ことが明らかにされ，前文のなかで，社会権が保障された. さらに，従来の共和国の不可分一体性の原則のもとで，第3条に「国民の主権は，人民に属する」として「人民主権」原理への傾斜を標榜する主権規定が置かれ，人民の直接的な意思決定手続を憲法改正について部分的に導入する「半直接制」が採用された. しかし，1958年5月13日，アルジェリアで発生したクーデター後の問題解決のために，12年間政治の前面から退いていたかつての「フランス解放の英雄」ド・ゴールが首相に任命されて新憲法制定について授権を受け，司法大臣ミシェル・ドゥブレ(Debré, M.)を中心に憲法草案が起草された. この草案は1958年9月28日に人民投票に付されて1958年10月4日に第5共和制憲法が制定された.

2) 第5共和制憲法の特徴

1958年憲法の特徴は下記の通りである.

① 大統領の権限強化──第3共和制以来の議会中心主義から大統領中心主義への傾斜によって，「大統領制に傾斜した，議院内閣制と大統領制との中間形態」になった(本書179頁参照). 当初7年任期(2000年憲法改正により5年に短縮)で公選されるものとされた大統領は，公権力の運営についての仲裁者であり，共和国の独立と共同体の協定の守護者として，統治機構上最も重要な位置を占める. 大統領は，首相・大臣を任免し，閣議を主宰し，国民議会を解散する権限をもつ反面，議会に対する責任を直接負うことはない(議会に責任を負うのは政府であり，首相は，国民議会の不信任案の可決によって罷免される). このほか，大統領は軍隊を統帥し，非常事態措置権を発動するほか，一定の法律案を人民投票に付託するなど強大な権限をもっている.

② 「行政の二頭制」──大統領と首相の両者が行政権を担当するため，議会

の多数派が異なる党派に属する場合には，憲法制度の運用に重大な障害が生じることがある．この「行政の二頭制」の矛盾は，1981 年の大統領選挙でフランス社会党のミッテラン(Mitterand, F.)が選出された後に現実化し，シラク首相との間で「コアビタシオン(保革共存の政治)」が開始された．1993 年にもミッテラン大統領とバラデュール首相との間にコアビタシオンが始まった．その背景には，国民議会と大統領の任期のずれ(前者が 5 年，後者が 7 年)の問題があったため，2000 年 10 月の憲法改正で 5 年任期に統一され，2008 年 7 月の憲法改正で大統領の 3 選が禁止され，任期は最長 10 年に制限された．

③「半直接制」の採用──「人民主権」を標榜する主権規定のもとでレファレンダム(人民投票)などが導入された．1995 年憲法改正で人民投票の範囲と大統領の権限が拡大されたが，逆に，独裁的権限の追認を目的とする「プレビシット(独裁者に対する信任投票)」として機能する危険が指摘された．そこで 2008 年 7 月憲法改正では，発案権を大統領に独占させる制度を改め，国会議員の 5 分の 1 が有権者の 10 分の 1 の支持を得た場合には，人民発案による人民投票に付託できる制度が導入された(本書 219 頁参照)．

④ 人権保障規定の不存在(次項参照)．

3) 人権保障の態様と課題

1958 年憲法では，前文で，1946 年憲法前文によって確認され補完された 1789 年人権宣言で保障された人権の尊重をうたっているにとどまる．このような前文のみでは人権保障の実現にとって不十分であることは否定できず，人権保障についての憲法規範の確立と違憲立法審査権をもった裁判機関の実現が不可避的な課題となった．そこで，当初は憲法上の諮問機関として設置されていた憲法院が 1970 年代以降，人権保障機関として大きな機能を果たした．憲法院判例は，憲法に具体的な人権規定が存在しない欠陥を補うために，1958 年憲法前文が言及している 1789 年人権宣言と 1946 年憲法前文，および「共和国の諸法律によって承認された基本的諸原理」などに，憲法規範性を認めてきた．これらの憲法規範としての性格が一般に承認され，「憲法ブロック」の拡大が定着したが 1789 年人権宣言や 1946 年憲法前文には，それ自体にも，また両者相互間にも諸原理の対立がある．このため，憲法院の憲法解釈が重要な意味

をもつことになり，2008年7月の憲法改正によって抗弁による事後的審査制が導入されて積極的な違憲判断が出されている（2008年7月23日の大改正によって，「違憲の抗弁による事後的違憲審査制 un contrôle de constituttionnalité a posteriori et par voie d'exception」が導入された点につき本書192頁，204頁参照）．

4） 1958年憲法の運用

1958年憲法は，2017年11月までの59年間に，合計24回の憲法改正を経験した．このうち最初の5回は1976年までにド・ゴール大統領とジスカール・デスタン大統領の時代に実施されたが，その後の17回は，欧州統合が進展した1992年以降，ミッテラン大統領とシラク大統領のもとで，最後の2回（2008年2月・7月改正）がサルコジ大統領のもとで実施された．

1992年から2007年2月までの17回の中には，国内の制度改革に関する改正（1993年7月27日の高等法院改革等の改正，1995年8月4日のレファレンダム拡大等の改正，2000年10月2日の大統領任期短縮のための改正など）が含まれるが，8回は，欧州統合と国際化・分権化に関連するものである．そこには，欧州連合条約に関する5回の改正が含まれる（マーストリヒト条約，シェンゲン協定，アムステルダム条約批准のための各1992年，1993年，1999年改正等）．そのほか，公職の男女平等（パリテ，parité）をめぐる1999年7月8日改正でも，主権原理を定めた憲法第3条の解釈が焦点となった．

総じて1990年代以降の改正には憲法院判決が先行し，憲法改正に対する違憲審査の限界や憲法改正の限界という実定法解釈上の論点と結びついて，憲法院の役割が再検討されるようになった．このほか，2008年改正によって導入された憲法第11条の直接民主制の強化（人民投票の対象の拡大）や人権保障の多元化など，今後の展開が注目される（本書99頁，218頁以下参照）．

（2） ドイツ

1） ドイツ連邦共和国基本法の成立と展開

1918年11月にヴィルヘルム2世がオランダに亡命してドイツ帝国が崩壊した後，1918年末に共和国が建設され，1919年8月14日に当時の第1党社会民

主党の理念にもとづいてワイマール憲法が施行された．「国家権力は国民に発する」(第1条)として国民主権を明示し，大統領の直接選挙制や国民の法律発案制度などを確立したうえで，社会権などの現代的な基本権を保障した．この点で先進性が認められたが，当時の学説では，プログラム規定と解されていた(本書123頁参照)．現実の政治も，経済の停滞，1929年の世界恐慌の影響などから混迷を極め，1933年にアドルフ・ヒトラー(Hitler, Adolf)が首相に任命されて以降，同年の授権法によりワイマール体制が事実上崩壊した．

　ヒトラーは，1934年の国家改造法によってナチ党の独裁体制を確立し，1939年のポーランド侵攻以来ヨーロッパ諸国への侵略を続けてユダヤ人大量虐殺などの未曽有の災禍を引き起こした．しかし，戦況が悪化して1945年4月30日にヒトラーが自殺し，ドイツは無条件降伏した．同年7—8月のポツダム会談で米英ソの首脳はフランスを加えた4カ国によるドイツの分割統治を決定し，各ラント(邦，州)では，占領国の要請によって邦憲法を制定した．さらに，ドイツ統一を希求する11のラントの首相らは憲法にかわる基本法の制定を決定し，1949年5月18—21日に11中10のラント議会で草案が承認(バイエルンのみ反対)されて基本法が確定された(翌日発効)．これがドイツ連邦共和国基本法(通称ボン基本法)である．これは統一が実施されるまでの暫定的な性格を有するものであり，「ドイツ国民が自由な決断によって議決した(統一ドイツの)憲法が施行される日に，その効力を失う」(第146条)と定められていた．

　実際には，1990年に旧東ドイツの諸邦が旧西ドイツに吸収される形で東西ドイツの統一が実現し基本法規定が改正され，同年8月31日に両首脳が統一条約に署名した．同年9月20・23日に旧東ドイツと旧西ドイツでこの統一条約の批准に必要な3分の2の賛成が議会で得られ，基本法改正(前文，第23条，第51条第2項，第135a条，第143条，第146条の変更)が承認された．

2) ドイツ連邦共和国基本法の特徴

　1949年に成立した基本法の第一の特徴は，人間の尊厳の保護を筆頭とする手厚い基本権保護である．第1条は「人間の尊厳は不可侵である．これを尊重し保護することが，すべての国家権力に義務づけられている」とし，この第1条と第20条(国民主権・権力分立等を規定)で提示される基本原理は，憲法改正に

よって変更しえないことを第79条第3項で定める．第2条以下では，人格を自由に発展させる権利，生命への権利，身体を害されない権利，法の前の平等，信仰・良心の自由，表現の自由，学問・芸術の自由，集会・結社の自由，移転の自由，職業選択の自由などの基本的かつ典型的な自由権を保障している．

第二の特徴は，社会的法治国家としての意義である．「ドイツ連邦共和国は，民主的かつ社会的な連邦国家である」(第20条)，「ラントにおける憲法秩序は，この基本法の趣旨に即した共和制的，民主的および社会的な法治国家の原則に適合していなければならない」(第28条)と定めて，社会的福祉国家(社会国家)と法治国家とを連結した社会的法治国家を目指した．基本法では，土地・天然資源・生産手段を社会化する目的のために，補償等の法定を条件に，公有ないし公共経済形態への移行を認めており(第15条)，それに伴う所有権の制限(第14条)，家族の国家的保護(第6条)等を定める．

「闘う民主制」

第三の特徴は，「闘う民主制」という基本方針である．基本法は前記のような民主的基本体制を確保するため，反民主的な政党の成立を拒否し，「政党のうちで，……自由で民主的な基本秩序を侵害もしくは除去し，またはドイツ連邦共和国の存立を危うくすることをめざすものは，違憲である．その違憲性は連邦憲法裁判所がこれを決定する」(第21条第2項)と定めた．実際に連邦憲法裁判所は，連邦政府の確認の訴えに対して，1956年8月17日判決でドイツ共産党(KPD)を違憲と判断した．さらにそれに先立つ1952年10月23日には，ナチスの流れをくむと考えられた社会主義ライヒ党(SRP)を違憲と判断した．このように，民主主義のために反民主主義的活動を禁止するという発想は，基本法の「目的もしくは活動が刑事法律に違反する団体，または，憲法的秩序もしくは諸国民間の協調の思想に反するものは禁止される」(第9条第2項)，さらに「意見表明の自由，とくに出版の自由……等を，自由で民主的な基本秩序を攻撃するために濫用する者は，これらの基本権を喪失する」(第18条)として基本権喪失を定める規定などに示される．これらは，「闘う民主制」を明らかにした規定といえる．

そのほか第四に，大統領権限の縮小と連邦首相の権限拡大，連邦憲法裁判所

の任務拡大などの特徴があり，その抽象的規範統制，憲法訴願(憲法異議)や具体的統制によって，基本法の最高法規性と基本権保障が実現されている(本書197頁以下参照)．なお，ドイツでは，2017年までに通算60回，1990年のドイツ統一後も23回の基本法改正が行われているが，欧州統合に関わる改正が多いことは，フランスの場合と同様である(基本法改正の詳細は，初宿・辻村編『新解説 世界憲法集(第4版)』168頁以下〔初宿正典執筆〕参照)．

(3) イタリア

1) イタリア共和国憲法の制定

イタリアでは，18世紀末以来フランス大革命の影響をうけたジャコバン憲法運動，1820年のスペイン革命の影響をうけたカルボナリ党の運動などを経て，1848年シチリアとナポリで民衆が蜂起し，オーストリアからの解放運動が起こった．サルディニアでは，1848年3月にサルディニア王国憲章が制定されたが1861年3月に統一王国(イタリア王国)が成立し，イタリア王国憲章となった．以後，統一イタリアの国家体制が固められるが，1922年にムッソリーニ(Mussolini, B.)が首相に任命されると1925年からファシズム体制に移行した．第2次大戦敗戦後，1946年6月に国民投票で共和制が支持され，キリスト教民主党・社会党・共産党の3大勢力の手で，1947年12月22日にイタリア共和国憲法が制定された(1948年1月1日施行)．この憲法は，社会主義とキリスト教民主主義の妥協の産物として，共和主義・反ファシズム憲法としての性格をもっていた．

2) イタリア共和国憲法の特徴と運用

1947年憲法の特徴は，以下のとおりである．

① 人民主権と労働，社会連帯に基礎を置く共和制憲法——「イタリアは勤労に基礎を置く民主的な共和国である」(第1条第1項)と宣言してこの特徴を強く打ち出した．人民主権を実効化するために，50万人の選挙人または5つの州議会が要求するときは，法律等の廃止を求める人民投票が実施され，有効投票の過半数で提案が可決されること等を定めた(第75条)．

Ⅳ 現代憲法の特徴と展開

② 豊富な社会権規定——労働権・社会保障の権利など，豊富な社会権規定を置き，第35—47条の13カ条にわたって詳細な経済的関係に関する規定(労働者の有給休暇に対する権利，女性労働者の男性と同等な権利と母親と幼児に対する特別の保護，社会的な扶養・援助を受ける権利，勤労能力に欠ける者の職業訓練をうける権利，組合を組織する権利，ストライキの権利，私的所有の法律による制限，特定企業の国有化，私的土地所有の制限，協同組合の承認，労働者の企業管理に協力する権利，貯蓄の奨励・保護など)を列挙した．また，家族の権利の保障，子どもに対する親の権利・義務，婚外子の保護，母性・児童・青年の保護，健康権の保障等の社会的権利保障とともに，学問・芸術の自由，国立学校との均衡を求める私立学校の権利，初等教育の義務と無償，共和国の教育助成措置など社会的・倫理的関係について細かく規定した．

③ 体系的な自由権規定——第13—28条の16カ条で自由権(人身の自由，住居の不可侵，集会・結社の自由，信教の自由，表現の自由・検閲の禁止，裁判を受ける権利など)を網羅的に定め，国家と宗教について，協約型の政教分離を採用した．

④ 統治機構と違憲審査制——統治機構の面では，国会議員による間接選挙で選出される大統領のもとで議院内閣制を採用し，特徴ある制度を構築している．また憲法保障のために折衷型の独特の違憲審査制を採用しており，憲法裁判所が集中的に違憲審査を行いつつ，通常裁判所または行政裁判所に係属中の争訟の途中で，法律等の合憲性審査の必要がある場合に，抗弁の方法または職権によって憲法裁判所に事件を移送する形態をとっている．

イタリア憲法の運用では，1999年11月の第8・9回改正によって司法手続や地方自治制度が改められ，2000年1月の第10回改正で，外国に居住する市民の選挙資格等に関する規定(第48条第3項)が追加されたことなどが重要である．2003年5月には，憲法裁判所のクオータ制違憲判決(1995年)を受けてポジティブ・アクション導入を可能とするための憲法第51条の改正が実施された．その後，中道右派連合のベルルスコーニ首相が2005年に選挙制度を比例代表制に改め，2006年6月に大幅な憲法改正案(州への権限移譲，首相への大臣任免権付与，事実上の首相公選制導入など)を提示して国民投票を実施した．しかし結果は61.3%が反対となり，総選挙でも敗北して中道左派連合のプロディ政権に道を譲った．2008年4月の総選挙で中道右派が大勝して同年5月から

第 4 次ベルルスコーニ内閣が発足したのち，2011 年 11 月にベルルスコーニ首相が辞任し，マリオ・モンティが新首相に指名された．

2013 年 2 月の両院選挙で中道左派が僅差で勝利した後，マッテオ・レンツィ首相のもとで，上院の権限を縮小する憲法改正法案が準備され，憲法改正の是非を問う国民投票が 2016 年 12 月 4 日に行われた．しかし，反対派の五つ星運動(M5S)の支持率が高り，反対 59.11％，賛成 40.89％ で否決された．この結果レンツィ首相は辞意を表明し，セルジョ・マッタレッラ大統領のもとで，2016 年 12 月 12 日にジェンティローニ新政権が発足した．2017 年 10 月には新選挙法が成立し，小選挙区比例代表並立制が採用された．その後，大統領は 2017 年 12 月 28 日に議会を解散し，2018 年 3 月 4 日の総選挙実施を決定した．このように憲法改正の挫折をめぐってイタリアの政治は混迷を極めており，選挙制度や二院制の見直しも急務となっている．

3　非西欧諸国の憲法

第Ⅱ章で憲法の類型についてみたように，世界の憲法は，従来から資本主義憲法(アメリカ，フランス，ドイツ，イタリアなど)と社会主義憲法(旧ソ連・東欧諸国・中華人民共和国など)に大きく分類されてきた．しかし今日では，社会主義憲法に属する国家が減少し，かわって，アジア・アフリカ・中南米諸国など発展途上国の憲法という第 3 の類型に属する国家が多くなっている．さらに第 3 類型に属する憲法の多くが，植民地からの独立の際に旧宗主国であった西欧の資本主義型憲法の影響を受けていること，第 3 類型の中にも，社会主義型憲法と資本主義型憲法に属する憲法が存在することからすれば，3 つに分類することだけでは不十分である．そこで，資本主義対社会主義の対抗図式と，先進国型対途上国型の対抗を加味した，4 つのディメンションを念頭に置いて次のような特徴をみておく必要があるであろう(本書 20 頁図 3 参照)．

① 西欧諸国の資本主義憲法(イギリス，アメリカ，フランス，ドイツ，イタリアなどの憲法)は，私的所有と自由競争経済原理に立脚する資本主義的生産関係に基づく憲法である．近代憲法原理の確立後，独占資本主義段階・国家独占資本主義段階に即して近代憲法原理を徐々に修正しつつ，社会的法治国家(福祉国

家)を基礎とする現代型の資本主義型憲法への変容をとげてきた．

② 非西欧諸国の社会主義型憲法には，(旧)ソ連・東欧諸国・中華人民共和国などの憲法が含まれる．これらの社会主義国では，基本的に経済的観点から国家をとらえ，生産関係から国家の本質を説明した経済学的国家論ないしマルクス主義国家論を基礎に置いている．また，社会主義は，私的所有と自由競争経済原理に立脚する資本主義的生産関係に基づく資本主義と異なって，私的所有の否定と社会主義的生産関係を基礎とすることを本来，原則とする(但し今日では，中国などでこの原則は変容している)．

③ アジア・アフリカ・中南米諸国などの憲法は，発展途上国である点，植民地主義・開発独裁と冷戦構造の影響をうけてきた点などで共通項を持つとしても，まとめて論じることは不可能に近い．ただ最近では，アジアの憲法について関心が高まり，日本でも複数の文献が刊行されている(荻野芳夫ほか編『アジア憲法集(第2版)』，稲正樹ほか編著『アジアの憲法入門』等)．アフリカや中南米の諸憲法についてはほとんど研究がされてこなかったが，アフリカ法体系は，旧宗主国の法体系に従って，旧イギリス植民地のコモン・ロー系，旧フランス・ポルトガル・スペイン等の植民地からなる市民法系，その他の市民法・コモン・ロー混合型の3つに大きく分類される(中原精一『アフリカ憲法の研究』参照)．このため旧宗主国の憲法体系を研究することが不可避となり，従来の西欧資本主義国の憲法を中心とする検討も一応の正当性を見出すことができるであろう．

以上のような特徴を念頭に置いたうえで，以下では，これまでみてきた西欧諸国の憲法(資本主義型憲法)と対照させて，非西欧諸国の憲法について概観することにしよう．

(1) 社会主義型憲法の展開と変容
——旧ソ連，ベトナム，中国など

1) (旧)ソ連の社会主義憲法

社会主義型憲法の基本型は，1918年のソビエト憲法(ロシア社会主義連邦ソビエト共和国憲法)，ソビエト社会主義共和国連邦(ソ連)結成後の1924年・1936

年のソ連憲法によって確立された．これらはいわば過渡期的な社会主義型憲法であり，資本主義から社会主義への過渡期段階の国家を前提にしていた．1917年のロシア革命の成果として成立した1918年憲法は，過渡期のプロレタリア独裁国家と自己規定しており，搾取された勤労人民の権利宣言が置かれた（第1編）．また，1977年憲法では，「ソビエト社会主義共和国連邦は，労働者，農民およびインテリゲンチア，ならびに……すべての諸民族の，勤労者の意思と利益を表現する社会主義的全人民国家である」（第1条）と定め，第40条以下では労働権，休息の権利，健康保護の権利，社会保障の権利，教育を受ける権利，家族の保護等の詳細な社会権規定を置いた．反面，精神的自由権については，「人民の利益にしたがい，社会主義体制を強化し，発展させるために」ソ連市民に言論・出版・集会などの表現の自由が保障され，「共産主義建設の目的にしたがって」団結する権利を有することが定められていた（第60・61条，樋口陽一・吉田善明編『解説　世界憲法集（初版）』1988年，237頁以下〔新美治一執筆〕）．体制に反対する自由は認められず，『収容所群島』を公刊したソルジェニーツィンなどの作家が迫害を受けたことに対して，世界的な非難を浴びたことから，1985年春以降，ゴルバチョフ共産党書記長のもとでペレストロイカ（構造改革）と称する改革が断行され，思想・表現の自由など精神的自由権を総称する「グラースノスチ」が標榜された．

　統治原理では，1977年憲法は，「ソ連邦における全権力は，人民に属する」「人民は，ソ連邦の政治的基盤である人民代議員ソビエトを通じて国家権力を行使する」（第2条）として民主主義的中央集権制を採用し，共産党独裁体制を強化した．これに対して，1980年代後半から大規模な構造改革が志向され，ペレストロイカの過程で人民代表ソビエト体制を変更する諸改革が断行された．

　1990年3月の憲法改正では，大統領制の導入が行われて共産党支配からの脱却がはかられた．ついで，1990年12月のロシア・ソビエト連邦社会主義共和国の憲法改正と1991年3月のソ連邦存続の是非を問う国民投票，同年6月の大統領選挙，7月の私有化法，11月の「人および市民の権利および自由の宣言」とその第22条による私的所有の承認などの経過を経て，1991年12月，約70年間続いた共産党支配が終焉してソ連邦自体が崩壊し，ソ連邦憲法が失効した．

Ⅳ　現代憲法の特徴と展開

2) ロシア連邦憲法の成立と運用

1993年12月，旧ソ連を構成していた旧ロシア・ソビエト連邦社会主義共和国は国名をロシア連邦と改め，現代市民憲法型の枠組みを採用したロシア連邦憲法を制定した(現在のロシア憲法は社会主義型憲法ではなく，資本主義型憲法の類型に属するが，ここで概要を示しておく)．この憲法は，ロシア連邦は民主主義的な連邦制の法治国家・社会国家であり，人間ならびにその権利と自由が最高の価値である(第2条)として，私的所有制の保護と土地・天然資源私有の承認(第8・9・35・36条)，思想・言論・結社の自由(第29・30条)等の自由権，および，労働権等の社会権等を定めている．

統治機構では，大統領を擁する議院内閣制の形態をとるが，「超大統領共和制」(阿部照哉・畑博行編『世界の憲法集(第4版)』482頁〔宮地芳範執筆〕)と形容されるように，国家元首としての大統領の権限が非常に強い．大統領は，立法権については発案権・法律拒否権・下院解散権のほか大統領令公布権などをもち，裁判権についても人事権のほか調停者の地位をもつため，三権分立を超越した存在と捉えられている．立法機関は国家会議(下院)と連邦会議(上院)の二院制で，2005年の選挙法改正によって，下院では比例代表制が採用されている．

司法審査については，ロシア連邦憲法裁判所が，機関訴訟等のほか憲法訴願の方法で法律の合憲性審査を実施している(第125条)．これによって，市民は人権侵害について直接憲法裁判所に提訴することができるだけでなく，欧州人権裁判所への提訴も認められている．実際には，ロシア連邦人権問題全権(人権オンブズマン)が年次報告書を刊行して人権状況を監視しているが，警察・刑務所・軍隊等における人権制約が問題とされている．

なお，ロシア連邦憲法は，1993・2001・2003・2005・2007・2008・2014年に改正されており，2008年改正では，大統領の任期が4年から6年(2期まで)，国家会議(下院)議員の任期が4年から5年に延長され，プーチン大統領(2000―2008年，2012―2018年もしくは2024年)の長期政権が続いている(初宿・辻村編『新解説 世界憲法集(第4版)』321頁以下のほか，杉原泰雄編集代表『新版 体系憲法事典』115―118頁〔竹森正孝執筆〕参照)．

3) アジアの社会主義型憲法

アジアにも，朝鮮民主主義人民共和国憲法(1949年制定)，中華人民共和国憲法(1954年制定)，ベトナム社会主義共和国憲法(1992年制定)，ラオス人民民主共和国憲法(1991年制定)などの社会主義型憲法が存在する．今日では，旧ソ連・東欧諸国の脱社会主義化のもとで，世界の社会主義国におけるアジアの比率が相対的に高まっているといえる．これらの諸国では，ベトナムの「ドイモイ(刷新)」，中国の「改革・開放」など，旧来の社会主義路線からの転換傾向が認められる．

(a) ベトナム

アジアで最初に人民民主主義憲法が制定されたのはベトナムであり，1945年のベトナム独立宣言以後，1946年に人民民主主義憲法としてのベトナム民主共和国憲法が制定された．ついで1959年に北ベトナム憲法とも称されるベトナム民主共和国憲法が制定された．他方，南ベトナムでは1956年にベトナム共和国憲法が制定されたが，1976年7月に南北統一が実現した後，1980年と1992年にベトナム社会主義共和国憲法が制定された．1980年憲法では「プロレタリア独裁国家」という規定があったが，1992年憲法ではこれが削除され，さらに2001年の改正で「ベトナム社会主義共和国は，人民の，人民による，人民のための社会主義法治国家である」(第2条)と定められた．

なお，隣国のラオスでは，「ラオス人民民主共和国は，人民民主主義国家である」(第2条)と規定して，民主集中制の原則を掲げている(鮎京正訓編『アジア法ガイドブック』186頁〔鮎京執筆〕参照)．

(b) 中華人民共和国

第2次世界大戦終結後，1946年6月からの内戦を経て，1949年10月1日，中華人民共和国が成立した．1954年に完成した中華人民共和国憲法は104カ条からなり，「労働者階級が指導し，労農連盟を基礎とする人民民主主義国家である」(第1条)と規定しつつ，資本家所有制を，社会主義的改造によって全人民所有制に変えることを定め(第5—10条)，社会主義への展望を示した．

Ⅳ 現代憲法の特徴と展開

1966年以降の文化大革命の後に，簡潔性を求めて30カ条の1975年憲法が制定され，共産党支配が合法化された．しかし，翌年に毛沢東が死去し，「4人組」が失脚した後，60カ条からなる1978年憲法が制定された．さらに1982年には，鄧小平の指導下で，左派の影響を一掃すべく138カ条からなる新憲法が制定された．

1982年憲法の展開

1982年憲法は「中華人民共和国は，労働者階級が指導する，労農同盟を基礎とする人民民主独裁の社会主義国家である．……いかなる組織・個人も社会主義制度を破壊してはならない」(第1条)と定め，人民主権・民主集中制(第2・3条)を明示した．生産手段については「社会主義的公有制すなわち全人民的所有制と勤労大衆による集団的所有制」を採用し(第6条)，国有経済や協同組合経済，天然資源の全人民的所有(第7―9条)を定め，同時に，私有財産の保護と相続権(第13条)を認めた．その後しだいに市場化の影響が強まるなかで，1988年に憲法を改正して個人経営経済の権利・利益を認めた(第11条)．

1989年6月4日には天安門事件が勃発し，天安門広場では自由の女神を模した「自由の神」を擁して「自由・民主・法治・人権」を求める集会が行われた．これを軍事力で弾圧した中国政府に対して国際的非難が高まり，政府は人権問題の研究や「人権白書」の公表等を行った．そして1993年の憲法改正によって「国家は社会主義市場経済を実施する」(第15条)と明示するに至った．

1999年には，改革と開放政策を憲法に明示し，旧第5条(「社会主義的法治国家を建設する」)を削除し，(「わが国は社会主義の初期段階にある」という前文を「わが国は長期にわたり社会主義の初期段階に置かれるであろう」と変更して)社会主義初期段階では公有制を中心とする旨を追記した(第6条)．

2004年の改正では，前文に追加修正が施された(「中国の諸民族人民は，引き続き中国共産党の指導のもと，マルクス＝レーニン主義，毛沢東思想，鄧小平理論および"3つの代表"の重要思想に導かれ，人民民主主義独裁を堅持し，社会主義の道を堅持し，……社会主義的市場経済を発展させ，社会主義的民主主義を発展させて……わが国を富強にして，民主的・文明的な社会主義国に築き上げるであろう」とした)．ここでは1982年憲法前文に掲げられた「4つの基本原則」(社会主義，プロレタリアート独

裁，共産党の指導，マルクス＝レーニン主義と毛沢東思想の堅持)に加えて，「3つの代表」(①先進的な社会生産力の発展の要求，②先進文化の前進の方向，③幅広い人民の根本的利益，を代表すること)が追加された(初宿・辻村編『新解説 世界憲法集(第4版)』366頁〔鈴木賢執筆〕，稲正樹ほか編著『アジアの憲法入門』61頁〔石塚迅執筆〕参照)．

権利規定と「人権」状況

現行の1982年憲法は，1988・1993・1999・2004年に部分的に改正されたが，とくに，2004年改正によって，はじめて「人権」の語が憲法上に明記され，「国は，人権を尊重し，保障する」(第33条第3項)と定められたことが重要である(それまでは，人一般の普遍的権利としての「人権」の語を用いることはなく，1980年代後半までは「人権について議論すること自体がタブーであった．初宿・辻村編『新解説 世界憲法集(第4版)』368頁参照）．2004年改正後の憲法では，言論・出版・結社の自由(第35条)，信教の自由(第36条)，人身の自由(第37条)，人格の尊厳(第38条)，住居の不可侵(第39条)，国家機関に対する批判・建議の権利(第41条)，文化活動を行う自由(第47条)などが保障されているが，同時に，「中華人民共和国市民は，自由および権利を行使するに際して，国，社会，集団の利益およびその他の市民の合法的自由および権利を害してはならない」(第51条)として，国家・社会の利益による制約を明示している．「集会行進示威法」や「出版管理条例」などの諸法令にも「憲法に確立された基本原則に反してはならない」という制約が定められている(稲正樹ほか編著『アジアの憲法入門』61頁参照)．

反面，従来の社会主義のメルクマールであった私的所有禁止を改めて，「私有財産の不可侵」「市民の私有財産権と相続権の保護」を憲法第13条に明記した．社会権についても，物質的援助を受ける権利(第45条第1項)，休息の権利(第43条)，教育を受ける権利と義務(第46条)，婚姻・家族・児童等に対する保護と配慮(第49条)等の多くの規定を置いている．労働については，権利と同時に義務を強調し「市民の栄光ある責務」とするとともに，「国は市民が奉仕作業に従事することを提唱する」と定めている(第42条)．

このように，憲法上に近代憲法で保障された普遍的な人権の観念が明示され

Ⅳ　現代憲法の特徴と展開

た反面で，一部の階級や国に限定された「市民の基本権」でしかないという前提で成立した諸条項が維持されている．権利保障の実態は天安門事件以後も不十分な点が多く，新疆ウイグル自治区における政治犯投獄・迫害，少数民族の抑圧，インターネット規制など，人権状況が「劣ったまま」であることが，アメリカ国務省の「人権状況に関する報告書(2009年版)」などで批判されている．

　実際，中国が1997年に国際人権規約(社会権規約)に加盟し，人間の尊厳を尊重している外見に反して(2016年には第3期人権行動計画も策定)，社会主義的な権利観の上に中国およびアジアの文化的・宗教的伝統の重視，発展権などの集団的・民族的人権観などが形成されている．中国の人権論の特徴としては，主権の優位，自然権の否定，集団的権利の重視，社会権の重視などをあげることができるが，農村の最低生活保障金がわずかに1人月額90元(日本円で約1300円，2016年9月現在)といわれたように，現実は厳しいものである(土居靖美編著『東南アジア諸国憲法における人権保障』72頁以下，初宿・辻村編『新解説 世界憲法集(第4版)』369頁，中村睦男ほか編著『世界の人権保障』155頁〔鈴木賢執筆〕参照)．

民主集中制の統治構造

　人口13.8億人(2016年現在，世界第1位)の中国では，統治構造について「中華人民共和国のすべての権力は，人民に属する」(第2条第1項)とする人民主権原理のもとで，人民は全国人民代表大会と地方各級人民代表大会において，国家権力を行使する形態がとられている．しかし実際には，常務委員会による権力行使が認められており(第57・67条)，3000人規模の全国人民代表大会(全人代)が年に1度短期間開会されるだけで常務委員会および各種委員会が立法権を行使している．また，全人代は，中華人民共和国主席および副主席を選出し(第79条)，全人代または常務委員会の決定に基づいて首相を任免し，法律を公布する等の権限が定められるが，行政・立法権ともに共産党の一党独裁制度のもとで実施されている．司法権も人民法院に属し，最高人民法院がその最高機関である(第123条)と定められ，違憲審査制度は存在せず，憲法を解釈し憲法の実施を監督する権限は全人代常務委員会に属するとされる(第67条)．しかし，常務委員会は立法者であるため(自ら制定した法律の違憲性を認定することは困難)，憲法保障や人権保障上の不備は否定しえない．また，最高人民法院の「裁判文

書による法律等の引用に関する規定」(2009年10月)では，法院が判決書などで憲法を引用することが否定され，「憲法の司法化」の議論が終焉したとされる(初宿・辻村編『新解説 世界憲法集(第4版)』371頁参照).

(c) 朝鮮民主主義人民共和国(北朝鮮)

1945年8月15日の日本敗戦による植民地支配からの解放(光復)後，同年9月朝鮮人民共和国が宣言された．しかし米ソの分断管理体制により，1948年9月8日に朝鮮民主主義人民共和国憲法が制定され，翌日，同国政府が成立した．この憲法は，「反帝反封建民主主義革命」の成果としての人民民主主義共和国の憲法として位置づけられ，第8条で私的所有が承認されていた．また，南北統一を課題として，首都をソウルに置くとする規定が存在していた(第101条).

これに対して，東西対立緩和の動きのなかで民族大団結による統一を規定した憲法が，「朝鮮民主主義人民共和国社会主義憲法」と改称されて1972年12月27日に新たに制定された．この憲法は，プロレタリア独裁国家として「社会主義の完全な勝利」をめざしたが．実際には，金日成主席と労働党の独裁が進行し，ソ連崩壊・冷戦終了後の1992年に改正憲法が公布された．

1992年憲法体制

7章171カ条からなる1992年改正憲法では，プロレタリア独裁にかえて「人民民主主義独裁」と規定された．主権者は「労働者，農民，兵士，勤労インテリとすべての勤労人民」であり，最高人民会議が最高主権機関として立法権を行使し，国家主席を選出・召還することとされた．旧4条のマルクス＝レーニン主義の語は削除され，第11条で朝鮮労働党の指導下にすべての活動を行う旨が明示され，国防に関する第4章が新設された(大村泰樹・小林昌之編『東アジアの憲法制度』第2章〔大内憲昭執筆〕参照)．1992年憲法では，国家所有・協同団体所有・個人所有の形態が承認されて対外経済開放政策が推進され，外国企業との合弁等の奨励や先進的科学技術の積極的導入などが明記された．

1998・2012年憲法改正と金正日・金正恩体制

1994年に金日成主席が死去し，1997年に金正日が朝鮮労働党総書記に就任

すると，建国50周年の1998年9月に憲法の全面改正が実施され，国家主席と中央人民委員会が廃止された（大村泰樹・小林昌之編『東アジアの憲法制度』83頁参照．北朝鮮は1997年に国際人権規約B規約から脱退したが，1998年憲法改正では，第75条に「公民の居住・旅行の自由」を新設した）．1998年憲法は，2009・2012・2016年に改正され補完された．2011年12月17日に金正日が死去した後，三男の金正恩が最高指導者の地位を継承し，朝鮮労働党委員長，朝鮮民主主義人民共和国国務委員長，朝鮮人民軍最高司令官等を務めている．憲法には全人民の武装化や全国土の要塞化（60条）などが明記されており，金正恩は核実験やミサイル発射を強行して国際的非難を浴びている（2016年現在の憲法は朝鮮民主主義人民共和国 WEB 六法 http://www.geocities.co.jp/WallStreet/3277/index.html 日本語版 http://www.naenara.com.kp/ja/politics/?rule 等で公表されているが，訳語等は未確認で詳細は不明である）．

(2) アジア・アフリカ・中南米諸国の資本主義型憲法
—— 韓国，インド，南アフリカ，ルワンダなど

1) アジア諸国の資本主義型憲法

東欧の自由化や欧州統合の進展によって，欧州では，自由主義的・普遍主義的な憲法制度が構築されつつあるが，非西欧諸国ではそうではない．

とくにアジアの諸国では，第2次大戦後の独立や開発の過程で各国が異なる憲法制度を確立したが，なお社会主義と資本主義の対立に由来する分断国家が存在し，権威主義的な（外見的）立憲主義や，いわゆる開発独裁による人権侵害が問題になってきた．これに対する先進諸国からの批判に抗して，最近では，アジア型立憲主義・アジア的人権を追求する主張や，独自の文化を強調する文化多元主義ないし多文化主義の主張も強まっている．とくにイスラム教が優勢なマレーシアやインドネシアなど多民族・多文化国家においては，少数民族の人権保障など，憲法課題は尽きない．

一般には，アジア諸国の憲法は，独立の前後において宗主国の影響を受けているものが多い．イギリスの影響を受けている憲法として，インド，シンガポール，マレーシア，パキスタンなど，アメリカの影響を受けた憲法としてフィ

リピンがあり，オランダの影響はインドネシア，フランスの影響はベトナム，ラオス，カンボジアなどインドシナ諸国にも認められる．これらの諸国では，統治体制についても連邦制型(インド，マレーシアなど)と単一国型，君主制型(タイ，マレーシアなど)と大統領制型(韓国，フィリピン，シンガポール，インドネシアなど)などに分かれている．これらのほとんどの憲法が，宗主国の法の継受を経験しつつ，固有の文化・宗教との調和に苦慮するなかで，西欧の個人主義文化とは異なる文化の複合性・共同体主義・集団主義などの特徴を示してきた(アジア憲法の特徴と研究方法につき，安田信之『東南アジア法』，作本直行編『アジア諸国の憲法制度』，稲正樹『インド憲法の研究』序章，鮎京正訓編『アジア法ガイドブック』，稲正樹ほか編著『アジアの憲法入門』，巻末の参考文献参照)．

また，東南アジアで西欧諸国の植民地化を経験していない固有の歴史を有するタイ王国でも，1932年のシャム(サヤーム)王国憲法以降，1991年の軍事クーデター等を経て1997年10月11日に制定された現行憲法まで，憲法の改変数は16を数える．最近では，憲法裁判所による人権保障が進展をみせているとはいえ，立憲主義の安定にはなお時間を要するようにみえる(その他の諸国については，稲正樹ほか編著『アジアの憲法入門』等を参照)．

(a) 大韓民国

1945年の「光復」後の南北分断を経て，大韓民国は1948年7月12日に第1共和国憲法を制定(17日に公布・施行)し，同年8月15日に政府樹立を宣言した．この憲法はワイマール憲法をモデルとして社会正義の実現をめざし，一院制と大統領責任制を採用していた．初代大統領李承晩と与党自由党の政権維持のために第1次改正(1950年)が行われて以降，1960年までに4回改正された．さらに，1961年の軍事クーデター後，朴正熙政権下で1962年の第5次改正によって第3共和国が成立した．1971年の大統領選挙で3選された朴大統領は1972年に憲法を停止する非常措置を宣言した．その後，南北平和統一と民主主義の確立をめざした第7次改正が行われ，維新憲法(第4共和国憲法)となった．1979年の朴大統領暗殺後，第8次改正が行われ，1980年に第5共和国憲法が公布された．しかし，全斗煥大統領のもとで大統領直接公選制等への要請が強まり，第9次改正が1987年に実施されて，第6共和国憲法が翌年施行さ

Ⅳ　現代憲法の特徴と展開

れた(詳細は，金哲洙『韓国憲法の50年』11頁以下参照).

1987年憲法の特徴

全部で130カ条からなる1987年(現行第6共和国)憲法では，大韓民国は民主共和国であり，主権は国民に存し(第1条)，自由民主の基本秩序に立脚した平和的統一政策を推進することが宣言された(第4条)．国民の権利・義務に関する第2章では，人間としての尊厳，幸福追求権，環境権，犯罪被害者救済など網羅的な権利保障規定を置き，人身の自由，刑事手続に関して詳細に規定した．

さらに人権保障を実効的なものにするために，9人の裁判官からなる憲法裁判所を新設し，憲法訴願に関する審判制度を含む集中型の違憲審査制を確立した(本書191頁以下参照)．憲法裁判所は，法律の違憲審査のほか，弾劾の審判，政党の解散審判，国家機関相互の権限争議に関する審判などの権限をもつ特有の制度であり，運用においても，1988年から1994年までの間に身体の自由や経済的自由に関する多くの違憲判決を下し，1997年に韓国の伝統に由来する民法の同姓同本間の婚姻禁止制度を違憲とするなど，積極的な司法審査を行っている．例えば，2000年8月31日の国籍法事件決定では，父系血統主義を採用していた旧国籍法を男女平等原則に反すると判示した．また，2005年2月3日に戸主制違憲決定が出され，同年3月31日の民法改正によって戸主制が全面的に廃止された．男性戸主を基準として家族の出生・婚姻等を管理してきた従来の戸籍法も廃止され，個人別(一人一籍)編制に変更されて，2008年1月から「家族関係登録に関する法律」が施行された．

統治機構については，直接選挙により5年任期で選出される大統領が国家元首として行政権を担当するが，従来の大統領による政治腐敗への反省から，再選が禁止され，国会解散権も排斥された．一院制の国会は，現行法上，小選挙区比例代表並立制で議員が選出され，自律権が保障されている(比例代表部分に女性候補者に対する50％クオータ制が導入されている．本書111—112頁参照)．

1997年の大統領選挙で当選した金大中は，「太陽(包容)政策」によって南北の首脳会談を実現するなど，歴史的な業績を残した．2002年12月の大統領選挙で金大中の後継者として盧武鉉大統領が選出されたが，大統領選挙資金問題に関連して大統領の弾劾訴追が国会で決議された(盧大統領は任期満了後自殺)．

その後は，李明博政権下で，憲法改正のための国民投票法が改正され(2009年2月)，国会の議長の諮問機関である憲法研究諮問委員会が憲法改正の最終報告書を同年8月に提出したが実現には至らなかった．続く朴槿恵大統領(ハンナラ党党首)は2013年2月に初の女性大統領として経済改革等にのりだしたが，セウォル号事件の対応不備や崔順実ゲート事件などの不祥事により，2017年3月10日に憲法裁判所による大統領弾劾が成立して罷免された．その後同年5月10日に，文在寅大統領(共に民主党代表)が就任した(初宿・辻村編『新解説 世界憲法集(第4版)』409頁〔岡克彦執筆〕参照)．

(b) インド共和国

1947年7月にインド独立法がイギリスで承認され，8月に独立した後，インド憲法制定議会は1949年11月にインド共和国憲法を可決した(1950年1月施行)．制定当初は全部で22編395ヵ条からなり，世界で最も長文の憲法であるが，2016年9月までに101回の改正が行われた(List of Acts of the Parliament of India参照)．制定時の憲法では，インドは主権を有する民主的共和国であると定められたが，1976年の第42次改正以降，社会的・政教分離主義的・民主的共和国であるとされた(前文)．

人口13億人(2016年現在，世界第2位)を擁するインドでは，連邦制下でヒンドゥー語を公用語とするが，多民族・多言語でカースト制の伝統に基づく階級差別が残存する．そこで貧富の差が大きい現実を改めるため，国民の福祉の増進，国民相互間・国民集団相互間における不平等の縮小，男女同一賃金，児童の保護等を規定し，指定カースト・指定部族その他の弱者層に対する教育上・経済上の利益を「特別の配慮をもって」促進するとして，特別措置を明示した．また，第3編に，基本権についての詳細な規定を置き，国および公民が，宗教，人種，カースト，性別，出生地を理由として差別を行ってはならないことを規定した．そこでは，女性および児童に対する特別措置を設けること，社会的・教育的後進階層または指定カースト・指定部族の進歩のために特別措置を設けることを妨げないことが明示された．これらは，特定のカースト・部族等について人権侵害や差別が残存している実際の人権状況を物語るものといえる．実際，国家人権委員会では，治安部隊等による拷問・虐待，女性に対する暴力，

キリスト教信者の差別等の実態を重視して勧告を出している.

　統治面では，中央集権的な連邦制のもとで大統領が州知事を任命し，執行権を担当する(第39条). 国会は，大統領ならびに，衆議院・参議院の2つの院で構成され(第79条)，大統領は国会閉会中に政令を公布する権限をもつ(第123条). 大統領は両議院または1つの議院の停会を命じ，衆議院を解散することができる(第85条). 大統領を補佐する機関として内閣にあたる大臣会議が置かれ，大臣会議は「衆議院に対し連帯して責任を負う」(第75条)とされるため，一般に議院内閣制として解されている. しかし首相や大臣が国会議員から任命される要件はなく，大統領も国会議員との兼職が禁止されて独立していることからすれば，議院内閣制に分類することは困難であろう. さらに最高裁判所は，人権保障のための救済機関としての機能も有することが第42次改正以後規定されたが，その形態については度重なる憲法改正のなかで修正が繰り返されてきた. 憲法改正の要件が，両議院の総議員の過半数で投票数の3分の2以上(第368条)と緩やかであるため，軟性憲法のような様相を呈している. このことは，憲法状況の変容が激しい発展途上国にはありがちであるが，憲法改正が政争によって安易になされることの不合理性・不安定性も無視しえないものである(阿部照哉・畑博行編『世界の憲法集(第4版)』40頁以下〔孝忠延夫執筆〕，鮎京正訓編『アジア法ガイドブック』314頁以下〔浅野宜之執筆〕参照).

　なお，インドではマイノリティのための積極的格差改善措置(アファーマティブ・アクション／ポジティブ・アクション)が多用されており，社会的差別の是正，文化的・教育的権利の保持，教育や公職面での優遇措置などが広く採用されている(稲正樹ほか編著『アジアの憲法入門』173頁以下〔孝忠延夫執筆〕，孝忠延夫『インド憲法とマイノリティ』参照). 政治領域での男女平等の実現のための取組みも積極的に行われており，割当制(クオータ制)の一種としての議席留保制(reservation)が採用されている. 1993年の憲法改正によって，地方議会議員について議席の33%を女性に割り当てるクオータ制を採用した結果，地方議会の女性議員総数が100万人を突破した. また，2010年3月には，国会(下院)議員選挙にも33%の議席を留保する憲法改正案がインド上院で可決され，注目された(辻村『概説 ジェンダーと法(第2版)』53頁参照).

2) アフリカ諸国の憲法

アフリカ諸国は，1957年のガーナ独立以来，1960年(「アフリカの年」)を境に相次いで独立を果たし，それぞれの宗主国の影響を受けた憲法を制定した．例えば，イギリスから独立した国々は，独立に際して，イギリス国王の独立命令という勅令の性質をもった独立憲法をまず制定し，その後共和国憲法を制定するにいたった．旧イギリス植民地のコモン・ロー系に属する国には，ガンビア，ガーナ，ナイジェリア，ケニア，スーダン，ザンビア，エジプトなどがあり，1960年にガーナ共和国憲法，1962年にタンザニア共和国憲法，1963年にナイジェリア共和国憲法，ウガンダ共和国憲法などが制定された．

また，フランスを宗主国とする国には，アルジェリア，カメルーン，中央アフリカ，コンゴ共和国，コート・ジボワール，ガボン，ギニア，マリ，セネガル，チュニジアなどがあり，これらのほとんどが，フランス1958年憲法や1946年憲法に類似する規定を置いている．フランス1958年憲法では，当初，第12章にフランス共同体についての規定を置いて共同体の権限を留保していたが，1960年8月に共同体の多くの構成国が独立したため，1995年8月の憲法改正によって共同体に関する規定が削除された．独立した国々のなかで，カメルーン，コート・ジボワール，マリなどは，フランス1958年憲法と同様に人権規定をもたず，前文で宣言する形態をとっている．また，中央アフリカ，ガボン，マダガスカルなどでは人権について前文に詳細な規定を置き，コンゴ共和国，セネガル，トーゴなどでは，人権について独立の章を設けて規定している．統治機構については，フランス1958年憲法をモデルにしているため，いずれも大統領制を採用して行政権優位の構造をとるものが多い．またフランス憲法と同様に，憲法改正その他に国民投票制を導入する傾向にある．

その他，市民法体系の諸国には，スペイン圏のサハラ・アラブ民主共和国(西サハラ)，赤道ギニア，ポルトガル圏のアンゴラ，モザンビーク，ベルギー圏のルワンダ，ブルンジ，イタリア圏のリビアなどがある．市民法とコモン・ロー混在型の国としては，カメルーン，ソマリアなどがある(中原精一『アフリカ憲法の研究』248頁以下参照)．

これらの諸国は，いずれも，憲法改正を繰りかえす中で，しだいに民主的な

統治構造や独特の選挙制度などを構築し，1989年の冷戦終焉を受けて，多くの国が複数政党制のもとで民主化の道をたどってきた．とくにアパルトヘイト(人種隔離政策)や内戦を経験した南アフリカ共和国とルワンダ共和国では，困難な歩みの中で，独自の民主的憲法の制定によって改革の成果をあげている．

(a) 南アフリカ共和国

南アフリカ共和国では，1652年にオランダ人のヤン・ルーベックがケープタウンに上陸して以来300年以上にわたって白人の支配が続いた．1909年にイギリス植民地としての南アフリカ連邦という自治国が成立し，1950年代に多くのアパルトヘイト法が制定された．1961年憲法によって共和制に移行し，1983年憲法改正によって，議会を人種別の3院で構成する特異な制度を構築した．1991年に民主南ア会議(CODESA)により新憲法制定の動きがおこり，1994年に，全人種が参加した総選挙でアフリカ民族会議(ANC)が勝利してネルソン・マンデラ議長が大統領に就任した．

1996年に採択された憲法(1997年2月施行)では，第1条で，「南アフリカ共和国は，以下のような価値に基づく，民主的な1つの主権国家である」と宣言し，(a)人間の尊厳，平等の達成，人間の権利と自由の前進，(b)人種差別主義と性差別主義に反対すること，(c)憲法の至高性および法による統治などを定めた．また第2章「権利の章典」のなかで，平等に関する第9条では，「国家機関は，以下の1つ又はそれ以上を理由として，いかなる人に対しても，直接的に又は間接的に，不当に差別してはならない」と定めた(「人種，ジェンダー(社会的性別)，セックス(生物学的性別)，妊娠，配偶者の有無(結婚の状態)，民族的又は社会的な生まれ，肌の色，性的指向，年齢，障害があること，宗教，良心，信念，文化，言語，家柄」などを掲げた)．そのほか，環境権や居住権，子どもの権利なども明記され，憲法裁判所に違憲審査権も認められている．

南アフリカ共和国の議会は，二院制で，全国州評議会(上院)54人，国民議会(下院)400人からなるが，2009年4月に行われた下院選挙では，女性議員が178人・44.5％で，比率で世界第3位となった(2017年12月1日現在，41.8％，世界第8位，IPU調査結果 http://archive.ipu.org/wmn-e/classif.htm)．また，2009年5月には，国民議会で選出されたズマANC総裁が大統領に就任し(2014年5月再

3 非西欧諸国の憲法

任），国内貧困対策（経済成長加速化，持続的生計創出，経済・社会インフラ整備等）などの課題を明示して，格差解消に努めている．

(b) ルワンダ共和国

他方，中央アフリカのルワンダ共和国は，第1次世界大戦後はベルギーの委任統治下に置かれていたが，1961年に国民投票で共和制樹立を承認し，1962年に独立した．1987年に隣国ウガンダに逃れていたツチ系難民が主体となってルワンダ愛国戦線（RPF）が結成され，1990年以降，ルワンダ帰還を目指したRPFとルワンダ政府の間で内戦（ルワンダ紛争）が展開された．1993年に和平協定が調印され，国連平和維持部隊が介入したが，1994年，政府と暴徒化したフツ族による（ツチ族と穏健派フツ族に対する）ジェノサイドがおこり，総人口約730万人中，100万人近くが殺害された（ルワンダ虐殺）．以後，ルワンダ情勢は安定に向かったが，難民問題や隣国のコンゴ紛争が続いた．

2003年5月26日に現行のルワンダ共和国憲法が制定され，6月4日に施行された．大統領は，国民の直接選挙により任期7年で選出され，内閣に相当する閣僚評議会および首相を大統領が任命する体制がとられている．議会は二院制で，上院は定数26人（うち12人は地方議会が選出，8人は大統領が任命，4人は政府の諮問機関である政治組織フォーラムが選出，2人は高等教育機関の代表）で構成される．下院は定数80人で，53人が国民の直接選挙で選出され，24人（30％）は地方が選任する女性議員枠，3人は青年組織や障害者組織が選出することが定められている（議員の任期は上院が8年，下院が5年）．憲法で女性議員数が全体の30％を超えるようにクオータ制が定められた上に，地方選出枠等にも女性が含まれることから，2008年9月の選挙では，女性議員が45人（56.3％）選出され，以後，女性議員比率が世界第1位となっている（2017年12月1日現在61.3％，世界第1位，前掲IPU調査結果．本書112頁．関連条項の日本語訳は，辻村『憲法とジェンダー』306―307頁参照）．

3）中南米諸国の憲法

メキシコ以南から南アメリカ大陸に及ぶ中南米の諸国は，19世紀初めにスペインやポルトガルから独立し，憲法を制定して立憲主義を確立してきたこと

Ⅳ　現代憲法の特徴と展開

から，アフリカ諸国やアジア諸国とは異なる歴史を持っている．独立運動の過程では，1821 年のグラン・コロンビア憲法，1814 年から 1857 年にかけてのメキシコの諸憲法，1824 年の中央アメリカ憲法，1833 年のチリ憲法などが，いずれもスペイン憲法の影響を受けて制定されている．ポルトガル領では，ブラジルで 1824 年に帝制憲法が制定された．

20 世紀には，1910 年からのメキシコ革命後のメキシコ 1917 年憲法で労働者・農民の権利が明記され，社会国家理念が確立された．しかし 1950 年代以降は，グアテマラ(1954 年)，パラグアイ(1954 年)，チリ(1973 年)，アルゼンチン(1976 年)，ニカラグア(1979 年)など，多くの国で軍事政権が樹立され，民主化への道は遠く険しいものであった．その後，軍事政権から脱した 1980—90 年代のニカラグア，コロンビア，パラグアイ，ボリビア等の多くの改正憲法では，民主的・社会的法治国家の理念が明確にされ，豊富な人権規定も置かれ，憲法裁判所による違憲審査制も確立されている(杉原泰雄編集代表『新版 体系憲法事典』130 頁以下〔北原仁執筆〕参照)．

とくに，ブラジルでは，19 世紀に採用した付随的審査制に加えて，20 世紀に抽象的審査権も導入した違憲審査制が確立されており，連邦最高裁判所は，連邦制の維持機能や憲法体制維持機能，政策支持機能，憲法で保障される権利保障機能等を担っている．連邦最高裁が受理する事件が年間約 10 万件もある訴訟大国の展開も，独特のもので興味深い(佐藤美由紀『ブラジルにおける違憲審査制の展開』1 頁以下参照)．

また，統治機構の面では，大統領中心主義と呼ばれる独裁的性格に対して，大統領の権限を制約するための大統領再選禁止の試みや民主化の過程が，フジモリ大統領などによる長期独裁政権を経験したペルー憲法等について議論されている(川畑博昭「ラテン・アメリカ——大統領中心主義の「合理化」から「民主化」へ」法律時報 81 巻 9 号 89 頁以下参照)．さらに，平和主義に関して，コスタリカ憲法やコロンビア憲法等が特徴ある規定をもっている(本書 235 頁以下参照)．

V
現代憲法下の人権保障(1)
―― 自由権

1 人権の用法と展開

　すべての人間の自由・平等を宣言したフランス1789年人権宣言から約230年，世界人権宣言から70年を経た今日，人権という普遍的価値が世界の多くの国でコンセンサスを得ているといえる．とくに，1989年の天安門事件以後，ソ連型社会主義の崩壊や国際的人権保障の展開を背景に，諸国が「人権先進国」ぶりを競い，「人権の普遍性」論が承認されてきた．反面，人権を西欧諸国の文化帝国主義の産物として，「文化相対主義」の見地から価値観の押しつけに反発する第三世界からの人権批判も無視しえない力をもっている．また「人権先進国」内部でも，従来から普遍的とされてきた人権の限界を指摘することで，その本質を批判的に検討する傾向が強まっている．
　こうして，「人権の世紀・21世紀」初頭の人権理論は，皮肉にも，人権の価値とその普遍性が根底から問われ，大きなゆらぎのなかにある．一方，憲法学や法哲学・政治哲学など，人権の基礎理論を課題とする学問領域では，人権保障の拡大や「新しい人権」の主張による「人権のインフレ化」「人権の氾濫」がいわれつつ，人権論が主要な研究課題となってきた．1960年代後半からの欧米での政治哲学や実践哲学の復権と人権論の隆盛は，諸国の理論動向に大きな影響を与えた．
　しかし人権の概念については，日本では一般に「人間の権利(human rights, the rights of humans, les droits de l'homme, Menschenrechte)」，「人がただ人間であるということのみにもとづいて当然にもっている権利」(宮沢俊義)と定義されてきた．反面，①人権と基本的人権との用語上の異同の問題，②人権ないし基本

的人権の淵源と特性の問題(自然権および実定法上の権利との関係),③権利の具体的内容の問題,④人権ないし基本的人権の根拠の問題(「人間性」から論理必然的に生ずると解する理論の問題)など,多くの理論的課題が残存している.

1) 人権の用法

人権の用法を比較憲法的にみれば,自然権的な権利に対して「基本的人権(fundamental human rights)」の語が用いられてきたのは,主としてアメリカである.最近では,憲法判例の展開を背景に,裁判規範性を承認された権利として,憲法的権利(constitutional rights)の観念を用いることが多くなった.

イギリスでは,伝統的に,自然権的な人権観念を用いず,市民的自由(civil liberties)の問題としてきた.しかし 1998 年に欧州人権条約(Convention for the Protection of Human Rights and Fundamental Freedoms)の国内法化を目的として人権法(Human Rights Act)が制定された後は,ヒューマン・ライツの語が一般に用いられるようになった.

フランスでは,1789 年人権宣言以来,人の権利と市民の権利とを区別し,さらに自然権的な人権と区別して実定的な公的自由(libertés publiques)の概念を用いてきた.しかし 1971 年判決以降の憲法院判例の展開により,憲法規範としての価値を有するものとして基本的自由(libertés fondamentaux)という観念が重視されるようになった.ドイツでは,19 世紀の法実証主義的な国法学のもとで,自然権的な人権(Menschenrechte)と区別された実定法上の基本権(Grundrechte)を問題にしてきた.そして,個人相互間の権利侵害を国家が解決する義務を問題にする基本権保護義務論が注目を集めた.

2) 人権の歴史的展開

20 世紀後半の憲法学では,近代に成立した自由権を第 1 世代の人権,20 世紀以降の社会権を第 2 世代の人権と呼んで区別してきた.とくに 1980 年代以降は,発展途上国等の発展の権利およびプライバシー権・環境権などの新しい人権をさして,第 3 世代の人権と称する用法も一般化してきた.

とくに第 3 世代の人権については,ユネスコの「人権と平和」部会長であったカレル・ヴァサック(Vasak, K.)が 1979 年に「発展への権利は人権である」

として第 3 世代の人権論を展開したことに由来し，1986 年には国連の「発展の権利に関する宣言」が出された．第 1 世代の人権が近代の自由主義，第 2 世代の人権が 19・20 世紀の社会主義や社会国家理念の影響を受けていたのに対して，第 3 世代の人権は，第 2 次大戦後の民族解放と独立運動の展開にともなって出現し，民族自決権や発展(開発)の権利を中心に理論構成されたものである．ヴァサックは，これを博愛や連帯の精神に基づく新しい人権と捉え，具体的には，①発展への権利，②平和への権利，③環境への権利，④人類の共通財産に対する所有権，⑤人道的援助への権利，という 5 つの権利をあげていた(岡田信弘「第三世代の人権論」高見勝利編『人権論の新展開』157 頁以下参照)．

　しかし，その後は「新しい人権」を含む広い概念として用いられる傾向があり，このような歴史的発展論について多くの新しい問題が提示された．

　例えば，アメリカでは，プライバシー権の内容として承認されてきた女性の人工妊娠中絶の権利についての判例理論が動揺をみせ，また，植物人間状態にある人の尊厳死の権利や，同性愛者の権利，青少年保護のあり方などをめぐって，人権主体論や自己決定権をめぐる人権の基礎理論が問われてきた．その背後には，人権の普遍性を前提とするリベラリズムの思潮に対抗する，差異への権利の承認や多文化主義などの影響がある(常本照樹「人権と多文化主義」大石眞・石川健治編『憲法の争点』38 頁以下参照)．平等についても，人種を理由とするアファーマティブ・アクションの問題が議論を呼び，2003 年のグラッター判決(Grutter v. Bollinger, 539 U. S. 306, 2003)以降，過去の人種差別に対する救済という正当化理由から多様性確保を根拠とする議論へと，判例理論にも変化が認められる(本書 108 頁参照)．

　フランスでも，共和国原理を支えてきた言語や宗教・文化の側面で，少数言語や少数民族の観点からの異議申立がなされてきた．とくに 1990 年代以降は，イスラムのスカーフ問題などが議論され(後述)，人権の普遍性論や公教育の宗教的中立性等に対する疑問，ヨーロッパ人権条約等を根拠にした見直し論が進展した．平等論については，男女の政治参画の平等を求める積極的格差是正措置としてのパリテ(parité，男女同数)の原則をもとに 1999 年に憲法改正が行われ，さらに 2008 年 7 月の憲法改正によって，この原則が社会経済領域にも拡大された(辻村『フランス憲法と現代立憲主義の挑戦』124 頁以下参照)．また，家族

に関係するところでは，1999年に同性を含む成人2人以上の共同生活を認めるパクス(民事連帯契約)法が成立し，家族のあり方や性的指向(セクシュアル・オリエンテーション，l'orientation sexuelle)の問題が表面化した．2013年には同性婚法も成立した(本書134頁参照)．

ドイツでも，2001年から「同性共同体差別撤廃法(通称，生活パートナーシップ法)」が施行され，同性カップルにも婚姻と同等の権利義務関係の成立が認められた．連邦憲法裁判所も2002年7月17日判決で，基本法第3条(差別禁止規定)や第6条(婚姻保護規定)に照らして合憲であると判断し(ドイツ憲法判例研究会編『ドイツの憲法判例Ⅲ』189頁以下〔三宅雄彦執筆〕参照)，同性婚法も2017年に認められた．また，女性の人工妊娠中絶を認めた州法を違憲とした連邦憲法裁判所判例等を契機に，人間の尊厳や女性の人権の問題が論点となり，さらに，マイノリティに対する集団誹謗の罪をめぐる問題などが議論をよんだ．

以下では，比較憲法の視点からみてとくに重要な問題点を含んでいると思われるものを選び出し，第1世代の人権では信教の自由と表現の自由，第2世代の人権では平等権・生存権・労働権，第3世代の人権ではプライバシー権や家族形成権・自己決定権について検討する．

2　第1世代の人権——自由権

(1)　信教の自由と政教分離

近代的人権の成立には，西欧における宗教的な圧迫や対立を克服した歴史が大きな影響を与えていた．そのため市民革命期の憲法思想では，国家は宗教的に中立であることが求められ，西欧諸国の憲法でも，精神的自由権のなかでも，とくに信教の自由が重視されてきた経緯がある．

18世紀末のアメリカ諸州の憲法では，1776年のニュー・ジャージー州憲法が「自己の良心の命ずる方法で」礼拝する個人の権利(第18条)を保障し，「いかなる宗派もこれを国教化してはならない」(第19条)として国教禁止規定を置いていた．同年のヴァージニア権利章典でも宗教の自由な行使を明記しており，これらをうけて，1791年の合衆国憲法第1修正では，「連邦議会は，国教の樹

立に関する法律または宗教の自由な行使を禁止する法律を制定してはならない」と定めた．このように，アメリカでは個人の自由の局面が優先されたのに対して，ヨーロッパでは，国家と教会との関係，とりわけカトリックの特権的地位の扱いが重要な問題であり続けた．

他方，フランスでは，1789 年のフランス人権宣言では，第 10 条で宗教上の意見の自由（良心の自由）に触れたにとどまり，信教の自由自体に関する規定は置かなかったが，1791 年憲法や 1793 年憲法では，宗教的行為の自由（礼拝の自由）が明示的に保障された．ただ，政教分離の問題は困難な課題であり続け，1801 年以降存続したコンコルダ（政教条約）制度を廃して，フランスで政教分離が法制化されたのは，第 3 共和制期の 1905 年にすぎない（本書 36 頁参照）．

1) 日本における信教の自由と政教分離

日本では，大日本帝国憲法第 28 条で信教の自由に関する規定を置いていた．表現の自由に関する規定とは異なって，法律の留保は定められなかったが，ここでは「安寧秩序ヲ妨ケス及臣民タルノ義務ニ背カサル限ニ於テ」という限定が付されていた．そのため，法律によらず命令によって信教の自由を制約することも許される，という解釈を導くこととなった．現実にも，「神社は宗教にあらず」とされて神社神道が事実上の国教（国家神道）として，国から特権を受け優遇された反面，キリスト教や大本教など他の宗教が弾圧されたり冷遇されたりした．とくに国粋主義・軍国主義の傾向が強まるにつれて，国家神道の教義が国家主義・軍国主義の精神的支柱として重要な役割を果たした．

第 2 次大戦後は，1945 年 12 月に連合国軍総司令部が，「国教分離の指令」（神道指令）を発して，国家と神道の分離や軍国主義・超国家主義的思想の除去などをめざした．ついで翌 1946 年 1 月には天皇の人間宣言が出されて天皇とその祖先の神格性が否定された．同年に公布された日本国憲法第 20 条では，個人の信教の自由を保障するとともに，国家と宗教の分離（政教分離）が明示された．

しかし今日でも，宗教については日本の特殊性ともいえる特徴が存在する．それは，宗教の雑居性・習俗性であり，国民の冠婚葬祭時の宗教活動が複数の宗教にわたる例が多い結果，信徒総数が総人口の 1.5 倍になるという不思議な

現象も生じている（文化庁編『宗教年鑑（平成26年版）』35頁によれば，神道系が約9126万人〔48.0%〕，仏教系が約8690万人〔45.7%〕，キリスト教系が約295万人〔1.6%〕，その他約907万人〔4.8%〕，合計1億9018万人となり，総人口（1億2700万人）の1.5倍の信者数になっている．これは，とくに地域のほとんどの住民が神社の氏子に数えられた結果，神道の信者が人口に近い数値になっていることに主な原因があるといえる）．

　このような宗教の習俗性などを背景に，日本では，信教の自由に対する厳格な態度がかえって特異とみなされるような傾向もあった．例えば，自衛官であった亡夫をキリスト教によって祀ることを希望した妻の意思に反して，自衛隊山口県地方連絡部らが護国神社に合祀したことが争われた自衛官合祀事件最高裁判決（最大判1988〈昭和63〉年6月1日，民集42巻5号277頁）では，妻の宗教的人格権を重視した1・2審判決を破棄し，妻に対して宗教的寛容を求める判決を下した．少数意見のなかでは，伊藤正己判事が，宗教上の心の静穏の要求も法的利益であり，少数者の保護の視点が重要であることを説いたが，多数意見は，護国神社の宗教的活動を保護することを優先した．このほか，最高裁の判例の中に，少数者の精神的自由よりも，むしろ人権感覚の点でルーズな「社会通念」の方を優先する傾向が認められることは，問題であるといえよう．

　政教分離については，日本国憲法第20条第1項は「いかなる宗教団体も，国から特権を受け，又は政治上の権力を行使してはならない」と定め，同条第3項は「国及びその機関は，宗教教育その他いかなる宗教的活動もしてはならない」と規定している．これについて判例は，政教分離を客観的制度として捉える制度的保障説の立場にたって分離を緩やかに捉えているが，学説はこれを批判するものが多数である．

　違憲審査基準については，アメリカの判例理論を基礎にしたと解される「目的・効果基準」論が採用された．この基準では，当該行為が憲法第20条第3項で禁止される「宗教的活動」に当たるか否かを判定する際の基準として，①その行為の目的が宗教的意義をもち，②その効果が宗教に対する援助，助長，促進又は圧迫，干渉等になるような行為であるかを審査することが確立された．リーディングケースである津地鎮祭事件最高裁判決（最大判1977〈昭和52〉年7月13日，民集31巻4号533頁）では，この基準によって，神道式による県立体育館建設のための地鎮祭の挙行が合憲とされた．しかしその後は，この目的・効果

基準を厳格に適用して違憲判断を下した下級審判決や，愛媛玉串料訴訟最高裁判決(最大判1997〈平成9〉年4月2日，民集51巻4号1673頁)も出現した．

また，2010〈平成22〉年1月20日には，北海道砂川市が市有地を空知太神社の敷地として無償で使わせていることの是非が争われた訴訟(砂川政教分離訴訟)で，最高裁大法廷判決は違憲判断を下した(民集64巻1号1頁)．ここでは，「憲法89条に違反するか否かを判断するに当たっては，宗教的施設の性格，土地が無償で施設の敷地としての用に供されるに至った経緯，無償提供の態様，これらに対する一般人の評価等，諸般の事情を考慮し，社会通念に照らして総合的に判断すべきもの」とした．目的・効果基準については，藤田宙靖裁判官の補足意見で，本件の神社施設は一義的な宗教施設で，津地鎮祭事件など最高裁が目的・効果基準を適用して合憲判断をした行為とは「状況が明らかに異なる」ことが指摘されたため，その後の判例理論の展開が注目された．

2) 諸国における政教分離の態様

政教分離の形態や程度は，歴史的に，国家が宗教といかなる関係を構築してきたかによって異なっている．西欧諸国の主要な形態には，①国教制度を建前とする一方で，国教以外の宗教にも宗教的寛容を認める型(イギリスなど)，②国家と宗教とを緩やかに分離し，国家の宗教的中立性を保障しつつ，国内で実際に優勢な宗教を尊重する寛容令型(フランス，ベルギー，スイスなど)，③国家と宗教とを厳格に分離し，相互に干渉しないことを原則とする型(アメリカ，メキシコなど)，④国家と宗教団体とを分離させる反面，国家と教会の独立性を認めて競合する事項についてはコンコルダート(政教条約)を結んで処理しようとする型(イタリア，ドイツなど)が存在する．

日本国憲法は，形式上は以上のうち③の厳格分離型に属するが，判例等をみればその実現の困難さが窺える．このほか，国教ないし特定宗教の優位を公認するアジア・アフリカ諸国型や，無神論を前提とした旧ソ連型などがある．

以下では，アメリカ，ドイツ，フランスについて概観する．

(a) アメリカ

合衆国憲法第1修正(1791年)は，「国教を樹立し，または宗教上の行為を自

由に行うことを禁止する法律」を連邦議会が制定してはならないことを定めた．その後，第14修正(1868年)が，いかなる州もデュー・プロセス(法の適正手続)によらずに何人からも生命・自由・財産を奪ってはならない，と定めたことから，いわゆるデュー・プロセス条項の効果として，すべての州にも先の国教樹立禁止規定が及ぶと解されるようになった．

　実際，合衆国最高裁判所は，1947年のエヴァソン事件判決(Everson v. Board of Education, 330 U. S. 1, 1947)で，国教樹立規定の意味を明らかにし，連邦のみならず州と宗教組織・団体とのかかわりを禁止する趣旨であることを明示した．しかしその後も，移民国家アメリカでは絶えず宗教と政府の関係が争われ，著名なレモン判決(Lemon v. Kurtzman, 403 U. S. 602, 1971)で，レモン・テストと呼ばれる3基準が定式化された．それは，政府や州の行為が合憲であるためには，第一に，法律が世俗的な立法目的をもつこと，第二に，その主要な効果が，宗教を促進しあるいは抑圧するものではないこと，第三に，(法律が)政府と宗教との過度のかかわり合いを促進しないこと，という3要件を充足しなければならない(いずれかに反する場合には政教分離原則違反で違憲)と判断するものである．

　日本の判例は，すでにみたように，アメリカの判例理論を基礎に「目的・効果基準」論を採用したと解されているが，日本の基準では，アメリカのレモン・テストとは異なり，3基準のうち「過度のかかわり合い」の基準は採用されていない．これによって，アメリカに比して緩やかな分離を基準とすることが可能となることから，学説によって批判された．

　アメリカでは，とくに，宗教団体を母体とする私立学校に対して補助金を交付する行為が問題となった．先のエヴァソン事件判決では教会系学校の生徒に通学費用援助として公金を支出することが合憲とされたが，レモン判決では，私立学校の世俗的教育に関して教師の給料に対する補助金等が違憲とされた．

　もっとも1980年代以降は，私立学校への補助を許容する判決が続出して判例基準にゆらぎが生じ，その後は，オコナ裁判官が提唱したエンドースメント・テスト(宗教を是認または否認するようなメッセージを政府が送っているかどうか)も用いられた．1990年代になるとこれらの基準の画一的な利用ではなく，先例を分析して判断する傾向が強まった．1997年には，宗教学校の(宗教的に中立な)補助授業に公立学校の教員を派遣する州法が合憲と判断された(Agostini

v. Felton, 521 U. S. 203, 1997)．また，公立学校卒業式での聖職者による祈禱の合憲性が争われた事件では，心理的な強制の要素を重視して違憲とされた(Lee v. Weisman, 505 U. S. 577, 1992)．その後は国教樹立禁止に関する判例理論は動揺している(Van Orden v. Perry, 545 U. S. 677, 2005, McCreary County v. ACLU, 545 U. S. 844, 2005)(憲法訴訟研究会・芦部信喜編『アメリカ憲法判例』162頁以下，松井茂記『アメリカ憲法入門(第7版)』319頁以下参照)．2005年からのロバーツ・コートでは，国教樹立禁止条項事例に限定して納税者訴訟を認めた反面，信仰保護の範囲と程度を拡大させてきたことが特徴として指摘される(大林啓吾・溜箭将之編『ロバーツコートの立憲主義』187頁参照)．

(b) ドイツ

ドイツ連邦共和国基本法は，第4条第1項で「信仰および良心の自由ならびに信仰告白および世界観の告白の自由は，不可侵である」と定め，第2項で宗教活動の自由を保障している．しかし，政教分離を定めた規定はなく，第7条第3項で，公立学校においては，非宗教的学校を除き，宗教教育を正規の授業科目とすることを明示している．

さらに，基本法は，第140条でワイマール憲法第136—139条，第141条の規定を基本法の構成部分をなすものとして取り込んだ．その内容は，市民・公民の権利の享有は宗教に無関係であり，何人も教会の儀式・祝典または宗教的行事への参加を強制されない(ワイマール憲法第136条)ほか，国教会は存在せず，宗教団体結成の自由が保障されるとする．ライヒ領域内の宗教団体の結成はいかなる制約にも服さないとし，これらの規定を執行するための法規は州の立法によることも定める(同第137条)．法律等に基づく宗教団体への国の給付は，州の立法によって支払われる(同第138条)．国民の休息の日は，法律等によって，日曜に定められ(同第139条)，軍隊・病院・刑事施設および公の営造物では，礼拝式または司牧の要望があるときは宗教団体が宗教的儀式を行うことも認められる(同第141条)．また，宗教団体の財産権が特別に保護される(同第138条第2項)．

これらの規定からすれば，国教をもたないという原則のもとで，宗教団体や教会が特別の地位を得ることが可能となるようにみえる．実際に，コンコルダ

V 現代憲法下の人権保障(1)

ートによって国家と大教会が公法上の契約を締結している事実が説明されることになるが，連邦憲法裁判所は，国家の宗教的中立性の義務を強調する傾向にある(例えば，大教会に保障されている手数料免除について，小規模の宗教団体との区別を設けることを正当化できないと判断している).

宗教と教育

宗教と教育の関係では，「磔刑像」に関する問題が興味深い．ドイツの諸州では，義務教育学校の教室にキリスト像のついた十字架を架けることが一般的であり，バイエルン州では学校規則で「十字架が設置されなければならない」としてこれを命じていた．十字架ではなく実際には「磔刑像」が設置されていたことから，児童の両親がその撤去を求めた事件で，仮処分の訴えが行政裁判所で却下された後，連邦憲法裁判所に憲法訴願が提起された．

連邦憲法裁判所は，1995年，基本法第19条第4項の法的救済の規定，第4条第1項の信仰の自由，第6条第2項の親権者の教育権などを根拠として，行政裁判所の判断を退けた．そこでは，キリスト教徒以外の信教の自由を侵害するとして違憲判断を下したが，この決定は世間の大きな批判にさらされることになった(1995年5月16日決定，BVerfGE 93, 1)(ドイツ憲法判例研究会編『ドイツの最新憲法判例』98頁以下〔石村修執筆〕参照)．

ドイツでは，公立学校において宗教教育を正規の授業科目とすることが定められており，「宗教の授業は，国の監督権を害さない限りにおいて，宗教共同体の教義にそって行われるものとする」とされる(基本法第7条第3項)．実際にも，キリスト教の宗教教育が必然的なものと解されてきたため，もともと教育における国家の宗教的中立性を確保することは困難である．

また，イスラムのスカーフ問題が注目を集めており，教師志望のイスラム教徒に対してスカーフ着用を理由として採用拒否をしたバーデン・ヴュルテンベルク州の決定について，連邦憲法裁判所は2003年9月24日の判決で，基本法第4条第1・2項，第33条に違反するとして原審判決を破棄し差戻した(ドイツ憲法判例研究会編『ドイツの憲法判例III』123頁以下〔渡辺康行執筆〕参照)．

(c) フランス

フランスでは，カトリックの歴史が古く，アンシャン・レジームではこれに国教の地位が与えられていた．1516年にフランソワ1世がローマ教皇レオ10世と交わしたコンコルダ（政教条約）によって，カトリック教会に特別の地位が与えられた．さらに，カトリック教会は戸籍や教育，福祉分野での公役務を担い，国王は，その高位聖職者の任命権を行使していた．これに対して，フランス革命期には，1789年の人権宣言第10条で宗教上の意見の自由（良心の自由）を表明した．1791年憲法では，各自が信奉する宗教の礼拝を行う自由を明示し，1793年憲法・1795年憲法でも，宗教的行為の自由（礼拝の自由）を明示的に保障した．この間に，公役務の非宗教化も進展したが，政教分離の問題は困難な課題であり続け，1801年にコンコルダ制度が成立した．王政復古期にはカトリック政策によって離婚を禁止する法律（1820年）が制定されるなど国教化への傾向も強まったが，2月革命（1848年）以後，宗教の自由が重視され，第2帝制下ではコンコルダが堅持された．

フランスで，このような体制を廃して，政教分離が法制化されるのは，第3共和制期のことである．反教権主義の闘争のなかで，共和主義者たちは，1901年に結社法を制定して修道院設立を許可制とし，実際には許可申請を却下して解散に向かわせるなどの措置をとった．こうして，教会と国家を分離する法律が1905年12月に制定され，それまでのコンコルダの根拠法が廃止されて，宗教的自由と礼拝の公認の禁止が定められた．

さらに，1946年憲法の第1条では，フランスは，「世俗的で（laïque），民主的かつ社会的な共和国である」とする定義が採用された．こうしていわゆるライシテ（laïcité，世俗性・非宗教性）の原則が確立され，現行1958年憲法上にも明示された．さらにフランス憲法院は，憲法規範としての性格をもつ憲法ブロックのなかに，「第3共和制期の諸法律によって確立された共和国の基本原理」も含めたため，1905年の法律で確立された政教分離原則は，現行第5共和制憲法下における実定的な憲法規範としての価値が認められている．

しかし実際には，公教育の分野でとくにライシテを実現する手段等をめぐる議論があり，とりわけ私立学校（その95％がカトリック系）に対する国庫補助の

問題が政治課題となった．人口の約 80％ がカトリックで，約 15％ がプロテスタントというキリスト教国にとって，宗教的少数者の保護は困難な課題である．公教育の場では，休校日や宗教儀式参加のための欠席の扱いなどが問題になったほか，イスラムのスカーフ事件が 1980 年代後半から社会問題になった．

イスラムのスカーフ事件とブルカ禁止法

公立の中学校でイスラム教の女子生徒がスカーフを着用したところ，学校側は，公立学校での宗教的行為は公教育の中立性を害すると判断してスカーフをとるように求め，これに従わない生徒を出席停止処分にした．これに対して，生徒や両親が，個人の宗教の自由に抵触するとして争った事件である．世論が対立して混乱したことによって当時の教育相はコンセイユ・デタ（国務院）に諮問し，1989 年 11 月 27 日に意見が出された．ここでは，個人の標章の着用は信仰の自由・表現の自由として保障され，ライシテに反しない反面，着用の状況しだいでは制約もありうるとした．そこで国民教育省は校長等に通達を出し各学校での解決を指示したが，紛争が各地でおこり，コンセイユ・デタは多くの判決で退学処分を取り消した．

その後，2003 年 7 月 3 日，シラク大統領が「共和国におけるライシテ原則適用に関する検討委員会」を発足させて禁止法について検討を進め，2004 年 3 月 15 日に，「公立学校における宗教的標章の着用禁止法」を制定した．この法律は，教育法典第 141 条の 5—1 を新設して宗教的標章の「あからさまな（ostensible）」着用（イスラムのスカーフやユダヤ教の帽子（Kippa），大きな十字架などが含まれる）を公立学校で禁止した．

さらに，イスラム女性の全身を覆うブルカなどの着用を公的な場所で禁止する法律が，女性解放の大義名分のもとで 2010 年 9 月 14 日に成立した．この法律では違反すると罰金 150 ユーロ（約 1 万 6000 円）か，フランスの習慣などを学ぶ市民教育の受講が義務づけられ，女性に着用を強制した夫などについては，最高で禁錮 1 年か罰金 3 万ユーロが科せられることが定められた．憲法院は，2010 年 10 月 7 日の判決（Déc. nº 2010-613 DC）において，立法府は公序と信教の自由の調整を図って当該規定を採択したとして解釈留保の手法で合憲判断を下した．すなわち，公的場所で顔を覆うことを禁止しても，1789 年人権宣言第

10条の過熱な侵害にならなければ信教の自由の行使を制約するものではないため，このような留保のもとでのみ，本法律は憲法に違反しない，と解した．しかし，コンセイユ・デタや多くの憲法学者が違憲の判断を示していたこともあり，公教育の宗教的中立性やライシテと宗教の自由は本来調和が困難な問題を含んでいる．

実際には，ブルカ着用者は1000人にも満たないとされるが，しだいに治安上の必要が強調された背景には，イスラム移民増加に対する排外主義の高まりがある．とくに2015年11月のパリ同時多発テロ後の緊張のなかで，イスラム女性の水着(ブルキニ)までも禁止する自治体が急増し，対応がエスカレートしている．共和国の大原則が今後どのような展開をみせるか注目される．

(2) 表現の自由

1) 近代から現代への展開

表現の自由は，18世紀末にすべての人間がもつ不可譲の自然権として捉えられ，精神的自由権のなかでも非常に重要な権利として確立された．例えば，ヴァージニア権利章典第12条では，「言論・出版の自由は自由の有力なる防塞の1つであって，これを制限するものは専制的政府といわなければならない」と定め，合衆国憲法では，1791年の第1修正で，連邦議会が言論・出版を制限し，集会等の自由を侵害する法律を制定してはならないことを定めた．

また，1789年のフランス人権宣言第11条では，「思想および意見の自由な伝達は人の最も貴重な権利の1つである．すべての市民は，法律の定める場合に，……自由に話し，書き，印刷することができる」と定めた．また，この宣言を模したオランプ・ドゥ・グージュの女性の権利宣言では，「女性は処刑台にのぼる権利があるとともに，自己の意見の表明が，法律で定められた公の秩序を乱さない限りにおいて，演壇にのぼる権利がある」と宣言した(第10条)(本書31頁以下参照)．

このように，近代では，表現の自由は，思想・情報を外部に公表するという「送り手の自由」として保障された．アメリカでは，合衆国憲法第1修正が定めた表現の自由の内容は，当初，検閲禁止のような，国家からの自由を意味し

ていたと考えられる．しかし，19世紀後半以降になると，工業社会化や大衆社会化にともなって，表現の過激主義や暴露主義が問題となり，その規制の必要が生じて新たな緊張関係が発生した．

アメリカの判例理論では，「真理の最上のテストは，市場の競争において自らを容認させる思想の力である」とする1919年のシェンク事件判決（Schenck v. United States, 249 U. S. 47, 1919）におけるホームズ判事の法廷意見にも示されるように，「思想の自由市場（free market of ideas）」論が当時の主流であった．その後は，しだいに，世論形成や自由な市場での国家の役割が問題となった．

すなわち，情報化の進んだ現代社会では，社会的に大きな影響力をもつマス・メディアの発達によって，情報の送り手であるマス・メディアと情報の受け手との分離がおこり，表現の自由を，情報の受け手の側から「受け手の自由」として再構成することが求められるようになった．

そこで表現の自由は，1948年の世界人権宣言第19条にも定められるように「干渉を受けることなく自己の意見をもつ自由」と「情報及び思想を求め，受け，及び伝える自由を含む」ものと解されるようになり，情報を求める権利としての「知る権利」や情報に積極的にアクセスする権利（アクセス権）などが主張されるようになった．

「知る権利」とアクセス権

「知る権利」は，国家権力への情報集中やマス・メディアによる情報独占傾向に対して，国民の側が国民主権原理や個人の尊重，思想・信条の自由，表現の自由などを根拠に主張するもので，今日では，自由権的性格や請求権的性格，参政権的性格をもつものと解されている．

日本でも，情報公開法制定の動向は，公権力に対する作為を求める点で「知る権利」の請求権的性格を重視したものといえる．もっとも，1999年に制定された行政情報公開法は「知る権利」が明示されていないこと，不開示情報について広範な行政裁量が認められていること，対象が行政機関に限られ国会・裁判所等は除外されていることなどの限界を伴っていた．

また，アクセス権は，「知る権利」を実現するための権利として，アメリカで理論化が進展した．主にマス・メディアに対するアクセス権として，自己の

意見について発表の場を提供することを要求する権利(意見広告や反論記事の掲載,紙面・番組への参加等)を内容とするものと解されている.合衆国最高裁判所の判例では,「公正原理」を根拠とする放送規制の可否が問題となった1969年のレッドライオン事件判決(Red Lion Broadcasting Co. v. FCC, 395 U. S. 367, 1969)が視聴者の利益を重視した.1981年にも立候補者の放送メディアへのアクセス権を認めたが(CBS, Inc. v. FCC, 453 U. S. 367, 1981),新聞へのアクセス権を認めたフロリダ州法については,編集権の干渉にあたるとして違憲判断を下しており(Miami Herald Publishing Co. v. Tornillo, 418 U. S. 241, 1974),メディアによる区別論が維持されている(憲法訴訟研究会・芦部信喜編『アメリカ憲法判例』107頁以下〔芦部執筆〕参照).

また,情報公開法制については,スウェーデンをはじめとする北欧諸国で先駆的に制度化され,アメリカやヨーロッパ諸国で発展した.スウェーデンでは,1766年に早くもプレスの自由法が制定され,専制王政下の一時期を除いて市民の公的情報の収集・出版権が確認されてきた.同法は20世紀に幾度か改正され,フィンランドの1949年制定の公文書公開法などに影響を与えた.

アメリカでは,1966年に連邦情報自由法(Freedom of Information Act, FOIA)が制定され,ウォーターゲート事件後の1974年に改正されて適用除外項目が是正された.同年,連邦プライバシー保護法が制定され,行政情報の本人への公開を要求するとともに,他人への公開を制限した.これらの法律は今日でも,民主主義の礎石として重要な役割を果たしている(諸国の法制度の詳細と比較は,下河原忠夫『(新訂)知る権利とプライヴァシー』75頁以下,311頁以下参照).

2) 表現の自由の限界と制約基準

現代では,情報の「送り手の自由」から情報の「受け手の自由」への展開が認められるとしても,表現の自由の限界が問題となる.日本国憲法は第21条第1項で「集会,結社及び言論,出版その他一切の表現の自由は,これを保障する」と定め,広範な表現の自由を保障している.判例・学説は,その限界や違憲審査基準について,アメリカの判例理論に依拠して理解しているが,「二重の基準」論と規制の態様が問題となる.

「二重の基準」論は,表現の自由を中心とする精神的自由を規制する立法と

V　現代憲法下の人権保障(1)

経済的自由を規制する立法の関係について，後者よりも前者の方が厳しい基準によって審査されなければならないとする理論である．この理論は，合衆国最高裁判所の1938年のカロリーン・プロダクツ社事件判決(United States v. Carolene Products Co., 304 U. S. 144, 1938)におけるストーン判事の法廷意見の脚注4で示された．この判決は，経済規制に関する事例について，従来どおり社会・経済的規制立法については緩やかな合理性の基準が妥当し，合憲性が推定されることを明らかにしたが，その際に，合憲性の推定が働かない場合があることを示唆した．そのような一定の場合とは，①国家機関による制限が憲法上明確に禁止されている人権を脅かすような立法，②政治過程を制約する立法，③少数者の権利を侵害する立法が問題となる場合である．

その後の合衆国最高裁判所判例では，人種差別的な取扱いや表現の自由を規制する立法を正当化するためには，合憲性の推定ははたらかず，やむにやまれぬ政府の利益など，正当化に必要な立証を求めることになった．こうして，表現の自由が優越的な地位を持つものであるという考えが定着した．

学説でも，エマソン(Emerson, T.)が表現の自由の特性・機能を分析し，自己実現への寄与，思想の自由市場における真理発見への貢献，民主主義のプロセスへの参加，社会の安全弁，の4つの機能を明らかにした．さらに，表現の自由は，言論活動を通じて自己の人格を発展させるという個人的な意義(自己実現の価値)，および，国民主権・民主主義の原理のもとで国民が政治に参加し民主的な政治を実現するという社会的な意義(自己統治の価値)という2つの側面で意義をもつものと解されてきた．

他方日本の判例では，アメリカの判例理論にならって，精神的自由に対する審査基準と経済的自由に対する審査基準を分けるだけでなく，後者の経済的自由(職業選択の自由等)について，警察的・予防的な目的によって規制する場合の「消極目的規制」と，政策的目的によって規制する「積極目的規制」に区別する．このため，現実には，表現の自由(事前抑制・表現内容)規制，経済活動の自由の消極目的規制，経済活動の自由の積極目的規制，という3つの場合の審査基準を区別することになり，おのおの(ア)厳格な基準，(イ)厳格な合理性の基準(中間審査基準)，(ウ)合理性の基準が用いられると解されてきた．

もっとも，表現の自由の規制立法に対して用いられる厳格な審査基準も決し

て一様ではなく，表現内容の種類や規制立法の態様によって異なる．実際，表現の自由の規制立法は，①検閲・事前抑制，②漠然不明確または過度に広汎な規制，③表現内容規制，④表現内容中立規制，という４つの態様に大別される．このうち①の表現の自由に対する事前抑制(検閲)の場合，および，②の表現の自由を規制する法文が過度に広汎あるいは漠然として不明確である場合は，表現行為を抑制してしまう「萎縮的効果(chilling effect)」があるため，法文が文面上無効とされる．また，③の表現内容規制とは，ある表現を，そのメッセージ内容を理由に制限する規制のことで，文書による犯罪の煽動の禁止や性表現・名誉毀損表現の規制も原則的にこれに属する．④の表現内容中立規制とは，表現をそのメッセージ内容や伝達効果に直接関係なく制限する規制であり，一定の場所での騒音や広告掲示の禁止，選挙運動規制などがそれにあたる．

アメリカでは，規制態様を時・場所・方法の規制と，象徴的表現ないし行動を伴う表現の規制の２つに分け，おのおの異なる違憲審査基準を用いてきたが，判例理論は動揺している(松井茂記『アメリカ憲法入門(第７版)』225頁以下参照)．2005年からのロバーツ・コートでは，表現の自由を他の利益に優先させる「修正１条絶対主義」というべき特徴があることが指摘されている(大林啓吾・溜箭将之編『ロバーツコートの立憲主義』191頁以下参照)．

日本の判例理論では違憲審査基準論は必ずしも一定していないが，アメリカの判例理論が大きな影響を与えてきたことは事実である．一般に表現の自由の規制立法について用いられる厳格な基準には，(i)事前抑制の禁止，(ii)明確性の理論，(iii)「過度の広汎性ゆえに無効」の法理，(iv)「明白かつ現在の危険」の基準，(v)LRA(より制限的でない他の選びうる手段，less restrictive alternative)の基準などがあるため，これらについてみておこう．

(i) 事前抑制の禁止

アメリカでは，合衆国憲法第１修正に規定される言論の自由は，基本的に「検閲」ないし事前抑制の禁止をさすと考えられてきた．「検閲」とは，「公権力が外に発表されるべき思想の内容を予め審査し，不適当と認めるときは，その発表を禁止する行為」のことであり，日本国憲法も第21条第２項前段で「検閲の禁止」を定めている．これは，表現活動を事前に抑制することは許さ

V 現代憲法下の人権保障(1)

れないという原則を示したものである.

日本では,禁止される検閲の主体として公権力とは行政権のことであり,裁判所による事前抑制(差止め)は例外的に許されると解するのが,判例・通説である(北方ジャーナル事件最高裁判決,最大判1986〈昭和61〉年6月11日,民集40巻4号872頁).

これに対して,アメリカでは,裁判所による差止命令の場合も,検閲ないし事前抑制の問題として争われてきた.合衆国最高裁判所は,1931年のミネソタ事件判決(Near v. Minnesota, 283 U. S. 697, 1931)において,政府批判の記事を掲載した新聞に対する裁判所による差止めを認めるミネソタ州法を違憲とし,事前抑制の禁止原則を明らかにした.但し,例外も許容するものであったため,その後も検閲を認める基準をめぐって議論が続いた.

(ii) 明確性の理論(「漠然性ゆえに無効」の法理)

明確性の理論とは,精神的自由の規制立法の内容が,漠然とした不明確なものである場合には無効であるとする法理である.とくに刑罰法規の場合には,内容が明確であることが絶対条件となる.日本国憲法第31条で保障されている罪刑法定主義もその1つであり,刑罰法規は,行為の公平な処罰に必要な事前の「公正な告知」を与え行政の恣意的な裁量権を制限するものでなければならないため,内容が明確であることが求められる.さらに,表現の自由を制約する性質をもつ刑罰法規の場合には,本来合憲的な表現行為をも差し控えさせてしまう「萎縮的効果」のおそれがある.そこで,合理的な限定解釈によっても法文の漠然不明確性が除去されないときは,当該法規の合憲的適用の範囲内であると思われる場合にも,原則として法規それ自体が,文面上無効となるとされる.これが「漠然性ゆえに無効」の法理である.日本の判例では,徳島市公安条例事件や税関検査事件で法文の明確性が争われた.

(iii) 「過度の広汎性ゆえに無効」の法理

たとえ法文が明確でも,規制の範囲があまりに広汎で違憲的に適用される可能性がある場合は,表現の自由に重大な脅威を与え,萎縮的効果があることから,文面上無効とされなければならない.この考え方が,「過度の広汎性(overbroad)ゆえに無効」の法理である．アメリカでは，この法理は，ウォーレン・コートの後半では頻繁に用いられたが，バーガー・コートでは批判がおこり，ブロードリック事件判決(Broadrick v. Okulahoma, 413 U. S. 601, 1973)ではこの法理の緩和が認められた．州公務員の政治活動を規制する州法の合憲性が問題となったこの判決では，ホワイト判事が書いた法廷意見は，単に過度の広汎性を問題にするだけでなく，実質的な広汎性，すなわち「現実的かつ，かなりの程度の広汎性」を要求した．この判決の流れは，児童ポルノの私的所持の規制に関する1990年のオズボーン判決(C. Osborne v. Ohio, 495 U. S. 103, 1990)でも継承された(憲法訴訟研究会・芦部信喜編『アメリカ憲法判例』41頁以下〔矢口俊昭執筆〕参照).

(iv) 「明白かつ現在の危険」の基準

「明白かつ現在の危険(clear and present danger)」の基準は，アメリカの厳格審査基準のなかでも，とくに重要である．これは，①当該表現行為が実質的な害悪を近い将来において引き起こす蓋然性が明白で，②その実質的害悪がきわめて重大でその害悪の発生が時間的に切迫しており，③当該規制手段がその害悪を避けるために必要不可欠であること，の3つの要素が存在する場合に当該表現行為を規制できる，とする考え方である．

アメリカでは，前述の1919年のシェンク事件(Schenck v. United States)判決(本書88頁)のなかで，ホームズ判事が，言論を制約できるのは，「明白かつ現在の危険」を生むような場合に限られると指摘して以来，この考えが踏襲され，1940年代以降判例理論として広く用いられた．1950年代の冷戦下では一時判例が変更されたが，1969年のブランデンバーグ事件判決(Brandenburg v. Ohio, 395 U. S. 444, 1969)で，暴力や違法行為の唱導について，その唱導が，差し迫った非合法な行為を煽動し，もしくは生ぜしめる可能性のある場合を除き憲法上禁止できないという基準として再び確立された．これは厳格な審査基準であり，害悪の重大性と切迫性の存在や程度等の判断も難しいため，教唆や煽動など一定の表現内容を規制する立法について用いるのが妥当と解される．

日本では，下級審では公安事件判決など多くの判決で採用されているが，最高裁判決では，その趣旨を取り入れて判断するにとどまっている．

(ⅴ)「より制限的でない他の選びうる手段」の基準(LRAの基準)

　立法目的と規制手段との関係に注目し，立法目的が正当な場合でも，その立法目的を達成するためのより制限的でない他の手段(less restrictive alternative)が存在するかどうかを具体的・実質的に審査し，それが存在すると解される場合には，その規制立法を違憲とする基準である．表現を規制する側(公権力側)に規制手段の合理性と正当性(より制限的でない他の手段を利用できないこと)を証明する責任が負わされる．したがって，立法目的の達成にとって必要最小限度の規制手段を要求する基準であり，とりわけ表現の時・場所・方法の規制(表現内容中立規制)の合憲性を検討する場合に有用であるとされる．

　日本の判例では，公務員の政治活動に関する猿払事件第1審判決などの下級審判決で採用されたが，最高裁は，この領域の規制立法には一般に，目的と手段との間に抽象的・観念的な関連性があればよいとする「合理的関連性」の基準を適用しており，LRAの基準は採用していない．

　「合理的関連性」の理論は，アメリカではオブライエン・テストとも称され，言論と非言論が同じ行動のなかで結びついている表現行為(speech plus)の合憲性審査に用いられた．日本の前記猿払事件の最高裁判決(最大判1974〈昭和49〉年11月6日，刑集28巻9号393頁)では，公務員の政治活動の一律全面禁止(表現内容規制)の合憲性審査にあたって，①立法目的(規制目的)の正当性，②規制目的と規制手段との間の合理的関連性，③規制によって得られる利益と失われる利益との均衡についての検討が必要であるとされた(猿払3原則)．その後，堀越事件判決(2012〈平成24〉年12月7日，刑集66巻12号1337頁)で無罪判決が出されたため，実質的な判例変更の有無が議論されたが，両判決は矛盾しないことを千葉勝美裁判官が説明している(辻村『憲法(第5版)』123頁以下，219頁以下参照)．

3) 性表現の自由

　日本では，刑法第175条でわいせつ文書の頒布・販売・陳列罪を定めており，憲法第21条に違反しないか否かが問題になってきた．従来は，わいせつ物頒布罪を構成する表現については憲法の保障の範囲外であることが前提視されてきたが，今日では，幸福追求権や自己決定権との関係でポルノを見る自由が権利として捉えられるため，わいせつ概念自体を再検討する傾向が強まっている．

しかし，最高裁判決は，チャタレイ事件の判決以来，一貫してこれを合憲としており，わいせつ概念を明確化しようとする傾向が認められるにせよ，基準や概念をめぐって課題が山積している．

例えば，「四畳半襖の下張り」事件最高裁判決(最 2 小判 1980〈昭和 55〉年 11 月 28 日，刑集 34 巻 6 号 433 頁)では，永井荷風の戯作の雑誌掲載に関して，性描写の程度や比重，芸術性との関係などかなり詳細な基準を提示しようとしたが，なお，わいせつ性を認定した．その後の判決では伊藤正己裁判官の補足意見で，ハードコアポルノと準ハードコアポルノを区別する基準が指摘されたが，最高裁はその両者を規制する判断を維持した．

これに対して，アメリカでは，1973 年のミラー判決(Miller v. California, 413 U. S. 15, 1973)において，わいせつな表現は合衆国憲法第 1 修正の保護を受けないことを原則としつつ，わいせつの判断基準として，その作品が，①全体として好色的興味に訴えているか，②州法で定義された不快な性行為表現をとっているか，③重大な芸術的価値等を欠いているか，という 3 要素を掲げた．結果として，保護を受けない表現をハードコアポルノに限定することになった．

ポルノグラフィーについては，フェミニズムの展開によって，これを規制しようとする議論が強まり，表現の自由を擁護する立場との間で対立が存在している．とりわけ 1960 年代以降のアメリカでは，性暴力反対の運動がフェミニズムの理論と結びつき，ポルノが，男性の女性に対する性支配の表象であるとして，規制しようとする議論が強まった．1970 年代後半からは，反ポルノの運動が，反ポルノ条例の制定運動につながっていった．それに理論的基礎を与えたのが，キャサリン・マッキノンとアンドレア・ドゥオーキンであり，1983 年にはミネソタ州ミネアポリス市でポルノ規制条項を含む公民権条例改正が成立した．しかし，表現の自由の観点からの反対運動が形成され，訴訟の場で争われた結果，1986 年 2 月に合衆国最高裁判所は，この条例を憲法違反と判断した 1985 年の控訴審判決を支持した(Hudnut v. American Booksellers Association Inc., 475 U. S. 1001, 1986)．その後は，カナダでも同様の条例が制定され，ポルノ規制と表現の自由の関係が議論され続けている．

なお，合衆国最高裁では，未成年者や児童を対象とするポルノの規制については緩やかに解しており，規制法を合憲とする判決を下している(New York v.

Ferber, 458 U. S. 747, 1982)．1996年制定の連邦児童ポルノ防止法については，コンピューター・グラフィックスなど児童虐待防止の利益がないものまで含めていることに対して過度の広汎性を指摘して違憲と判断した(Ashecroft v. Free Speech Coalition, 535 U. S. 234, 2002)．しかしその後，2003年制定の子どもの搾取撲滅のための保護法(Prosecutorial Remedies and Other Tools to End the Exploitation of Children Today Act)が児童ポルノの宣伝や購入を禁止したことに対して，最高裁は2008年に合憲判断を示した(United States v. Williams, 553, U. S. 285, 2008)．

4) 名誉毀損表現・集団誹謗的表現

　他人の名誉を毀損する内容の表現についても，名誉権の保護と表現の自由との関係が問題となる．日本では，名誉は憲法第13条で保障された人格権の一内容をなし，刑法第230条の名誉毀損罪や民法第710条の不法行為の規定によって保護されている．一方，刑法第230条の2第1項では，「公共の利害に関する事実に係り，かつ，その目的が専ら公益を図ることにあったと認める場合には，事実の真否を判断し，真実であることの証明があったときは，これを罰しない」と定め，これらの要件に合致する事実の指摘については表現の自由が優先されることを明らかにした．最高裁判例も，「夕刊和歌山時事」事件において，「真実であることの証明がない場合でも，行為者が真実であると誤信し，それが確実な資料，根拠に照らして相当の理由があるときは，犯罪の故意がなく，名誉毀損の罪は成立しない」と解釈した(最大判1969〈昭和44〉年6月25日，刑集23巻7号975頁)．

　ドイツでは，1990年代に「兵士は殺人者だ」事件が注目を集めた．この事件は，「兵士は殺人者だ」と記した横断幕やビラを掲示・配布した者たちが，ドイツ連邦共和国刑法の侮辱罪で有罪とされた判決に対して憲法訴願が提起され，1995年10月10日連邦憲法裁判所第1法廷決定が，適用違憲の手法で差戻した(BVerfGE 93, 266)．集団誹謗の概念を限定的に解したことにその特徴があった(本書199頁参照)．

　近年では，特定の民族や国籍保持者に対する憎悪を表明し憎悪を煽るヘイトスピーチ(hate speech)が深刻な社会問題となっている．イギリスでは1965年の人種関係法で規定された人種憎悪煽動罪が，1986年の公序法に統合されて

施行されている(中村睦男ほか編著『世界の人権保障』44 頁参照). 日本でも 2016 年 6 月に規制法(「本邦外出身者に対する不当な差別的言動の解消に向けた取組の推進に関する法律」)が成立したが, 罰則等もないため運用の動向が注目されている. 欧米でもヘイトスピーチやフェイクニュースの扱いをめぐって法規制が検討されており, ドイツでも 2017 年 6 月に SNS によるヘイトスピーチを 24 時間以内に削除しない場合に罰金を科す法律が成立した. 諸国でも表現の自由と調整について議論が続いている.

5) 違法行為の煽動

違法行為や犯罪の煽動・唱導にあたる表現についても, 表現の自由と規制の関係が問題となる. 日本では, 刑法の内乱・外患罪を実行させる目的をもってする煽動や, 政治目的のための放火や騒擾等の煽動に対して刑罰を科する破壊活動防止法第 38 条以下の諸規定, 不納税の煽動に関する国税犯則取締法第 22 条等の規定が存在する. 判例では, 破壊活動防止法第 39・40 条の合憲性が問題となった渋谷暴動事件判決(最 2 小判 1990〈平成 2〉年 9 月 28 日, 刑集 44 巻 6 号 463 頁)でも, 同条の定める行為の煽動は「……騒擾罪等の重大犯罪をひきおこす可能性のある社会的に危険な行為であるから, 公共の福祉に反し, 表現の自由の保護を受けるに値しないもの」と判断した. 抽象的な危険を根拠に比較的安易に公共の福祉による表現の自由の制約を許容することに対しては, 学説上批判が強い.

アメリカでは, 煽動罪の違憲審査基準について, 「明白かつ現在の危険」の基準やブランデンバーグ・テストなどの判例理論が確立された. 前述のブランデンバーグ事件(Brandenburg v. Ohio)判決(本書 93 頁)では, 「唱導が差し迫った非合法な行為を煽動し, もしくは生ぜしめることに向けられ, かつ, そのような行為を煽動し, もしくは生ぜしめる蓋然性がある場合を除き, 唱導を禁止できない」とする原則が適用され, 多くの判例で採用された.

6) 放送の自由とインターネット規制

電波メディアによる報道の自由のことを, 一般に放送の自由という. 日本では, 1950 年制定・2010 年改正(2010 年 12 月 3 日法律第 65 号)の放送法によって

Ⅴ 現代憲法下の人権保障(1)

放送の定義(「公衆によって直接受信されることを目的とする電気通信……の送信」改正放送法第2条第1号)が与えられた．放送については，新聞や雑誌などの印刷メディアとは異なった特別な規制が課されており，放送法によって放送番組編集の準則(①公安および善良な風俗を害しないこと，②政治的に公平であること，③報道は真実をまげないですること，④意見の対立している問題については多角的に論点を明らかにすることという準則に従うべきこと，⑤教養・教育・報道・娯楽という4種の番組相互間の調和を保つべきこと)が定められている．

最近では，電波技術の著しい発達によって，利用可能な周波数帯域が著しく拡大し，衛星放送やケーブルテレビ等のニュー・メディアも登場して多チャンネル化が進んでいる．とくに通信衛星を利用した放送など，放送と通信を融合したシステムや，インターネットの利用の飛躍的増大によって，新たな規制の必要が生じている．

インターネットは，コンピューターの相互利用によって同じ情報を世界中で共有することを可能とする手段であり，また，情報の発信と受信の双方向的な情報交換や匿名による自由な発言を同時に集約可能とし，多数に対するコミュニケーションを可能にするなどの特徴がある．反面，その匿名性や自由参加性・国際性などを悪用して犯罪に用いられる危険性も高く，名誉毀損表現・わいせつ表現などを国ごとに規制することが困難であるという面がある．

日本では，いわゆるプロバイダー責任法(「特定電気通信役務提供者の損害賠償責任の制限及び発信者情報の開示に関する法律」)が2001年11月30日に公布され，特定電気通信による情報の流通によって権利侵害があった場合に，特定電気通信役務提供者(プロバイダー等)の損害賠償責任を制限しプロバイダーが責任を負わないことを認めた．同時に，権利侵害を受けた者が，関係するプロバイダー等に対して，保有する発信者に関する情報の開示を請求できるとする規定などを設けたが，表現の自由保護の観点からの検討課題も多い．

アメリカでは，1996年2月8日に，未成年者保護の目的でインターネット上の「下品な表現(indecent speech)」を禁止する通信品位法(Communications Decency Act)が通信法の改正として成立したが，1997年6月26日，合衆国最高裁で，概念の不明確性を主たる理由とする違憲判決が下された(Reno v. ACLU, 521 U.S. 844, 1997)．その後は判例も動揺しており，子どもをインターネットか

ら保護する法律(CIPA)に関する最高裁判決(United States v. American Library Association, Ins., 539 U. S. 194, 2003)では，青少年を有害情報から守るためのフィルターを全端末に設置しない限り図書館への補助を否定した法律が合憲とされた(松井茂記『アメリカ憲法入門(第7版)』307頁参照)．

ドイツとフランスのメディア規制

ドイツでは，連邦共和国基本法第5条第1項で「出版の自由および放送の自由は保障される．検閲は行われない」と定めつつ「これらの権利は，一般的法律の規定，少年保護のための法律上の規定，および個人の名誉権によって制限を受ける」(同第2項)とする．この「一般的法律」による制限の規定は，ワイマール憲法第118条の法律の留保を継承したものと解されてきたが，今日では，基本権を制限するに値する実質的内容をもった法律をさすと解されている．連邦憲法裁判所は，1958年のリュート判決(BVerfGE 7, 198)でこのことを明らかにした．また，メディアによる裁判報道に関する1994年決定でも，裁判長の制限を放送の自由に対する侵害と認め，基本権を保護する判決を下した．その後，1997年7月4日にマルチメディア法が制定され，規制要件が明確化されたほか，インターネット規制のための法整備が進められた．

フランスでは，1982年7月29日に視聴覚コミュニケーションに関する法律が制定され，「市民は，自由かつ多様な視聴覚コミュニケーションへの権利をもつ」として，メディアの多元性と「受け手の自由」が確立された．憲法院は，1789年人権宣言第11条の表現の自由に関する規定を根拠規範として，その法律の合憲性を認定し(1982年7月27日判決, n° 82-141 DC)，視聴覚最高評議会(CSA)の設立等を内容とする1989年法についても，憲法院は基本的に合憲の判断を下した(1989年1月17日判決, n° 88-248 DC)．また，1996年7月23日判決では1986年法を改正するための法案が違憲とされた．

インターネット規制については，1998年のコンセイユ・デタ報告書をうけて，ジョスパン内閣のもとで法案が作成され，2000年7月27日の憲法院の一部違憲判決(n° 2000-433 DC)を経て2000年8月1日法が制定された．憲法院判決は，プロバイダー(hébergeurs)に関する特別の責任制度を創設すること自体は立法府の裁量に委ねたが，罪刑法定主義の観点から一部の手続を違憲とした

V 現代憲法下の人権保障(1)

(フランス憲法判例研究会編『フランスの憲法判例』171 頁〔清田雄治執筆〕，153 頁〔矢口俊昭執筆〕参照）．

このように，各国のインターネット規制法の動向は，日本にとっても参考になる点が多い．

7) 「国家からの自由」と「国家による自由」

これまでの表現の自由に関する比較検討から，アメリカとドイツ，フランスとの間に，大まかな傾向の違いを認めることができるであろう．

まず，アメリカ合衆国では，表現の自由のような「国家からの自由」を最優先して保障しようとする傾向があり，これこそがアメリカの人権保障の特徴であると解されている．これに対して欧州では，ドイツにおける国家の基本権保護義務論や，フランスの諸法律によって，国家が積極的に人権保障に介入する例が認められる．

とくにフランスでは，大革命期以来の法律中心主義を背景にした「法律による人権保障」の伝統によって，立法者が，法律によって，人権保障のための表現の自由規制等を行うことが多い．その例として，1990 年 7 月 13 日の「人種差別・反ユダヤまたは外国人排撃等のすべての行為を禁止する法律」(Loi 90-615, 13 juillet 1990) がある．これは，「ガス室はなかった」というような当時の極右勢力の台頭による反ユダヤ言動を規制する目的に由来するもので，極右政党「国民戦線」等のデモ行進・集会等の規制による差別的言論の制約を伴うものであった．通称ゲソ法と呼ばれるこの法律は，新聞報道の自由に関する 1881 年法や刑法を改正し，1945 年のニュルンベルク軍事法廷に関する国際協定で定義された「人道に対する罪」の存在に異を唱える言動を罰することなども定めていた．これは，表現の自由に対する過度な制約として合憲性が問題になった法律であるが，憲法院に提訴されることなく成立した．さらに 1997 年には，アウシュビッツでのユダヤ人被害者数を不当に低く計算した言説に対してこの法律を適用する判決が破毀院によって出されている．

このような反ユダヤ的な表現規制は，ドイツの「闘う民主制」論に共通するもので，フランスの反外国人排除主義にもとづく自由・人権の保障システムは，アメリカの法理論と大きく異なるものといえよう．実際，アメリカでは，差別

的言論規制に対する議論はあるものの，合衆国最高裁判所の差別的言論(hate speech)に関する判決(R. A. V. v. St. Paul, Minnesota, 505 U. S. 377, 1992)の観点からすれば，フランスの前記1990年法などは，違憲になる可能性が高かったと思われる．

　このように，比較検討の結果は対照が際立っており，「国家からの自由」と「国家による自由」のそれぞれの系譜の背後にある思想や民主的基盤の相違と条件について十分な検討が必要となる．そのような検討を欠いたままで，とりわけ，フランスで「国家による自由」「法律による人権保障」を成立させてきた人民主権論と一般意思の表明としての法律の観念を理解することなく，安易に「国家による自由」を志向することには問題があるといえるであろう．市民の安全への渇望や危機管理の要請のもとで，「国家による自由」に傾斜しつつある日本の問題を考える上でも，これらは重要な論点を含むものといえる(辻村『フランス憲法と現代立憲主義の挑戦』85頁以下，171頁以下参照)．

　近年のヘイトスピーチやフェイクニュース規制と表現の自由との関係をめぐって，今後の展開が注目される．

VI
現代憲法下の人権保障(2)
—— 平等権・社会権

1 平等の実質的保障とポジティブ・アクション

(1) 形式的平等と実質的平等

1) 平等思想の展開

　平等の思想は，古代ギリシアの哲学以来の長い歴史をもっている．アリストテレス(Aristoteles)は，配分的正義(具体的事実や能力が同じならば取扱いも同じにする考え方)と均分的正義(事実にかかわらず取扱いを均一にする考え方)に分類して，配分的正義の考え方を強調した．中世には，神の前ではすべての人間が等しく罪を負っており平等であるとする考えから，人間の価値の平等が説かれた．近代になると，合理主義的な自然法思想のもとで，自然法を根拠とした平等論が展開された．ロックやルソーなどは自然状態における人間の平等を前提にして，人間は生まれながらにして自由であり平等であるという考えを理論化した．

　1776年のアメリカ独立宣言は，すべての人は平等に造られていることが自明の真理であると述べ，1789年のフランス人権宣言は，「人は自由かつ権利において平等なものとして生まれ，生存する」(第1条)とした．近代には人間性の平等を基礎とした形式的平等が重視されたが，やがて19世紀の資本主義の展開による社会・経済的不平等の拡大によって，実質的平等の要求が強まっていった．1919年のワイマール憲法による社会権の保障はその例である．またアメリカ合衆国では，南北戦争後の憲法修正(第14修正)で「法の平等保護」(equal protection of law)の保障を定めて以降，しだいに立法上や司法上の救済をとおして平等を実現する傾向が強まった．

2) 日本国憲法第14条第1項の平等原則

　日本国憲法第14条第1項は「すべて国民は，法の下に平等であつて，人種，信条，性別，社会的身分又は門地により，政治的，経済的又は社会的関係において，差別されない」と定める．ここでいう「平等」とは，いかなる場合にも各人を絶対的に等しく扱うという絶対的平等の意味ではなく，「等しいものは等しく，等しからざるものは等しからざるように」扱うという相対的平等を意味するもので，合理的な理由によって異なる取扱いをすることは許されると解するのが通説・判例の立場である（相対的平等説）．したがって，合理的な理由によらない不合理な差別のみが禁止されることになるが，何が合理的な区別で，何が不合理な差別になるかという基準を設定することは必ずしも容易ではない．最近の日本の憲法学説では，人種・性別・信条その他，第14条第1項後段に列挙されている事由に基づく差別的取扱いについては「厳格審査基準」が適用されて合憲性の推定が排除されると解している．

　このように，第14条第1項後段列挙事由について厳格審査基準を適用すると解する最近の通説的見解に従えば，性差別の合憲性をめぐる審査基準については厳格審査基準が適用されるはずであるが，芦部説（芦部信喜『憲法学Ⅲ 人権各論(1)〔増補版〕』24頁以下など）では，アメリカの判例理論に従って中間審査基準を適用して「厳格な合理性の基準」を妥当としてきた．

　アメリカでは人種差別等については「疑わしい範疇（suspect classification）」に分類して厳格審査の対象にするのに対して，性差別をめぐる事例は，中間審査基準を適用する立場が確立しているからである．しかしそれを日本に直接に適用することの可否はなお今後の課題といえよう．厳格審査基準を採用する場合には，法律等が「やむにやまれぬ」目的をもち，その目的を達成するための必要最小限の手段であることを（合憲を主張する側が）挙証しなければならないのに対して，中間審査基準では，目的と手段との間に実質的な関連性があるか否かが問題とされ，これを具体的問題に結びつけて論じることが不可避となる．従来の日本の判例や学説は，性差別にかかわる問題について必ずしも明確に審査基準論を示さず，判例ではむしろ合理的基準を用いて立法裁量を広く認めてきたため，具体的問題への適用はあまりなされていない．判例は合理性の基準

で理解してきたが，第14条第1項後段列挙事由について厳格審査基準を採用するという通説的立場にたつ限りは，性差別についてもこれによると解すべきであろう．但し，後にみるポジティブ・アクションの場合は別途検討を要する（アメリカの判決で人種差別に対するアファーマティブ・アクションについて厳格審査基準が適用されるようになったとしても，性差別については，原則として，中間審査基準が適用されていることに留意しなければならない．本書108頁参照）．

3）「形式的平等・実質的平等」と「機会の平等・結果の平等」

憲法第14条の保障が形式的平等か実質的平等か，という基本的な問題については，その定義を含めて，日本の憲法学説は必ずしも一致しているわけではない．定義について，一般には，形式的平等とは法律上の均一的取扱いを意味し，事実上の差異を捨象して「原則的に一律平等に取り扱うこと」を意味するのに対して，実質的平等は，現実の差異に注目して格差是正を行うこと，「すなわち配分ないし結果の均等を意味する」と説明されてきた（野中俊彦ほか『憲法Ⅰ(第5版)』282頁〔中村睦男執筆〕参照）．しかし，実質的平等と結果の平等は区別すべきである（機会の平等と結果の平等という区別は平等実現の過程ないし場面に関するものであるのに対して，形式的平等と実質的平等との区別は平等保障のあり方に関するものと考えられる．両者の関係はたえず不可避的であるわけではなく，機会の平等を形式的に保障する場合もあれば，機会の平等を実質的に保障する場合もあるといえる．辻村『憲法(第5版)』157頁参照）．

憲法第14条第1項が，形式的平等と実質的平等のいずれを保障しているか，という点についても問題が残っている．従来の通説的見解は第14条第1項を裁判規範としては形式的平等として捉えつつ，実質的平等の実現は社会権に委ねられていると解していた．しかし，上記のように，平等の観念自体に変化が生じ，格差を是正するために累進課税制度を導入するなど，実質的平等保障の要請が強まっている状況下では，第14条にも実質的平等の保障が含まれると解することが妥当となる．但し，実質的平等をも保障していると解する場合にも形式的平等の原則が放棄されたわけではない．理論上はあくまで形式的平等保障が原則であり，法律上の均一的な取扱いが要請されるが，一定の合理的な別異取扱いの許容範囲内で実質的平等が実現される（実質的平等実現のための形式

上の不平等を一定程度許容する)と解するのが筋であろう(芦部信喜〔髙橋和之補訂〕『憲法(第6版)』127頁参照).

ポジティブ・アクションの場合も,結果の平等につながるとして安易に排除するのではなく,機会の平等の実質的な保障の問題として検討すべきである.

4) 間接差別と直接差別

欧米では,基準が性中立的であるにもかかわらず一方の性に差別が生じている場合に,使用者に対して性差別的効果の有無や正当化理由の有無に関する説明を求めることで差別を是正する「間接差別」禁止の法理が確立され,日本の議論や法制にも影響を与えている.

イギリスでは,1975年の性差別禁止法で明示され,身長・体重・体力・年齢等を要件として,シングル・マザーの差別をもたらす事例等について,判例理論が確立されてきた.アメリカでは,「不利益効果の法理(disparate impact theory)」が合衆国裁判所判例によって確立され,1991年の改正公民権法第7編のなかで明確にされた.EC/EUでは男女均等待遇指令(1976年)で「直接的であれ,間接的であれ,性別とくに婚姻上または家族上の地位に関連した理由によるいかなる差別も存在してはならない(第2条第1項)」とし,1997年の「性差別訴訟における挙証責任に関する指令97／80／EC」によって間接差別の存在について定義した.さらに欧州司法裁判所は詳細な判例理論を確立し,正当性の抗弁を企業側の挙証責任のもとにおくことで,実際に女性労働者たちの救済に寄与してきた(浅倉むつ子・西原博史編著『平等権と社会的排除』41頁以下〔黒岩容子執筆〕参照).

日本でも,2003年7月の国連女性差別撤廃委員会の最終コメントで間接差別の定義を明確にすべきことが指摘されたことをうけて,2006年6月に成立した改正男女雇用機会均等法では,「労働者の性別以外の事由を要件とするもののうち,……実質的に性別を理由とする差別となるおそれがある措置として厚生労働省令で定めるもの」を禁止し(同法7条),同省令のなかで,間接差別の定義と禁止対象を明示した.さらに,改正均等法施行規則(2007年4月施行)2条において,「法第7条の厚生労働省令で定められる措置」として,(i)労働者の身長・体重・体力に関する事由を要件とするもの,(ii)住居の移転を伴う配

置転換に応じることを要件とするもの，(iii)昇進に関する措置で，異なる事業所への配置転換の経験を要件とするもの，の3つの要件に限定した．

しかし，上記のような間接差別禁止の法理や日本の法制については，憲法理論的にみれば多くの課題があると思われる．直接差別との関係，この法理の両面性(例えば，「身長170センチ以上採用」という身長条件を課すことは女性に対する間接差別になるが，「身長160センチ以下採用」とすれば男性に対する間接差別になりうるため，この法理の適用においては両面性を前提にした議論が必要)，性別以外のカテゴリー(年齢，転勤の有無等)による差別との関係などである．日本では，コース別採用の名のもとに実質的な性差別が行われている例が多いため，憲法学においてもこれらの諸課題の理論的検討が期待される(辻村『概説 ジェンダーと法(第2版)』95頁以下参照)．

(2) 男女共同参画とポジティブ・アクションの課題

1) ポジティブ・アクションの意義

近年の男女共同参画政策ではポジティブ・アクションが重要な課題となっている．ポジティブ・アクション(Positive Action: PA)は，アメリカ，カナダ，オーストラリアなどの諸国ではアファーマティブ・アクション(Affirmative Action: AA)と称され，「積極的格差是正措置」ないし，国連では「暫定的特別措置」として重視されてきた．これはもともと，人種や性別など一定の属性等を理由に，過去の歴史的差別によって回復困難な不利益を受けた者に対して，特別の機会を与えるなどの措置を意味する(詳細は，辻村『ポジティヴ・アクション』参照)．

アメリカでは，当初は人種差別解消のためにAAを導入したが，1961年の行政命令10925号，1964年の公民権法第7編制定と行政命令11246号・11375号を経て，1972年以降，性差別に対してもAAが適用されることになった．アメリカの判例では，カリフォルニア州立大学における入学定員の割当制の合憲性が問題となったバッキ事件判決(Regents of the University of California v. Bakke, 438 U. S. 265, 1978)以後，繰り返し合衆国最高裁判所で争われた．性差別に関するジョンソン事件判決(Johnson v. Transportation Agency of Santa Clara County,

480 U. S. 616, 1987)では，面接委員によって男性候補者が推薦されたにもかかわらずAAコーディネーターの勧告に従って女性を昇進させた事例について，この自発的AAが公民権法第7編に反しないと判断された．本件では，「数による盲目的な昇進」ではなく，能力等を考慮した上での昇進であったことから逆差別やスティグマの問題も克服でき，また，適法な人事権者が，AAコーディネーターの勧告に従ったことで，男性被用者の利益侵害も必要最小限度に抑えることができたと解することができる．

また，ミシガン大学入学者選考の人種に関するAAについて，合衆国最高裁判所は2003年6月23日にAA措置自体を合憲としつつ，学部入試における加点措置を違憲とする判断を下し(Gratz v. Bollinger, 539 U. S. 244, 2003)，入学者の多様性確保を目的としてマイノリティに対する考慮を加えたロースクールの措置は合憲とした(Grutter v. Bollinger, 539 U. S. 306, 2003)．このグラッター判決では，従来は過去の差別に対する救済としてAAを正当化してきたのに対して，バッキ判決のパウエル判事の見解に沿って，将来に向かって多様性を確保するためにAAを合憲とする立場が支配的となった．但し，ここではAAに厳格審査基準が採用されたにもかかわらず，大学の自治に配慮した結果，審査密度が低くなった感がある．またグラッター判決は2013年のフィッシャー判決(Fisher v. University of Austin, 133 S. Ct. 2411, 2013)にも影響を与えたが，当のミシガン州では州憲法改正によって人種・性別等による優遇措置を禁止する規定が置かれた(大林啓吾・溜箭将之編『ロバーツコートの立憲主義』94頁以下参照)．いずれにしてもアメリカのAAは人種差別に関する事例がほとんどで，性別については厳格審査基準を緩めた中間審査基準が概ね適用されてきた点を，日本の問題を考える際は留意すべきであろう．

2) 日本の男女共同参画政策とポジティブ・アクション

日本では，1999年6月に男女共同参画社会基本法が制定され，その前文は「男女共同参画社会の形成は，21世紀の我が国社会を決定する最重要課題である」と明言した．これを受けて，2000年3月以降多くの地方自治体で基本条例が制定され，国・自治体・国民等の具体的な施策や責務が明らかにされた．基本法第2条で「積極的改善措置(ポジティブ・アクション)」が施策に含まれる

ことが明示されたが，実際には，実効的な措置はほとんど示されなかったため，2005年の第2次男女共同参画基本計画では，2020年までに指導的地位の女性比率を30％にするという数値目標が掲げられた．ところが，基本法施行後17年，女性差別撤廃条約発効(1981年)後36年，日本の批准(1985年)後32年を経た段階でも，政策・方針決定過程への女性の参画が著しく遅れている．

例えば，政治・経済・健康・教育の4分野における男女格差を計測したジェンダー・ギャップ指数(世界経済フォーラム，GGI)は，2017年現在，143カ国中114位，衆議院の女性議員比率10.1％(193カ国中157位，2017年12月1日現在，IPU調査 http://archive.ipu.org/wmn-e/classif.htm)である．そのほか，女性研究者比率も15.3％(2016年度)，国家公務員管理職の女性比率4.1％，民間企業の女性管理職比率6.6％(2016年度)などの現状がある(内閣府『男女共同参画白書(平成29年版)』61頁参照)．

このような男女共同参画の遅れをもたらした根本的な原因は，日本社会に存在する根強い性別役割分業の意識や制度・慣習にある．実際，2016年の時点でも「男性は外で仕事，女性は内で家事・育児」という性別役割分業観について，男性全体で44.7％，女性全体で37.0％が賛成している(内閣府「男女共同参画社会に関する世論調査」2016年)．女性が出産・育児期に離職することから起こる「M字型」の労働形態も依然として続いており，女性労働者の平均賃金も男性の75.1％(2016年度)にとどまっているのが現状である．その結果，政治や学術等の分野をはじめとして，社会全体で圧倒的な男性支配構造が形成されてきたといえよう．そしてこのような意識構造の現状を前提にするかぎり，日本でのポジティブ・アクションの導入は難しいようにみえるが，このような段階にあるからこそ，その導入を推進する必要があるといえよう．

ポジティブ・アクション(積極的改善措置)については，一般に強制型クオータ制(割当制)を念頭に置いて拒絶反応を示す傾向があるため，その導入は容易ではない．現に，女性議員の強制型割当制にはフランスやイタリアなどで憲法違反の判決も出されているが，クオータ制にも非強制型のもの(政党による候補者名簿上の自発的割当制など)がある．これらの長所・短所を吟味し，憲法違反にならない措置(数値目標型やプラス・ファクター方式など)の複合的な導入が効果的である(詳細は，辻村『ポジティヴ・アクション』参照)．

3) 諸外国の取組み

最近では，フランスのパリテ法をはじめとする諸国の積極的な取り組みが大きな成果をあげている．日本の男女共同参画政策にとっても，諸国の状況を調査し，理論的・実践的課題を明らかにすることが不可欠である．

(a) フランス

フランスでは，オランプ・ドゥ・グージュの「女性の権利宣言」から約150年，男子普通選挙制の確立から約100年，女性参政権運動が組織化されてから約70年という長い年月を経て，ようやく1944年に女性の参政権が保障された．その後も女性の政治・社会参画は低迷を続けていたことから1999年7月に憲法改正を実施して公職への男女平等参画促進を憲法に明記した後，2000年6月に「公職への男女平等参画促進法(通称パリテ法)」を制定した．その結果，2001年3月の市町村議会議員選挙では，(人口3500人以上の市町村について)女性議員比率が21.8％から一挙に47.5％に上昇した(この著しい成果は，この法律が，①比例代表(1回投票)制で実施される上院議員選挙等では候補者名簿の順位を男女交互にすること，②比例代表(2回投票)制で実施される人口3500人以上の市町村議会議員選挙等では名簿登載順6人ごとに男女同数であること，③小選挙区制で実施される下院議員選挙等では，候補者数の男女差が2％を超えた政党・政治団体への公的助成金を減額すること等を定めたことによってもたらされた)．その後も，「パリテ監視委員会」などの検討結果を踏まえて法改正が続けられた．2006年には，私企業も含む団体の女性役員比率を20％にするための法律について，憲法院の違憲判決が下されたことから，2008年7月の憲法改正の際に，男女平等参画促進規定の範囲を経済的な領域にも拡大した．さらに2013年には県議会議員選挙について男女のペア投票制を導入して2015年3月選挙で女性議員比率50％を実現した(国立国会図書館調査及び立法考査局「フランスの県議会議員選挙制度改正」外国の立法261号〔服部有希執筆〕参照)．

(b) イギリス

イギリスでは，小選挙区制のもとで下院の女性議員数が長く伸び悩んでいた

が，1997年総選挙で60人から120人に倍増し，2001年総選挙では118人(17.9%)の女性議員が選出された．その背景には，労働党が約半数の選挙区について，女性のみの候補者リスト制政策を採用したことがある．しかし，これを性差別禁止法違反とする判決が下されたため1975年の性差別禁止法を改正し，積極的差別是正措置を可能にする法改正が求められた．そこで2001年10月に提出された法案が2002年2月26日に採択され，「性差別禁止（公職選挙候補者）法（Sex Discrimination（Election Candidates）Act）」が制定された．この法律は，政党において選挙区内の候補者を選出する際に，女性候補を優先する措置を性差別禁止法の適用から除外することを目的とした時限立法で，法制化による政党内のポジティブ・アクションの実施によって，女性議員が増えることが期待された（2017年12月1日現在では，32.0%で193カ国中39位である）．

(c) 北 欧 諸 国

北欧諸国では女性参政権の実現が早く，男女共同参画のための取組みも進んでいる．とくにスウェーデンでは，1970年代以降，比例代表制選挙における女性候補者の割合を40—50%にする目標が定められ，女性議員比率が40%を超える状況をもたらしてきた．2000年には，ポジティブ・アクションを定めた雇用平等法が改正されて，一層社会参画が充実された．

その他，ノルウェーでも，会社法を改正して大企業の取締役の40%を女性にすることを定めた．フィンランドやデンマークなどでも，比例代表制の候補者名簿の登載を男女交互にするなどのやり方で女性の政治参画を飛躍的に増大させ，男女平等法の制定やオンブズマン制度の採用等の多様な方法によって社会的・政治的な男女平等を推進してきた．現在では，デンマークのようにクオータ制を廃止した国もあり，クオータ制などのポジティブ・アクションが，暫定的な特別措置であることが示された．

(d) 大 韓 民 国

近年では，ヨーロッパ諸国だけでなく，アジアやアフリカ・中南米諸国でもPAの活用が著しい．例えば，小選挙区比例代表並立制を採用している韓国では，2000年の政党法改正によって，政党に比例代表選挙における女性候補者

VI 現代憲法下の人権保障(2)

の割合を 100 分の 30 以上にするいわゆる割当制(クオータ制)を導入した後, 2004 年の改正で，これを 50% に引き上げて，世界で初の強制型の 50% クオータ制を実現した(辻村『概説 ジェンダーと法(第 2 版)』76 頁参照)．これによって，女性議員比率を 2000 年以前の 3.9% から，17.0%(2017 年 12 月現在，193 カ国中 115 位)に高めることを可能にしたが，比例代表部分の定数が 300 議席中 47 議席にとどまることから，全体的な増員には限界もある．

なお，韓国では家族法に関しても，2005 年 2 月 3 日の戸主制違憲決定につづいて戸主制が全面廃止，従来の戸籍法も廃止され，個人別(一人一籍)編制に変更されて 2008 年 1 月から「家族関係登録に関する法律」が施行された．再婚禁止期間規定(韓国民法旧第 811 条)も，憲法裁判所で女性に対する差別規定であると判断されたことを受けて，2005 年 3 月の民法改正時に本条文が削除された．

これらの韓国の一連の改革には目を見張るものがあり，これらの政策の実効性や国民の意識改革を含めた今後の展開について注目が集まっている．

(e) アフリカ・中南米諸国

アフリカのルワンダ共和国でも，2003 年制定の憲法で女性議員比率を 30% と定めたうえで，地域・年齢・障害等に由来する割当制を加味した結果，2008 年 9 月の総選挙で，女性下院議員の比率が 56.3% になり，世界のトップになった(2017 年 12 月 1 日現在 61.3%)．南アフリカ共和国でも，政党による自発的な 30% クオータ制を導入して以来上昇し，2017 年 12 月現在で 41.8%(世界第 8 位)になった(本書 73 頁参照)．

中米のキューバとコスタリカでも，クオータ制を導入した結果，女性下院議員比率が上昇し，それぞれ 48.9%(2017 年 12 月現在世界第 3 位)，35.1%(同世界第 27 位)になった．世界の議会では，クオータ制のおかげで，女性議員比率の上位 30 カ国中の半数 15 カ国がアフリカ・中南米諸国に属するようになっている(ルワンダ，ボリビア，キューバ，ニカラグア，メキシコ，セネガル，南アフリカ，ナミビア，モザンビーク，エチオピア，アルゼンチン，エクアドル，タンザニア，ブルンジ，コスタリカ)(2017 年 12 月 1 日現在の IPU 調査結果による．http://archive.ipu.org/wmn-e/classif.htm 参照)．

4) ポジティブ・アクションの課題

　選挙の場面以外でも，政策決定への男女共同参画のためのポジティブ・アクション施策が多くの国で採用されつつある．しかし，理論的には，欧米のアファーマティブ・アクションないしポジティブ・アクションには，逆差別の問題や，女性に対して劣位者としてのスティグマを与えることなど課題が残存している．フランスのクオータ制に関する 1982 年 11 月 18 日判決 (n° 82-146 DC) と同様に，イタリアでも 1995 年 9 月 20 日に憲法裁判所でクオータ制に関する違憲判決がだされて 2004 年に憲法改正が実施されるなど，憲法理論上も，平等原則の合憲的な適用について検討課題が残っている．この点でも，人権政策や男女共同参画推進のための取り組みについて，諸外国の法制や取組みに学ぶ意義は大きいといえる．

(3) 平等権をめぐる問題

1) 日本国憲法第 14 条第 1 項後段の事由

　日本国憲法第 14 条第 1 項後段は，人種，信条，性別，社会的身分又は門地による差別を禁止している．人種とは，本来は人類学上の種類であるが，社会学的概念として，地域的・宗教的・言語的な集団を人種として特徴づけることも認められている．民族は人種とは同じではないが，民族差別は人種差別と同様に不合理なものであるため，在日朝鮮人であることを理由とする婚約破棄や解雇が民族的差別を内容とする不法行為にあたると判断した判決も存在する．信条とは，本来は宗教上の信仰を意味する概念であったが，ここでは，広く宗教観や人生観，政治的意見等を含めて，個人が内心において信ずる事柄と広く解するのが通説である．社会的身分とは，門地（家柄）よりも広く，人が社会において継続的に占める地位ないし後天的に占める地位のように解されている．

　性別は，本来，男女の生物学的・身体的性差を意味するが，今日では，社会的・文化的性差としてのジェンダーによる差別が問題になる．とりわけ，身体的性差から導かれた男女の定型化された特性に基づく差別的取扱いや，（家事・育児は女性の役割であるというような）性別役割分業観に根ざした差別的取扱いに

ついては，違憲判断基準について厳格な基準が適用されるべきであり，合憲性の推定は排除されると解すべきであろう．このような視点にたつと，現行法上も問題になるものが少なからず存在する．

2）性差別をめぐる問題

性別を理由にする差別問題は，事実上や慣習上だけでなく法制度上にも存在する．憲法第14条に照らしてその合憲性が問題になる例が多い．例えば，①皇室典範の男系男子主義（皇位継承資格からの女性の排除や皇族身分の性差別的な取扱いが憲法第14条や女性差別撤廃条約に反する疑いが強い）．②刑法の性犯罪規定（2017〈平成29〉年刑法改正前の旧刑法177条の強姦罪が「女子」（旧規定では「婦女」）のみを対象としたことについて，判例は長く「被害者たる「婦女」を特に保護せんがため」であるとして合憲と解してきた．しかし諸外国の動向等も踏まえて2017年6月に刑法が110年ぶりに改正され，罪名も，強姦罪から「強制性交等罪」に変更されて，刑が加重されて厳罰化された）．③国立女子大学（女子のみに入学を認める国立大学の設置を「違憲」ないし「合憲性は相当に疑わしい」と解する憲法学説が今日では有力である）．④労働法上の母性保護と女性保護（日本では，女性差別撤廃条約批准に際して，1985年に男女雇用機会均等法制定と労働基準法改正がなされた．同条約第4条第2項が母性保護のための特別措置を差別と解してはならないと定めるように，妊娠・出産にかかる母性保護は身体構造に基づくものであって男性との別異取扱いが許容されるが，女性の深夜業・休日労働禁止や危険業務禁止などの女性保護は，1997年の労基法改正（1999年施行）で撤廃された）．⑤逸失利益の算定（交通事故死した女児の逸失利益算定にあたって，賃金の男女格差を容認することが判例の立場であり，その結果，年少者の賠償額に男女格差が存在してきた．算定基準に女子労働者の平均賃金を用いることは合理性を欠き，男女を併せた全労働者の平均賃金を用いるのが合理的であると考えられるため，実務での改善が図られつつある）．

このほか，⑥民法第731条（男18歳・女16歳の婚姻適齢），第733条（6カ月の再婚禁止期間規定）・第750条（夫婦同氏原則）については，国連の女性差別撤廃条約委員会等からの勧告もあって見直しが進み，2015〈平成27〉年12月16日に最高裁で第733条の一部（100日を超える部分）について違憲判決が下された．これをうけて2016年6月に第733条の改正が実施され，再婚禁止期間が100日に

短縮されたうえで，妊娠していないことの証明があれば，100日以内でも再婚が認められることになった．

他方，第750条の夫婦同氏強制については，最高裁は，憲法第13・14・24条に照らしていずれも合憲であるとし，立法による解決を促す判断を示した（選択的別姓制も立法による場合には許容されることが示唆された）．婚姻適齢の男女同一化(18歳統一)については法務省で民法改正方針が決められているが，第750条については改正案提出の動きはなく，早期の立法的解決が待たれている（詳細は，辻村『憲法と家族』第3章参照）．この問題は比較憲法的にも重要な論点であるため，次節で家族の問題を取り上げておくことにする．

2 現代家族の憲法規定——比較憲法的分類

(1) 国際人権条約などの家族規定

国際連合憲章(1945年)は，前文で基本的人権や男女同権を宣言したのみで，家族について規定は置かなかったが，世界人権宣言(1948年)では，第16条に以下の家族条項をおいて家族形成権や保護を受ける権利，婚姻に関する男女平等の権利等を定めた．

① 世界人権宣言

第16条 1 成年の男女は，人種，国籍又は宗教によるいかなる制約をも受けることなく，婚姻し，かつ家庭をつくる権利を有する．成年の男女は，婚姻中及びその解消に際し，婚姻に関し平等の権利を有する．
2 婚姻は，両当事者の自由かつ完全な合意によってのみ成立する．
3 家庭は，社会の自然かつ基礎的な集団単位であって，社会及び国の保護を受ける権利を有する．(1948年12月10日採択．訳文は外務省ウェブサイト参照．以下同様)

② 国際人権規約(1966年)

国際人権規約では家族に関する規定を置き，「経済的，社会的及び文化的権利に関する国際規約(A規約)」では，婚姻の自由や家族に対する保護と援助，

産前産後の母親に対する保護を定めた．また「市民的及び政治的権利に関する国際規約（B規約）」では，家族の保護と婚姻の自由が定められた（A規約・B規約1966年12月16日採択，1976年発効．日本1979年9月21日発効）．これらの国際条約では，普遍的人権原理として婚姻の自由と家族形成の自由，婚姻と家族形成に関する男女間の平等を定めた上で，国家の家族保護・援助の責務を抽象的に定める形をとった．ここには，国家と個人の関係における個人の「婚姻と家族形成の自由」（婚姻に関する国家介入や差別の禁止），個人相互間（家族内の）平等，さらに，これらの自由と平等に対する国家の一般的保護義務，および，家族形成・児童養育・母性保護など社会権的権利保障のための国家の義務（責務）が明示されている．

③ 女性差別撤廃条約（1979年）

女性差別撤廃条約は，家族に関する第16条で，単なる男女平等を超えて，子どもの数や出産間隔の決定についての権利，姓の決定権についての夫と妻の同一の権利（same rights）を明らかにしており，平等・差別撤廃から権利の確立へという視座の転換においてこの条約が過渡的意義を持つことを示している．

第16条　1　締約国は，婚姻及び家族関係に係るすべての事項について女子に対する差別を撤廃するためのすべての適当な措置をとるものとし，特に，男女の平等を基礎として次のことを確保する．
 (a) 婚姻をする同一の権利
 (b) 自由に配偶者を選択し及び自由かつ完全な合意のみにより婚姻をする同一の権利
 (c) 婚姻中及び婚姻の解消の際の同一の権利及び責任
 (d) 子に関する事項についての親（婚姻をしているかいないかを問わない．）としての同一の権利及び責任．あらゆる場合において，子の利益は至上である．
 (e) 子の数及び出産の間隔を自由にかつ責任をもって決定する同一の権利並びにこれらの権利の行使を可能にする情報，教育及び手段を享受する同一の権利
 (f) 子の後見及び養子縁組又は国内法令にこれらに類する制度が存在する場合にはその制度に係る同一の権利及び責任．あらゆる場合において，子の利益は至上である．
 (g) 夫及び妻の同一の個人的権利（姓及び職業を選択する権利を含む．）
 (h) 無償であるか有償であるかを問わず，財産を所有し，取得し，運用し，管理し，

利用し及び処分することに関する配偶者双方の同一の権利
2 児童の婚約及び婚姻は、法的効果を有しないものとし、また、婚姻最低年齢を定め及び公の登録所への婚姻の登録を義務付けるためのすべての必要な措置(立法を含む.)がとられなければならない.

(2) 各国憲法における家族規定

世界の憲法をA社会主義国型、B先進資本主義国型、C発展途上国型に分類する場合、類型ごとに家族規定の特徴を見出すことができる.

1) 憲法の3類型と家族規定

A 社会主義国型憲法(および旧社会主義国憲法)

社会主義国では、国家による家族の保護と一定の義務の強制をすることが特徴である. 旧ソ連や中国の憲法ではこの傾向が顕著である. 例えば、中国では人口抑制のために1979年から一人っ子政策が採用されてきたが、女性差別撤廃条約第16条やリプロダクティブ・ライツの観点からすれば条約違反の疑いも生じるところである. しかし下記①のように中華人民共和国憲法(1982年制定、2004年最終改正)では、憲法自体に計画出産を実行する義務が定められており、権利より国家の人口政策に協力する国民の義務が優先されている.

① 中華人民共和国憲法(2004年最終改正)
第49条 1 婚姻、家族、母親および児童は、国の保護を受ける.
2 夫婦は、ともに計画出産を実行する義務を負う.
3 父母は未成年の子女を扶養・教育する義務を負い、成年の子女は父母を扶養・扶助する義務を負う.
4 婚姻の自由に対する侵害を禁止し、高齢者、女性および児童の虐待を禁止する. (初宿・辻村編『新解説 世界憲法集(第4版)』[鈴木賢執筆])

② ベトナム社会主義共和国憲法(2013年)
第36条 1 男性と女性は、結婚し、離婚する権利を有する. 婚姻は、自由意思、進歩、

Ⅵ 現代憲法下の人権保障(2)

一夫一婦，夫婦平等，相互尊重の原則に従ってなされる．
2 国家は，婚姻及び家族を保護し，母と子の権利利益を保護する．
第37条 1 国家，家族及び社会は，子供を保護し，世話をし，教育をする；子供についての諸問題について参加する．侵害，せっかん，虐待，放置，濫用，労働力の搾取及び子供の権利に反するその他の諸行為は厳禁する．
2 国家，家族及び社会は，成人が学習し，労働し，娯楽をし，体力や知恵を発展させ，道徳や民族の伝統，市民意識を育む条件を創出する；労働創造事業及び祖国防衛における先駆者となる．
3 国家，家族及び社会は，高齢者を尊重し，世話をし，祖国の建設と防衛事業において役割を発揮させる．（外務省仮訳，2013年による）

B 先進資本主義国（社会国家）型憲法

先進資本主義国では，1919年のワイマール憲法で社会権を定めて以来，社会国家理念を反映した諸規定を置いてきた（ワイマール憲法第119条では，「1 婚姻は，家庭生活および民族の維持・増殖の基礎として，憲法の特別の保護を受ける．婚姻は，両性の同権を基礎とする．2 家族の清潔を保持し，これを健全にし，これを社会的に助成することは，国家および市町村の任務である．子どもの多い家庭は，それにふさわしい扶助を請求する権利を有する．3 母性は，国家の保護と配慮とを求める権利を有する」と定めた．訳文は，樋口陽一・吉田善明編『解説 世界憲法集（第4版）』247頁〔初宿正典訳〕による）．第2次大戦後は，フランス（1946年），イタリア（1947年），ドイツ（1949年），日本（1946年）で制定されたいわゆる社会国家の憲法に，家族規定が盛り込まれた．これらの憲法では，家族の国家保護自体を明記するよりも，婚姻の自由とならんで母性の保護や社会権的諸権利の保護を重視するなど自由主義的契機と社会国家的契機を調整したものである．20世紀型の先進資本主義国型憲法では，主に社会権の保障という観点から家族や子どもの保護を定めるが，社会主義国型憲法のように国家の家族保護・国民の統制と義務の強制を直接的に目指すものでないことがわかる．また，個人の性的指向（sexual orientation）を重視する立場から家族形成権などが憲法上でも保障される傾向があり，アメリカなどで同性婚を認める最高裁判決などが下されている（本書133頁参照）．

2 現代家族の憲法規定

① フランス第4共和制憲法前文(1946年制定)抄

　フランス人民は,さらに,現代にとくに必要なものとして,以下の政治的,経済的,および社会的諸原理を宣言する.法律は,女性に対して,すべての領域において男性のそれと平等な諸権利を保障する.……国(Nation)は,個人および家族に対して,それらの発展に必要な要件を確保する.

　国は,すべての人に対して,とりわけ子ども,母親,および高齢の労働者に対して,健康の保護,物質的な安全,休息および余暇を保障する.その年齢,肉体的または精神的状態,経済的状態のために労働できない人はすべて,生存にふさわしい手段を公共体から受け取る権利をもつ.(初宿・辻村編『新解説 世界憲法集(第4版)』〔辻村訳〕による)

② ドイツ連邦共和国基本法(1949年制定,1990年統一条約を経て,2014年第60回改正)

第6条　1　婚姻および家族は,国家秩序の特別の保護を受ける.
2　子どもの育成および教育は,両親の自然的権利であり,かつ,何よりもまず両親に課せられている義務である.この義務の実行については,国家共同体がこれを監視する.
3　子どもは,親権者に故障がある場合または子どもがその他の理由から放置されるおそれのある場合には,法律の根拠に基づいてのみ,親権者の意思に反して,家族から引き離すことが許される.
4　すべての母は,共同社会の保護と配慮とを請求することができる.
5　嫡出でない子に対しては,法律制定によって,肉体的および精神的成長について,ならびに社会におけるその地位について,嫡出子に対すると同様の条件が作られなければならない.(初宿・辻村編『新解説 世界憲法集(第4版)』〔初宿正典訳〕による)

③ イタリア共和国憲法(1947年制定,2012年第16回改正)

第29条　1　共和国は,婚姻に基づく自然的な共同社会としての家族の権利を承認する.
2　婚姻は,家族の一体性を保障するために法律が定める制限の下に,両配偶者間の道徳的および法的な平等に基づき,これを規整する.
第30条　1　子どもを養育し,訓育し,教育することは,その子どもが婚姻外で生まれたものであっても,両親の義務であり,権利である.
2　両親が無能力の場合に両親の責務が果たされるような措置は,法律でこれを定める.
3　婚姻外で生まれた子どもに対しては,法律により,法律婚による家族の構成員の諸

権利と両立するあらゆる法的保護および社会的保護を保障する.
4 父の捜索に関する規範および制限は,法律でこれを定める.
第31条 1 共和国は,家族の形成および家族に関連する責務の履行に対し,大家族に配慮しつつ,経済的措置その他の方策により優遇措置をとる.
2 共和国は,母性,児童および青年を保護し,この目的のために必要な施設に対し助成を行う.(初宿・辻村編『新解説 世界憲法集(第4版)』〔田近肇訳〕による)

C 非西欧型・発展途上国型憲法

いわゆる発展途上国型の憲法は,アジア,アフリカなどの地域性,旧植民地の場合の宗主国の憲法類型,憲法制定時期などの関係で多様な内容をもっている.

① インド憲法(1949年制定,2016年第101回改正)

世界最長の395カ条の憲法を擁するインド共和国では,カーストや性別による差別を禁止し,女子及び子どもに対する特別規定を容認している(第15条第3項).

第42条 国は,正当で人間らしい労働条件を保障し,母性を保護するための規定を設けなければならない.
第47条 国は,国民の栄養水準および生活水準の向上ならびに公衆衛生の改善を第一次的な義務とみなさなければならず,とくに,医療上の目的を除き,健康に害のある酒類または麻薬物の使用を禁止することに努めなければならない.(阿部照哉・畑博行編『世界の憲法集(第4版)』〔孝忠延夫訳〕参照)

② フィリピン憲法(1987年)

他方,1987年制定のフィリピン憲法では,第2条に,貧困からの解放のための生活改善,個人の尊厳,青少年の重要性を定めるほか,家族における青少年育成機能と母性保護を重視している.

第2条 12節 国は家族生活の絆を神聖なものとして認め,家族を社会制度の基本的かつ自発的単位として保護強化する.妊娠出産における母胎と胎児には平等の保護が与えられる.青少年の育成および徳育に関する両親の自然的本来的権利義務は,国家政府により支持される.

14節　女性が国家建設において果たす役割は十分認識されなければならない．また，法のもとにおける男女の基本的平等が保障される．
第15条　1節　家族は国家の基礎である．国は，家族の発展を強化し，発展策を講じる．
2節　婚姻は，不可侵の社会制度であり，家族の基礎をなすものとして，国により保護される．
3節　国は以下の権利を保障する．
　1　宗教的信条にしたがい，親としての責任をもって，家族を形成する夫婦の権利を保障する．
　2　適切な保護と養育，および，一切の遺棄，虐待，残虐行為，搾取，その他発育を妨げる諸条件からの特別の保護等の援助に対する子どもの権利．
　3　家族生活賃金および収入に対する家族の権利．
　4　家族および家族の連合が，利害を有する政策および計画に参加する権利．
4節　家族は老人を介護しなければならない．但し国も社会福祉計画によって適切な老人福祉を行う．（阿部照哉・畑博行編『世界の憲法集（第4版）』〔中川剛・中川丈久訳〕参照）

(3)　家族の国家保護の諸類型

　以上の比較検討からは，同じく家族の国家保護を規定する場合でも，A 社会主義国型憲法の場合には社会・経済政策や人口政策的な観点からの国家による統制の面が強く，Cの発展途上国型憲法の場合には貧困からの解放や自由意思に基づく婚姻，女性・子どもの保護が重視されるなど，それぞれ目的や態様が異なることがわかる．
　これに対して，Bの先進資本主義型憲法の場合には，社会国家理念に基づいて社会福祉の観点から家族の保護を定めると同時に，個人の婚姻の自由や家族形成権，プライバシー，配偶者間の平等が強調され，個人主義原理が基調となっている．なお最近の憲法改正論議で言及されている共同体的発想（とくに2004年自民党憲法調査会憲法改正プロジェクトチーム「論点整理」による，憲法24条は「家族や共同体の価値を重視する観点から見直しすべきである」という提案）は，新たな視点からの共同体的家族モデルに適合的なものではなく，むしろ国家主義的家族モデルのカモフラージュ版であることには注意が必要であろう（辻村『憲

法と家族』59頁以下,325頁参照).昨今の議論は,実際には,リベラリズムに対抗する共和主義・共同体主義を基礎とするものであるというよりは,むしろ,日本国憲法制定過程に提起された種々の家族モデル(天皇制家父長家族,国家保護のもとにある血族的共同体家族など)のなかの,旧来の血族的共同体論に近いものと解することができる.さらに,昨今の少年事件の増加や家庭崩壊の現象について,女性の社会的進出や男女共同参画推進に原因があると解する立場からの家族保護論・国家主義的家族論には,ジェンダー平等の意義についての理解不足が見受けられる.

3 社会権——第2世代の人権

(1) 生存権

日本国憲法第25条第1項は,「すべて国民は,健康で文化的な最低限度の生活を営む権利を有する」と定め,生存権を規定した.このような社会権規定は,すべての人間の形式的平等を保障した近代人権原理の弊害を修正し,実質的平等を確保するために導入された現代的規定である.しかし,日本の憲法学では,生存権など社会権の法的性格については,国に政治的・道義的義務を課したにとどまりプログラムにすぎないとして法的権利性を否定するプログラム規定説と,法的な権利であるとする法的権利説が対立してきた.今日では,法的権利性が認められるとしても,具体的な法律の実現をまってはじめて保障される抽象的な権利にすぎないとする抽象的権利説が通説の位置を占めている.

(a) ドイツ

このような法的性格論議は,ドイツのワイマール憲法で社会権が導入されたときにも存在した.1919年のワイマール憲法は,すべてのドイツ人に「経済的労働によってその生活の糧を得る機会」や「必要な生計のための配慮」を保障し(第163条),労働条件改善のための団結の自由や労使の共同決定権(第159条)等を保障した.しかし,当時は,「経済生活の秩序は,すべての人に,人たるに値する生存を保障することをめざす正義の諸原理に適合するものでなけれ

ばならない」(第151条)とする生存権規定を含めて，社会・経済的規定は，判例・通説によってプログラム規定と解され，憲法上の社会権が実効的に保障されたわけではなかった．

これに対して，現行のドイツ連邦共和国基本法では，第20条で「ドイツ連邦共和国は，民主的かつ社会的共和国である」と定め，第28条で「ラントにおける憲法的秩序は，……共和制的・民主的および社会的な法治国家の諸原則に一致しなければならない」として，社会国家の理念を表明するにとどめた．生存権の規定も置かず，第12条で強制労働の禁止を明示したにすぎない．

但し実際には，連邦憲法裁判所は，国家に対して保護を義務づけており，個人に対して，保護を求める権利をさまざまな形で保障してきた．例えば，基本法第2条第2項第1段は「各人は，生命への権利および身体を害されない権利を有する」と定める．判例は，この規定を根拠に，人間の生命・健康が脅かされているときに国家の保護を求める権利および国家の基本権保護義務を認めてきた．その中には，人工妊娠中絶や，テロによる脅迫に際して生命を護るための保護義務や，原子力・電磁波等の危険からの保護義務などが含まれる．また，政策上も，社会国家理念のもとで福祉国家政策が積極的に遂行されてきた．

(b) フランス

一方，フランスでは，1946年憲法前文に，数多くの社会権規定を置いた．「国は，個人および家族に対して，それらの発達に必要な条件を確保する」，「国は，すべての人に対して，とりわけ子ども，母親，高齢の労働者に対して，健康の保護，物質的な安全，休息および余暇を保障する．その年齢，肉体的または精神的状態，経済的状態のために労働できない人はすべて，生存にふさわしい手段を公共体から受け取る権利をもつ」として，生存権に基づく生活保障受給権や，国の義務を定めた．

現行の1958年憲法は，他の人権規定と同様，社会権規定も置いていないが，前文で，「1946年憲法前文で確認され補充された，1789年人権宣言で定められた，人権と国民主権の原理に対する愛着を厳粛に宣言する」という文言を介在させて，上記のような社会権規定に憲法規範性を認めている．さらに，フランスは社会的な共和国であるという第1条の規定をうけて，充実した社会保障制

度を構築している．例えば，1991年の都市基本法や1994年の住居法では，「住宅をもつ権利(住宅への権利, droit au logement)」という観念を確立しており，憲法院の1995年1月19日判決(n° 94-359 DC)も，「しかるべき住宅を利用する権利」として，この権利を認めている(フランス憲法判例研究会編『フランスの憲法判例』234頁以下〔丹羽徹執筆〕参照)．

また，1996年2月22日の憲法改正によって，危機的な社会保障財政を再建するための社会保障財政法律制度が導入された．これによって，社会保障関係の法改正等に憲法院が関与する範囲が拡大された．実際に，1997年12月18日の判決は，家族手当の普遍的な性格を認め，翌年12月18日判決(n° 97-393 DC)は医療費抑制に関する法律について審査を行った．

(c) アメリカ，イギリス

アメリカでは，合衆国憲法の修正条項に掲げられた規定は，自由権が中心であり，社会権規定は存在しない．しかし実際には，法律によって社会保障が拡充されてきた．とくに，20世紀のニュー・ディール期に社会保障制度や労働法制が樹立され，南北戦争後に確立された第14修正の平等保護原則と手続的デュー・プロセスによって，差別禁止という形で保障が拡大されてきた．1935年のワグナー法(全国労働関係法)や1964年の公民権法第7編(雇用差別禁止法)は，世界的にも進んだ法制度を生み出した．

また，憲法規定が存在しないイギリスでも，1601年の救貧法以来の伝統のもとで，1945年の家族手当法・国民健康法，1948年の国民扶助法などが制定され，社会保障政策が遂行されてきた．1990年代以降は，新自由主義のもとで福祉軽減政策をとった保守党政権から労働党政権に移行したこともあって，社会保障も一段と強化された．

(d) 北欧諸国

以上の諸国のほか，手厚い社会保障を制度化してきたのは，北欧諸国である．デンマークの現行憲法(1953年憲法)は，第75条で生活の扶助を受ける権利を保障している．もっとも，公共の福祉を増進するため，労働可能なすべての市民に対して，その生存を確保しうる条件で職を与えるよう努力しなければなら

ないとして，国家の努力義務を示すにとどまり，請求権が明示されているわけではない．また，福祉先進国としてのスウェーデンでも，現行憲法(1974年制定，1994年改正の基本法)上で生存権等を規定しているわけではなく，第17条に，労働組合のストライキ権等が明示されているのみである．

このように，社会保障が日本よりも充実しているアメリカ，イギリス，ドイツ，フランス，北欧諸国では，社会権や社会保障を明文で定めた現行憲法をもっていない．これに対して，日本では憲法上に生存権規定をもっているにもかかわらず，その権利の性格を抽象的権利と解するにとどまっており，法的な請求権として十分に確立しきれていないのが実情である．また，実際の保障措置についても，第25条に関する主要判例である朝日訴訟(最大判1967〈昭和42〉年5月24日，民集21巻5号1043頁)や堀木訴訟(最大判1982〈昭和57〉年7月7日，民集36巻7号1235頁)の最高裁判決が示すとおり十分ではなく，社会権関係の憲法訴訟も萎縮している現状がある．

(2) 労働権

1) 労働権の意義と展開

19世紀から20世紀にかけて資本主義が展開するなかで，長時間労働や低賃金などの過酷な労働条件が社会問題化した．そこで社会・経済的弱者としての労働者を保護するために，社会権としての労働権が闘いとられてきた．

フランスでは，1791年のル・シャプリエ法によって，同業組合(コルポラシオン)や一時的団結(コアリシオン)が禁止されて以来，労働者の団結権やストライキ権(同盟罷業権)が否定されてきた．1848年2月革命時に「国営作業場」が設置されて労働の機会が提供され，1848年憲法草案で労働権が規定されたが，採択された憲法には労働権は明記されなかった．その後，産業資本主義の発展に呼応して，労働者の団結の要請が高まり，1864年にル・シャプリエ法が廃止された．これによって団結の自由が認められ，ストライキが刑事罰から解放された．さらに，1946年の第4共和制憲法前文で，「何人も，組合活動によってその権利及び利益を擁護し，かつ，自己の選択する組合に加入することができる」，「同盟罷業権はそれを規律する法律の範囲内で行使される」，「すべての

Ⅵ 現代憲法下の人権保障(2)

労働者は，その代表者を介して，労働条件の団体的決定ならびに企業の管理に参加する」と明示的に労働権が保障された．現行第5共和制憲法下でも，同憲法前文が1946年憲法前文を援用することによって，労働権は憲法上の権利として保障されている．実際，公共交通をはじめストライキは日常茶飯事であり，公務員についても規制は厳しくない．労働法では，賃金保障(最低賃金保障と同一労働同一賃金)，労働時間，休暇保障，家庭生活との両立保障等が定められている．

現在では，フランス，ドイツをはじめ，欧州連合加盟のヨーロッパ諸国では，EC/EUの指令を基調とするEU労働法ともいうべき法規範のもとで，社会権実現のための先進的な政策が実施されている．例えば，ローマ条約の男女同一賃金原則以来，男女均等待遇指令(1976年)やポジティブ・アクションの促進に関する勧告(1984年)など，男女均等法制については，著しい展開が認められる．

アメリカでは，前記公民権法第7編による貢献が大きい．とくに雇用差別禁止の点では，マイノリティや女性に対するアファーマティブ・アクションが注目されてきた．また，労使関係については，前記ワグナー法(全国労働関係法)の制定と改正以降，使用者の不当労働行為を禁止し，被用者の権利を保護する制度と手続が完備された(中窪裕也『アメリカ労働法』26頁以下参照)．

日本の労働権規定

日本でも，戦前の劣悪な労働条件をも考慮して，1946年のマッカーサー草案で勤労権が明示された．日本国憲法制定過程では，衆議院での審議中に勤労の義務が追加修正され，勤労の権利・義務に関する憲法第27条と労働基本権に関する第28条が成立した．第27条が定める勤労の権利の内容については，「労働の意思と能力をもつ者が，私企業等で就業しえないときに，国家に対して労働の機会の提供を要求し，それが不可能なときには相当の生活費の支払を請求する権利」(限定的労働権)と解するのが通説である．また勤労の義務は，一般に，限定的な法的効力のみ(勤労の能力・機会があるにもかかわらず勤労しない者に対して，生存権・労働権の保障を与えない)を認めるものと解されている．

労働基本権は，その主体が労働者に限定される点で，厳密な意味での人権(すべての個人の権利)とは異なる．この権利の保障は，国家権力に対しては刑罰

を科せられないという刑事免責，使用者に対しては解雇や損害賠償などの民事上の責任が免除されるという民事免責，さらに，国家によって労働基本権を実現するために行政的な救済を受ける権利の側面を含んでいる．

なお，日本の労働実態については，これを示す種々の統計が存在するが，労働時間の長さが(サービス残業や過労死につながる点で)問題となる．日本の総実労働時間(1人当たり年間平均)は，1989年度には年間2159時間で西欧諸国に比べて相当に長かったが，以後しだいに減少し，1999年度には1942時間，2008年度には1772時間になり，2015年には1719時間になった．それでもこの2015年の数値は，ドイツ(1371時間)，フランス(1482時間)，スウェーデン(1612時間)，イギリス(1674時間)等と比較するとなお長時間であることがわかる(労働政策研究・研修機構『データブック国際労働比較2017』201頁参照．女性の労働については，辻村『概説 ジェンダーと法(第2版)』81頁以下参照)．

2) 公務員の労働基本権——制限法制と判例の展開

日本国憲法第28条は，勤労者の団結権・団体交渉権・団体行動権(争議権)という，いわゆる労働三権を保障する．団結権は，労働条件の維持・改善を目的として使用者と対等の立場で交渉するために労働組合等を結成する権利である．団体交渉権は，労働者の団体が，労働条件について使用者と対等の立場で交渉する権利であり，交渉の結果，労働協約を締結することも含まれる．団体行動権は，労働者の団体が労働条件の実現を図るために団体行動を行う権利であり，その中心が争議権である．具体的手段としては，ストライキや怠業，ピケッティングなどの行動があり，正当な行為の範囲が問題となる．

日本国憲法第28条は労働基本権の主体から公務員を除外していないが，マッカーサー書簡に基づく政令201号は，すべての公務員の争議権と団体交渉権を禁止した．これに基づいて諸法制が整備され，争議行為は全面一律に禁止され，違反者に対して刑罰等の制裁が科せられてきた．現行法上，警察職員・消防職員・刑事施設職員・自衛隊員・海上保安庁職員は，国家公務員法・自衛隊法等によって，団結権・団体交渉権・団体行動権の三権とも禁止されている．非現業公務員・地方公務員は，国家公務員法・地方公務員法によって，団体交渉権の制限と争議権の禁止が定められている．1982年以降，国鉄・電電公社・

専売公社の民営化が実施され,国営企業体(1986年に公共企業体から改称.郵政・印刷・造幣・林野の4現業が含まれる)職員と特定独立行政法人の職員,さらに現業の地方公務員の争議権が禁止された(2001年4月に,国営企業体等労働関係調整法が改正され,前2者について「国営企業及び特定独立行政法人の労働関係に関する法律」が規制).このような官公労働者の労働基本権の制限,とりわけ争議行為の一律全面禁止に対しては,官公労働者自身による「スト権スト」などの争議行為がくり返され,現行法制の合憲性が争われてきた.

この問題をめぐる最高裁判例の変遷は,次の3期に区分できる.第1期には,1953年の政令201号事件判決などの「公共の福祉」論・「全体の奉仕者」論によって,安易に合憲性が認定された.続く第2期は,1966〈昭和41〉年10月26日全逓東京中郵事件大法廷判決(刑集20巻8号901頁)や,1969〈昭和44〉年4月2日都教組事件判決(刑集23巻5号305頁)を中心とする.この時期には,公務員の労働基本権の制約が必要最小限であることを原則として,刑罰の謙抑主義・違法性相対論が採用され,刑事罰や懲戒罰からの解放がめざされた.ところが,1973〈昭和48〉年4月25日全農林警職法事件判決(刑集27巻4号547頁)以後の第3期の判例は,第2期の判例理論を否定し,新たに「国民全体の共同利益」論や勤務条件法定主義=議会制民主主義論を論拠として,労働基本権制約を合憲と解する理論を展開した.1977〈昭和52〉年5月4日全逓名古屋中郵事件大法廷判決(刑集31巻3号182頁)でも,「公務員の地位の特殊性」や「職務の中立性」を根拠として争議行為全面一律禁止が正当化され,公務員の労働基本権制約が,判例上定着した.

諸国の法制

以上のような日本の労働基本権の制約は,ILO 87号条約が,公務員を含む労働者の権利を認めていること,とくに,警察と軍隊の構成員をのぞいて,団結権を保障していることと抵触するため,国際機関からの勧告を受けている.

これに対して,オーストリア,デンマーク,フィンランド,ドイツ,ルクセンブルク,ノルウェー,スウェーデンでは,軍隊についても一定の団結権が認められている.警察についても20ヵ国以上が団結権を認めており,消防職員の団結権制約は,日本以外に例がないとされている(吾郷眞一『国際労働基準法』

58頁参照).ストライキ権については,多くの国で制限をしているが,日本のように「公務員であるからというのみで,無制限にストライキ権を認めない法制は,条約に定める組合の自由原則に反する」(同書63頁)という指摘もある.

例えば,フランスでも,1864年法がストライキについて刑事罰を廃止し1946年憲法前文が一般的保障を与えたのち,1963年法によって,官公労働者の一定の争議行為を禁止した.しかし,原則は合法で,制約は例外であるという枠組みが維持されており,特別法でストライキ権が認められていないのは,軍人・警察職員・刑事施設職員・裁判官など数種類にとどまっている.その他の場合は,抜打ちストや波状ストを回避するための予告義務などが法定されており,憲法院の1979年7月25日判決(n° 79-105 DC)でも「公役務の継続性」等の原則が明示されている.

イギリスでも,公務員のストライキを禁止する法律はなく,一般にはそれは違法ではないと解されている.従来のエスタコード(国家公務員管理便覧)には争議行為が懲戒の対象になることが記載されていたが,実際には懲戒処分は行われず,職員が自己の給与および勤務条件に関連してストライキを行った場合には懲戒手続はとられていない,とされる(外国公務員制度研究会編『欧米国家公務員制度の概要』175頁参照).

VII
現代憲法下の人権保障(3)
―新しい人権

1　プライバシー権の展開

　日本国憲法第13条では,「すべて国民は,個人として尊重される」という個人主義の原則に続いて,「生命,自由及び幸福追求に対する国民の権利については,公共の福祉に反しない限り,立法その他の国政の上で,最大の尊重を必要とする」として,アメリカ独立宣言にならって,幸福追求権を保障した.

　日本の学説は,これを個人の人格的生存に不可欠な権利・自由を包括する包括的権利であると解している.このような通説の中心である佐藤幸治説によれば,幸福追求権の射程には,精神的自由権・経済的自由権・身体的自由権のほかに,①人格価値そのものにまつわる権利,②人格的自律権(自己決定権),③適正な手続的処遇を受ける権利,④参政権的権利などが含まれ,①には名誉権やプライバシーの権利,その他の人格価値そのものにまつわる権利が含まれるとされる(佐藤幸治『憲法(第3版)』449頁以下参照).さらに,②の狭義の自己決定権は,「公権力から干渉されずに自ら決定する権利」であり,プライバシー権と並んで,今日の幸福追求権の重要な内容を構成する.このような見解は人格的生存に不可欠な権利であることを要素とするため,人格的利益説ないし人格的自律説と称される.

　これに対して,人格的自律のような要件を必要とせずに,あらゆる生活活動領域に関して「一般的な行動の自由」があると解する立場が,いわゆる一般的自由説である.ここではすべて「一応の自由」として権利性を認めたうえで制約を課すことになる.今日では,いずれの見解によっても,上記のプライバシー権等の新しい人権は,憲法第13条によって保障されると解されている.

VII 現代憲法下の人権保障(3)

(1) アメリカ――プライバシーの権利

プライバシーの権利は，アメリカの学説・判例のなかで理論化されてきた．最初は，南北戦争後の合衆国憲法第14修正によるデュー・プロセス原則の確立によって保障された「契約の自由」に関する諸判決のなかで，不法行為法上の観念として登場した．学説では，1890年代に，『ハーヴァード・ローレヴュー』に掲載されたウォーレンとブランダイスの「プライバシーの権利」という論文(S. D. Warren and L. D. Brandeis, The Right to Privacy, Harvard Law Review, vol. 4, no. 5, 1890, p. 193)で，「ひとりで放っておいてもらう権利(the right to be let alone)」として理論化された．

判例では，合衆国最高裁判所が，1965年のグリスウォルド事件判決(Griswold v. Conneticut, 381 U. S. 479, 1965)で，プライバシー権の存在を確認した．それは，避妊具の使用と販売を禁じた州法を違憲とし，第1・3・4・5・9修正などの憲法規定のペナンブラ(penumbras，半影部分)として，(夫婦の寝室における問題について)プライバシーの権利が含まれるとした．ここではその内容は「ひとりで放っておいてもらう権利」であると解されていた．また，スタンレー判決(Stanley v. Geogia, 394 U. S. 557, 1969)，ローワン判決(Rowan v. Post Office, 397 U. S. 728, 1970)などでもこの観念および心の静穏や自己情報の管理という観点からのプライバシー権の定義を示した．

その後，異人種間の婚姻や，後述する人工妊娠中絶に関する問題についてプライバシー権論の展開が認められ，婚姻・出産・ライフスタイル，家族形成権(Moore v. City of East Cleveland, 431 U. S. 494, 1977)や性行為の自由にも拡大された．同性愛行為(ソドミー)処罰の合憲性が問題となったバウワーズ判決(Bowers v. Hardwick, 478 U. S. 186, 1986)では，ホワイト判事はプライバシー権の保障に一線を画したが，ローレンス判決(Lawrence v. Texas, 539 U. S. 558, 2003)はこれを覆してソドミーを禁止するテキサス州法を違憲とした．

同性婚については，1993年のハワイ州ベーハー判決が初めて支持し，2004年にマサチューセッツ州が初めて同性婚を合法化して以来，これを合法とする州が増大した．合衆国最高裁は，ウィンザー判決(U. S. v. Windsor, 133 S. Ct.

2675, 2013)で婚姻を異性間に限定した連邦法「婚姻防衛法(DOMA)」を違憲と判断し，同性婚カップルにも税控除などで男女間の婚姻と同等の権利を認めた．さらに同性婚を禁じたオハイオ，ミシガン，ケンタッキー，テネシーの4州の州法の合憲性が問われたところ，2015年6月26日のオーバーグフェル事件判決で，同性婚の権利は男女の結婚と同様，法の下の平等をうたう合衆国憲法によって保障されており，同性婚を禁止する州法は違憲に当たると判断した．(判決は5対4で，中道派のケネディ判事が同性婚支持に回ったことにより)全米で同性婚を容認する歴史的判決となった(Obergefell v. Hodges, 135 S. Ct. 2584, 2015)(本書4頁，195頁参照)．

他方，1990年代に「死ぬ権利」が問題となり，クルーザン判決(Cruzan v. Director, Missouri Department of Health, 497 U. S. 261, 1990)などを経て，生命・身体の処分権の問題もこれに含まれることになった(リプロダクションについては次節参照)．

日本の学説でも，以上のようなアメリカでの理論展開の影響が認められる．すなわち，私生活上の静穏のプライバシーから，(ライフスタイルの自己決定などの)人格のプライバシーへ，そして，情報化社会のもとでの情報プライバシーへと概念が拡大・発展し，今日では，「自己に関する情報を自らコントロールする権利」という捉え方が有力となっている(辻村『憲法(第5版)』144頁以下参照)．

(2) フランス──私生活尊重権

アメリカや日本でプライバシー権として展開されてきた権利は，フランスなどのヨーロッパ諸国では，私生活の権利として捉えられてきた．

フランスでは，1868年の出版に関する法律で私生活上の事実の公開に対する罰則が定められ，マス・メディアや私人による侵害から私生活の保護が保障された．したがってアメリカよりも古くからプライバシー権が保障されていたことになる．もっとも，フランスでは，民法第1328条の損害賠償責任，および1970年の人権強化法に基づいて同年に新設された民法第9条の「各人は，私生活の尊重に関する権利を有する」という規定をめぐって議論され，破毀院

判決のなかで，私生活尊重権(le droit au respect de la vie privée)が確立された．

また，欧州人権条約第8条が「すべての人は，私生活と家族生活尊重の権利……をもつ」と定めたことを受けて，①私生活の秘密・平穏，②住居の不可侵，③私生活の自由な決定などの諸局面での保護法制が進展した．このうち①には，信書の秘密や，親密な関係の非公開，肖像権などが含まれるが，情報のプライバシー権に関する保護が特に問題となった．フランス憲法院は，1995年1月18日の判決(n° 94-352 DC)で，公道等へのビデオカメラ設置に関連して，はじめて明確にプライバシー権侵害の問題を認めた．従来は1977年の車両検問に関する判決等でもこの権利を明らかにすることはなかったのに対して，1995年判決では，プライバシーの尊重が，憲法規範的価値をもつことを認めた点で注目された．また，①②との関係では，犯罪捜査等による介入や通信傍受法が問題になった(皆川治廣『プライバシー権の保護と限界論』19頁以下参照)．③は，家族形成やリプロダクションの自己決定に関するものである．家族形成権についてはすでにふれたが，1999年に同性を含む成人2人以上の共同生活を認めるパクス(民事連帯契約)法が成立し，2013年に同性婚法も成立しただけでなく，同性の両親による親権行使(homoparentalité)も認められることになった．

2 自己決定権とリプロダクティブ・ライツ

(1) リプロダクティブ・ライツの展開と課題

1960年代後半からの第2波フェミニズムによって，人工妊娠中絶等に関する女性の自己決定権が強く主張された．1979年の女性差別撤廃条約では，「締約国は，……男女の平等を基礎として……子の数および出産の間隔を自由にかつ責任をもって決定する同一の権利，ならびにこれらの権利の行使を可能にする情報，教育および手段を享受する同一の権利を確保する」(16条1項e)と定めて子の数等の決定における男女同権が保障された．

また，発展途上国における人口増加に対する人口政策の必要や，欧米での優生学にもとづく人口政策に対する女性の反発などを背景に，生殖と人口政策の問題が世界の環境や開発との関連で論じられるようになった．

このような女性の自己決定権論の高まりと人口問題の深刻化という2つの歴史的な流れを背景に，1992年の国連環境開発会議(リオデジャネイロ会議)で「子の数と出産の間隔を決定する権利」が明確にされ，1994年の国際人口開発会議(ICPD，カイロ会議)の成果としてのカイロ宣言・行動計画では，生殖に関する自己決定権がリプロダクションの権利(リプロダクティブ・ライツ)として明確な定義を与えられることになった(「リプロダクティブ・ライツは，国内法，人権に関する国際文書，ならびに国連で合意したその他の関連文書ですでに認められた人権の一部をなす．これらの権利は，すべてのカップルと個人が，自分たちの子どもの数，出産間隔，ならびに出産する時を，責任をもって自由に決定でき，そのための情報と手段を得ることができるという基本的権利，ならびに最高水準の性に関する健康およびリプロダクティブ・ヘルスを得る権利を認めることにより成立している．その権利には，人権文書に述べられているように，差別，強制，暴力を受けることなく，生殖に関する決定を行える権利も含まれる」とされた)．

この定義が，1995年の北京行動綱領でも再度確認され(「女性の人権には，強制，差別及び暴行のない性に関する健康及びリプロダクティブ・ヘルスを含む，自らのセクシュアリティーに関する事柄を管理し，それらについて自由かつ責任ある決定を行う権利が含まれる」〔96パラグラフ前段〕)，「性と生殖に関する権利」を「女性の人権」として確立した．但し「個人やカップル」が決定権や選択権の主体とされており，中絶か出産かの決定に際して女性本人の意思のみで足りるか，相手方男性(夫など)の同意を要するか，については明らかではない．

(2) 人工妊娠中絶と自己決定権——「産まない権利」

広義の人工生殖の概念には，避妊や人工妊娠中絶，そして，医学的に援助された妊娠(生殖補助医療)が含まれる．このうち人工妊娠中絶とは，胎児が母体外で生命を維持できない時期に人工的に胎児を母体外に排出する行為をさすが，これを含めて，自然の分娩期に先立って人為的に胎児を母体外に排出する「堕胎」が各国の刑法で犯罪とされてきた．ところが，1960年代から1970年代の第2波フェミニズムの影響下に女性の権利意識が高まり人工妊娠中絶合法化の動きが強まった．適応規制型(合法的に人工妊娠中絶できる適応を限定した型)のイ

ギリス1967年妊娠中絶法や，期限規制型(妊娠初期一定期間内の人工妊娠中絶を合法化する型)のフランス1975年法などが制定された．

1) アメリカにおける判例理論の展開

アメリカでは，避妊の自由がプライバシー権として保障されることを合衆国最高裁がグリスワルド(Griswold)判決(1965年)で認めて以来，避妊の権利や女性の負担を回避する法的利益が確立された．その後，女性の人工妊娠中絶決定権を認めてテキサス州の堕胎罪規定を違憲とした1973年の合衆国(連邦)最高裁判所ロウ判決(Roe v. Wade, 410 U. S. 113, 1973)，から，規制強化の契機となった1989年のウェブスター判決(Webster v. Reproductive Health Service, 492 U. S. 490, 1989)をへて1992年のケイシー判決(Planned Parenthood of Southeastern Pennsylvania v. Casey, 112 S. Ct. 2791, 1992)へと展開した．

ロウ判決では，婚姻，生殖，避妊，家族関係，子の養育・教育に関する権利のほか，妊娠を人工的に中絶するか否かを決定する権利が憲法上のプライバシー権に含まれることを明らかにし，その権利は母体の健康と胎児の生命の保持という州の利益による制約に服するとした．そして州の「やむにやまれぬ利益」を基準として，州の規制は妊娠の3半期の第1期までは認められず，胎児の母体外生存可能時以降は原則として可能であると判断して，当該州法を修正14条のデュー・プロセス条項に違反すると結論した．

しかしロウ判決を基本的に踏襲したウェブスター判決では，「人間の生命は受胎に始まる」とするミズーリ州法を違憲とせず，3期区分を前提としなかった．そして，妊娠20週以後には生存可能性の検査を義務づけ，公立病院での非治療的中絶を禁止して事実上中絶を困難にする州法の規定を合憲とした．社会的に中絶規制要求が強まるなかで下されたケイシー判決では，ロウ判決を維持することを宣明する一方で，妊婦の同意要件や未成年の場合の親の同意要件，届出・報告要件その他に関してペンシルヴァニア州法を合憲(配偶者への通知要件のみ違憲)とした．その際，多くの論点について中絶の権利を後退させた．

その後，2000年に共和党のブッシュ大統領が選出され，中絶に反対する立場が明確にされると，規制を求める傾向が一層強くなった．2007年4月18日のゴンザレス判決(Gonzales v. Carhart et. al. 550 U. S. 124, 2007)では，妊娠後期に

胎児の一部を子宮の外に出して死亡させる中絶を禁止した連邦法(部分的分娩中絶禁止法, 2003年)の合憲性が争われたところ, 政府は胎児の生命を保護する権限があることを理由に合憲と判断した. 妊娠初期についてロウ判決が維持されると考えられるものの, アメリカでは判例理論も政策も揺らいでいる.

　2008年にオバマ大統領が選出された後は翌年からの民主党政権下で「中絶は女性の権利」として容認する立場にたって政策がすすめられてきた反面, アメリカ南部州を中心に妊娠中絶を規制する動きが強まっており, ロウ判決40周年を経てもなお, 社会を二分する対抗が続いている. アメリカでは, もともと中絶の自由をおもに私的領域の問題としてのプライバシー権の面から根拠づけてきたことに特徴があるが, 胎児の生命権との関連では, 一定期間の法規制を排除するフランスと, 生命権を重視するドイツとの対比が示唆的である.

2) フランスの人工妊娠中絶法をめぐる議論

　1972年のボビニー事件等を契機として1975年に制定された人工妊娠中絶法(ヴェイユ法)は, 妊娠10週以内に医療機関で医師によってなされる自発的意思にもとづく中絶(interruption volontaire)について堕胎罪の適用を停止した. この法律の合憲性を認めた1975年1月15日憲法院判決は, 根拠となる憲法規範として1789年人権宣言第2条の自由の原則(中絶に関する自由の保障)と1946年憲法前文(子どもと母に対する健康の保護)を掲げ, とくに後者を憲法規範としたことで注目された.

　その後, 2001年5月に新たな「人工妊娠中絶と避妊に関する法律」が制定された. この法律では, 困窮状態にある女性の場合に妊娠12週まで対象を拡大し, 未成年者の中絶についての保護者の同意要件を原則として廃止した. フランス憲法院もこれを合憲と解し, 人間の尊厳との対抗関係において相対的に女性の自由, 人工妊娠中絶決定権の優位という基調を維持した.

3) ドイツの違憲判決と胎児保護義務

　ドイツでは, フランスと対照的に, 基本法第1条第1項の「人間の尊厳」の保障と第2条第1項の生命に対する保護義務が受胎以後の胎児について認められ, 相談義務を伴う期限規制型の立法が違憲とされている(第1次堕胎判決).

1974年の旧西ドイツ第15次刑法改正に対する違憲判決に続いて，1993年5月28日連邦憲法裁判所判決は，1992年の「妊婦及び家族援護法」制定に伴う刑法改正により12週以前の中絶を「違法でない」とした新第218a条第1項を違憲・無効と判断した(第2次堕胎判決 BVerfGE 88, 2031ff.). その判決の多数意見では，未生児の生命権に対する国の保護義務を根拠として中絶を原則として禁止しうることを前提に，女性の憲法的地位は例外状況でのみ許容されうる，として女性の自己決定権を相対化した．

4) 日本の議論と課題

日本では，刑法上堕胎罪が存在し，自己堕胎でも1年以下の懲役，医師による業務上堕胎で3月以上5年以下の懲役が科せられている(212—216条). 同時に，戦後の人口増加に伴う出産調整問題が起こる中で，人口抑制政策と戦前からの優生政策の延長として1948年に優生保護法が制定された．同法は1949年と1952年に改正され，いわゆる経済条項によって，医師の判断による堕胎が可能となった．ここでは適応型規制を緩やかに解することによって，刑法の堕胎罪の規定がほとんど空文化し，22週までの人工妊娠中絶が広く許容されてきた．

1996年に優生保護法が母体保護法と改称され，優生学的目的が削除されて，不妊手術・人工妊娠中絶を定める法律に変更された．

母体保護法第1章総則第1条では「この法律は，不妊手術及び人工妊娠中絶に関する事項を定めること等により，母性の生命健康を保護することを目的とする」と定められ，優生保護法上の優生学的理由で人工妊娠中絶を認める規定(妊婦や夫が精神病や遺伝性疾患・奇形等を有している場合等には妊娠中絶が認められた)は削除された．

これらの問題は，女性の生殖に関する自己決定権として憲法13条で構成することが一般的であるが，ドイツ憲法研究の成果をもふまえて，胎児の生命権や人間の尊厳と女性の人権との関係で議論を深める必要がある．

(3) 代理出産をめぐる問題
――「子をもつ権利」「産む権利」

1) 生殖補助医療の展開

人為的に子の出生を可能にする生殖補助医療には，人工授精と体外受精が含まれる．人工授精は，男性側に原因のある不妊の治療法として，精液を直接子宮内に注入する方法であり，精子提供者によって配偶者間人工授精(AIH)と非配偶者間人工授精(AID)に分かれる．体外受精は，女性側に原因のある不妊の治療法として，人為的に卵巣から採取した卵子を培養器の中で精子と受精させ，受精卵や胚を子宮や卵管に移植する方法である．提供された精子による体外受精，提供された卵子による体外受精，提供された胚の移植などさまざまな類型がある．とくに最近では，第三者の女性が不妊女性に代わって出産する代理母・代理懐胎が重要な問題となっている(辻村『代理母問題を考える』，大野和基『代理出産』など参照)．

代理出産には人工授精型(サロゲートマザー)と，体外受精型(いわゆる借り腹，ホストマザー)の2種類がある．前者は，不妊のカップルの夫の精子を人工授精によって代理母の子宮に注入し，受精・出産するものであり，代理母が遺伝的な母であり，かつ分娩した母となる．これに対して後者は，不妊カップルの夫妻(男女)の精子と卵子を体外で受精させたのち，代理母の子宮に移植し代理母が出産するもので，遺伝子上の母と分娩する母とが分離する．

いずれも，カップルもしくは個人の「子をもつ権利」の実現手段として位置づけることができるが，実際には，AIDにおける父の認定や代理母契約をめぐるトラブル，外国で代理母が出産した場合の子の国籍や戸籍の問題，出生前診断や減数手術，死後の凍結受精卵使用など，困難な課題が山積している．

2) アメリカにおける生殖の権利

子どもを産む権利(積極的生殖の権利)との関係では，1942年のスキナー(Skinner)判決が，重罪の常習者に対する強制的断種を規定した州法を違憲とした．また，1972年のスタンレー(Stanley)判決などで，合衆国最高裁判所は，「妊娠

する権利と自分の子どもを育てる権利」が基本的な権利であることを明らかにした(生殖の権利には,子を産むことと家族形成権の両者が含まれるとされた).

生殖補助技術を使用する権利については,合衆国最高裁判所が明確な判断を示していないが,連邦地方裁判所では,人工授精で妊娠した女性教師に対する契約更新拒否が公民権法に違反するか否かが争点となった1991年のキャメロン(Cameron)事件判決で「女性は人工授精によって妊娠する権利を有する」と明示された.また,州の服役囚が妻との体外受精を行うために精子を治療施設に郵送することを求めたが認められなかったことが生殖の権利の侵害にあたるとして訴訟を起こしたガーバー(Gerber)事件では,2001年第九巡回控訴裁判所判決は,「生殖の積極的権利が存在する」として服役囚に権利を保障した.

代理出産は,アメリカでは人工授精型の代理出産が1970年代から実施され,体外受精型は1985年以来,数多く実施されてきた.法規制の仕方は州によって異なり(本書146頁参照),連邦法による統一的規制法はないが,親子関係に関する統一州法(モデル・ロー)として,統一親子関係法が作成されており,代理懐胎に関する規定が置かれて各州が随意施行できる(樋口範雄・土屋裕子編『生命倫理と法』309頁以下,辻村『代理母問題を考える』参照).実際にはアメリカで商業的な斡旋による代理母契約が広く実施されており,依頼者のカップルと代理母との間で,争いが絶えない状況にある.最も有名なベビーM事件では,1万ドルの報酬による代理母契約(人工授精型)が締結されて女児が生まれたが,代理母(サロゲートマザー)が自分の子として育てたいと思うようになり,報酬の受け取りを拒否して自己の子として出生届を出した.依頼者夫婦は子の引き渡しを求めて裁判を起こし,1審のニュー・ジャージー州裁判所では,引き渡しを命じる判決が下された.ところが,州の最高裁では,養子縁組を規制する法律および公序良俗に反するとして代理母契約を無効とし,子の養育については,「子どもの最善の利益」に従って,実父に引き渡すことを認めた.

3) フランスの生命倫理法

フランスでは,1983年の諮問委員会設立以降長い歳月をかけて臓器移植や生殖・遺伝子関連技術を対象とする総合的な法制化を試みてきた.1994年7月に,人体に関する法律,臓器移植・生殖介助等に関する法律,記号データに

関する法律の3つからなるいわゆる生命倫理法が制定された．ここでは人工生殖の適応範囲を「生殖年齢にあり生存する」カップル（婚姻中もしくは2年以上の共同生活を証明できる男女）に限定し，独身者や同性カップルの人工授精と体外受精，死後の配偶子の利用を排除するとともに，カウンセリングの義務づけ等の規制や余剰胚の利用等についても詳細に規定した．

憲法院がこれらの法律について1994年7月27日に合憲判決を下した後，5年後の見直し規定に即して2004年8月に改正法が成立し，第三者を伴う生殖補助医療の制限や先端医療庁の設置等が定められた．さらに子をもつ権利(droit à l'enfant)や生殖補助医療を用いる権利などの権利論について，憲法学や民法学の学説上議論されるようになった．

代理母(mères-porteuses)については，上記1994年の生命倫理法および民法で「代理出産・妊娠の契約は無効」と定められ，斡旋や売買については重い刑が科せられている．しかし，2008年6月には元老院（上院）の調査委員会が代理出産の解禁を提案したこともあり大論争になった．結局，2011年7月7日の生命倫理法改正では，民法6・7条の代理出産契約の無効規定が維持され配偶子匿名原則も維持された．他方，卵細胞の超速冷凍保存技術や出生前・着床前診断の活用可能性が拡大され，次の改正までに7年の猶予が与えられた．さらに2013年の同性婚法のもとでも，代理出産無効規定の維持が確認された反面，代理出産契約以外の生殖補助医療については許容対象が拡大された．

4) ドイツの胚保護法

ドイツでは，東西統一後の1990年12月13日に制定された胚保護法で，基本的に不妊治療の手段としての生殖技術を認め，人の生命（胚）の保護を目的として，その他の研究目的での利用や不正利用に対して刑罰による厳しい規制を行った．この法律では，卵子と精子の細胞核融合の時点からの受精卵（＝胚）を保護し，代理母，男女の産み分け（性の選択），本人の同意を得ない受精や胚移植，死亡後の人工授精，生殖系細胞の人工的改変・クローニング等を明示的に禁止した．他方で非配偶者による人工授精（AID）や非婚姻者の場合については明示されず，州の立法や判例による解決に委ねられることになった．

ドイツでは，ナチス期の人体実験等に対する反省から，胚保護のための厳し

い国家規制が行われているが，胚保護の観点からの規制は，オーストリア(1996年)やスイス(1998年・2001年)などドイツ語圏諸国の法制にも影響を与えた．バチカンの影響を受けたイタリアでも2004年の補助生殖法によって胚の凍結保存を禁止するなど体外受精(IVF)に対して厳しい制約を定めた．

5) 日本における生殖補助医療の進展と代理母問題

日本でも，タレントMの代理母契約や，産婦人科医Nの産科婦人科学会会告(指針)違反の行為等が話題を集め，1990年代後半から生殖補助医療のあり方が社会問題化した．実際には，AIDは1949年に第1号子誕生以降増加し，体外受精も1983年以降しだいに増加の傾向にある．顕微授精や凍結胚を用いたものを含め，累積で43万人以上が出生(うち21万人が冷凍保存)したことが報告された(2016年9月16日朝日新聞朝刊)．

代理出産をはじめとする生殖補助医療の進展の背景には，リプロダクティブ・ライツについての国際人権論の展開と女性の権利意識の向上があった．リベラル・フェミニズムの立場から，権利の拡大が支持された．反面，代理母をめぐる論争では，多くのフェミニストは，代理母契約が女性を道具化し，搾取するものであるとしてこれに反対し，フェミニズムの分断が認められた．生殖技術に批判的な欧米のフェミニストなどから，代理出産に対する批判論として次の諸点が指摘された．①代理母になる女性の身体に著しい負担をかけ，女性を道具化として扱う点で，女性の人権や尊厳の侵害になりうる，②女性の自己決定権を重視する場合も，妊娠・出産に伴うリスクや人間の尊厳などについての真摯な意思や十分な知識が欠如する場合には，自己決定権の陥穽になる，③生殖補助医療が一般に男性医師や男性研究者によって担われ，女性がたえず「実験台になる」という医療現場のジェンダー・バイアス，④女性が産む性であることを重視し，「産まない」「産めない」女性を差別化する母性イデオロギー，⑤自己の遺伝子を保有する子孫を残したいと願う家父長イデオロギー，⑥人工生殖技術や生命操作のかげに優生思想が内包されている危険性，⑦世界的なグローバリゼーションや経済格差のなかで，アジア女性等を生殖の道具として扱い人身売買につながる危険，⑧生殖補助医療技術の利用資格を婚姻カップルや異性間カップルに限定することによる少数者(非婚カップルや同性カップル)

の差別化の危険性等である．

商業主義的利用の問題

上記のうち⑤⑦に相当するインドの代理母利用の例が露見した．それは，40歳代の日本人医師が，自己の遺伝子を保有する子孫をえることを目的に，代理母契約が合法化されているインドで，2007年11月に代理母契約を結び，2008年7月に女児が誕生した事例である．契約締結直前に日本人妻と婚姻したが，女児誕生前の2008年6月に離婚したため養子縁組ができず，日本国籍取得や渡航ができないことが問題化した(結局，子の救済の観点から渡航証明書申請が発行され，日本に渡航できた)．この事例は，女性の自己決定権やリプロダクティブ・ライツを前提にしてきたこれまでの議論とは根底的に異なるものである．種々の理由があるにせよ，一部の男性の子孫を持ちたいという願望によってアジア女性の身体を利用し，搾取することには，正当な利益を認めることはできないであろう．

実際，インドでは，代理出産ビジネスが拡大し，45—50万円程度の報酬で代理母契約を結ぶ例が増えている．貧しい女性約60人が町はずれの「代理出産ハウス」で暮らし，報酬として約100万円(年収の9年分)を手にしたネパール出身女性の例，日本人カップルが業者に約500万円支払って夫の精子とタイ人女性の卵子で体外受精して得た受精卵をインド人の代理母に移植した例など，貧しい女性を「産む機械」として利用し，人体を搾取している実例も，すでに明らかにされている(2011年2月19日朝日新聞朝刊参照)．

また，2014年秋には，タイで，日本の資産家男性(当時24歳)が，多数(15人以上)のタイ女性を代理母として多数(15人以上)の子を代理出産させ，ベビーシッターによって育成させていた事件が発覚した．タイ警察は子どもを保護したが，DNA鑑定の結果すべての子の父親がこの日本人男性であったことから，当時のタイでの法律では，医師に対する違法なクリニック開業容疑で書類送検したほかは法的な対応ができず，逆に2015年1月には日本人男性がタイ政府に対して子の引き渡しを求めて民事訴訟を提訴するなどの展開を見せた．この男性の目的は不動産投資と言われているが真相は明らかではなく，将来的にも代理出産を悪用した人身売買の危険が明らかになった点でも，ショッキングな

VII 現代憲法下の人権保障(3)

事件となった．これに対して，タイの暫定議会は2015年に「生殖補助医療によって出生した子どもを保護する法律」を制定して，原則的に代理出産をタイ国籍の法的婚姻関係にある夫婦とその親族の代理母だけに認め，夫婦ともにタイ人でない場合にはタイでは代理出産はできないことを定めた．また，代理出産の医療行為を政府の免許を持つ機関にだけ認めて，違反者には6カ月以下の禁錮刑などを科し，商業目的の代理出産も禁じて(違反者は10年以下の禁錮刑)，仲介行為も禁じた．その後，2018年2月に13人の子の引き渡しを裁判所が認めたことが報じられた(2018年2月20日日本経済新聞夕刊)．

このように，途上国では，外国人の依頼によって，国内の貧困層の女性が代理出産を引き受ける例が一般的になり，政府も代理出産を一律に規制しない状況がある．そこで商業主義的利用の禁止等を立法化するに際しては，禁止ないし制約を伴う場合にはその内容を明確化し，限界事例や，条件・範囲・環境等(カウンセリング，第三者機関等)を明示することが不可欠となる．この点でも，代理母契約を一定の条件のもとで許容しているイギリスなどの国々の法制度や条件を参考にして，一層の検討が求められる．

(4) 各国の法制度——代理出産の禁止をめぐる国家の規制

代理出産をめぐる規制は，(A)法律などによって代理出産を禁止する国「禁止国」，(B)法律などで定めて部分的に許容している国「(条件付)許容国」，(C)まったく規制していない国「無規制国」，(D)医療者などによる自主規制にまかせる国「自主規制国」のように分類できる．

大まかに見れば，(A)「禁止国」に属するのは，スイス，ドイツ，イタリア，オーストリアなどである．スイスでは，1999年制定の憲法第119条第2項dで「胚の提供およびあらゆる種類の代理出産は，禁止される」と明示する．その他の国では，法律を制定して刑罰などをもって，これを禁止している．

他方，(B)「(条件付)許容国」に属するのは，イギリス，オランダ，ベルギー，カナダ，ハンガリー，フィンランドなどであり，無償であることなどの一定の条件のもとで，代理出産を認めている．部分的に，商業主義的なものは禁止するが，自発的なもの(好意によるもの，利他的なもの)を認める場合が多い．

(C)「無規制国」は，国として規制をせずに州に任せている国で，ここにはアメリカが含まれる．(D)「自主規制国」は，医学関係の学会などが自主的にルールを決めたりしている国で，この分類では，日本は(D)に属する．以下4タイプに属する主要国の状況をみてみよう．

(A) 代理出産を禁止している国——ドイツ

ドイツでは，第2次大戦中にナチスがユダヤ人の虐殺等を行ったことへの反省から，とくに「人間の尊厳」を重視しており，ドイツ連邦共和国基本法第1条は，「人間の尊厳は不可侵である．これを尊重し保護することが，すべての国家権力に義務づけられている」と定める．1990年に制定された「胚保護法」では，不妊治療の手段としての生殖技術を認める一方で，研究目的での利用や不正利用に対して刑罰による厳しい規制を行った．ここでは，代理母，男女の産み分け(性の選択)，本人の同意を得ない受精や胚移植，死亡後の人工授精，生殖系細胞の人工的改変・クローニング等が明示的に禁止された．

また，「養子縁組斡旋・代理母斡旋禁止法」(1989年11月施行)では，代理母の斡旋や新聞広告・記事等による広報等を禁止した(第13条)．代理母斡旋については1年以下の自由刑または罰金を科し，資産的利得を得た場合は2年以下，営業として斡旋を行う場合は3年以下の自由刑または罰金という重い刑を科した．反面，代理母と依頼者としての両親は罰せられないこととされた(第14条)．

(B) 代理出産を条件付で認めている国

① イギリス

イギリスでは，世界で初めて体外受精児が1978年に誕生した後，生殖補助医療についての社会の関心が高まった．政府は，1990年に「ヒト受精および胚研究に関する法律」(HEE法)を制定して生殖補助医療を管理してきた．

代理出産については，1985年にイギリス人女性が6500ポンド(当時，約200万円)でアメリカ人代理母によって子を得たことから世論の関心が高まり，同年「代理出産法(Surrogacy Arrangement Act)」が制定された．同法では，営利的な代理母契約の締結や，斡旋，情報収集，代理母募集広告などを禁止して罰則を科したが，刑罰は，営利目的の場合3カ月以下の禁錮または一定の罰金，

募集広告の場合には罰金のみであり，商業的でない代理出産は合法化された．

また，親子関係についても裁判所の決定や養子縁組によって認める方途が法制化されており，いったんは代理母を子の法律上の母，依頼男性を法律上の父とした上で，裁判所における親の決定(parental order)手続を経て，依頼夫婦の実子とする道が用意されている．

② オーストラリア

オーストラリアでは，連邦全体の規制法は存在せず，連邦のガイドラインに従って各州で対応してきた．1980年代から代理母契約等に対して厳格な禁止規定を定めるが，2008年から2011年の間に無償の代理母契約(altruistic surrogacy)を許容する方向での州法の法制化が進んだ．

例えば，(a)クイーンズランド州では，1988年法のもとで有償・無償を問わず，代理母契約と広告・宣伝を禁止していたが，2010年に代理母法を制定して有償の商業主義的契約のみを禁止した．(b)サウス・オーストラリア州でも，2009年の代理出産法によって家族関係法が改正され，商業主義的な代理母契約が禁止されて一定の条件下で許容されることが明示された．その条件には，当事者が18歳以上であること，依頼者は3年以上同居した(事実婚を含む)婚姻カップルであること，依頼者が不妊もしくは医学的に出産できない重大な病気があること，代理母と依頼者はカウンセリングを受けることなどが含まれた．(c)ヴィクトリア州でも，2008年に生殖補助医療法を制定して，商業主義的でないホストマザー型の代理母契約に限って，一定の審査機関が事前に要件を審査して許諾を与える場合に許容した．(d)ウエスタン・オーストラリア州では，2008年に代理母法をはじめて制定し，商業主義的契約および有償契約を刑罰で禁止した．(e)ニュー・サウス・ウェールズ州でも，2010年11月に法律を制定し，「代理母の契約は無効である」としつつ，例外として，「無償の契約で，実際にかかったコストを払う契約の場合のみ有効」とされ，商業的な代理母契約のみが禁止された(2年以内の懲役・罰金)．

(C) 州ごとに規制している国——アメリカ

アメリカでは，1970年代から人工授精型の代理出産が実施され，体外受精

型のものも 1985 年以来，数多く実施されてきた．親子関係に関する統一州法として 2000 年に統一親子関係法が作成されて妊娠契約（Gestational Agreement）に関する第 8 編が置かれ，代理出産に関する規定を各州が随意施行できるようになっている．但し統一法の採用は 7 州にとどまり，代理出産に関する規定も採用しているのはテキサス州とユタ州の 2 州にすぎない．各州では独自に法律等を制定して対応しており，合衆国全体としては，無規制国ということができる（本書 140 頁，樋口範雄・土屋裕子編『生命倫理と法』309 頁以下参照）．

i) 代理母契約を有効としている諸州

代理母契約を有効とする法律を定めているのは，アーカンソー，フロリダ，イリノイ，インディアナ，ルイジアナ，ネブラスカ，ネヴァダ，ニュー・ハンプシャー，ノース・カロライナ，テキサス，ユタ，ヴァージニア，ワシントン，ウエスト・ヴァージニアの 14 州である（条件付・部分的容認を含む．その他判例法による州を含めれば 31 州が容認）．

このうちネヴァダ，ニュー・ハンプシャー，ワシントン，ウエスト・ヴァージニア州では，報酬・対価を伴う契約は禁じられている．また，アーカンソー，フロリダ，イリノイ，ネヴァダ州などでは，親になる意思をもつ者を法律上も親とすることができることが定められている．

ii) 代理母契約を無効または禁止としている諸州

これに対して，アリゾナ，ケンタッキー，コロンビア特別区（ワシントン DC），ニューヨーク，ノース・ダコタ，ミシガンの 5 つの州・特別区では，代理母契約を全面禁止または無効とする法律があり，ニューヨーク州やミシガン州などでは刑罰をもって禁止している．例えば，コロンビア特別区の法律では，「代理母契約は禁止され，強制力を持たない」と定め，報酬を目的とする契約や仲介などに対して 1 万ドル以下の罰金もしくは 1 年以下の拘禁等に処している．

(D) 法的規制のない国——日本の議論と論点

日本では，生殖補助医療を規制する法律は存在せず，日本産科婦人科学会の会告によって自己規制されてきた（「代理懐胎に関する見解」を公表して，学会の会

告(「代理懐胎の実施は認められない．対価の授受の有無を問わず，本会会員が代理懐胎を望むもののために生殖補助医療を実施したり，その実施に関与してはならない．また代理懐胎の斡旋を行ってはならない」)によって学会員の対応を要請してきた)．しかし2001年に国内で最初の代理出産が明るみにでて以来社会問題化し，海外での実施例も増加したことから，法規制を求める声が強まった．子の福祉の観点から法制化や救済が必要となったが，理論的・立法的対応は十分ではない．行政の側では，1998年10月に厚生省(現厚生労働省)の厚生科学審議会先端医療技術評価部会に「生殖補助医療技術に関する専門委員会」が設置されて検討され，2000年12月に「精子・卵子・胚の提供等による生殖補助医療のあり方についての報告書」，2003年4月に厚生科学審議会生殖補助医療部会の「精子・卵子・胚の提供等による生殖補助医療制度の整備に関する報告書」が提出された．提供された精子等によって生まれた子の親子関係について，法務省法制審議会生殖補助医療関連親子法部会で2003年4月に要綱中間試案がまとめられた．

学術分野では，2007年から「生殖補助医療の在り方検討委員会」で法学・医学・倫理学等の広い視座にたって検討された結果，2008年4月に報告書が公表された．ここでは代理懐胎は(原則的に)禁止としつつも，子宮に異常がある限定的な場合に特定の医療機関によることなどの条件下で試行的許容という方向を提示した(日本学術会議生殖補助医療の在り方検討委員会　対外報告「代理懐胎を中心とする生殖補助医療の課題――社会的合意に向けて」http://www.scj.go.jp/ja/info/kohyo/pdf/kohyo-20-t56-1/pdf 参照)．このほか日本弁護士連合会も，早急な法制化を求める立場から2000年に「生殖医療技術の利用に対する法的規制に関する提言」を提出し，2007年にはその補充提言を日本学術会議に対して提出した．

これらの報告書のほとんどが代理母契約を禁止するなど規制を強化する方向での提言や報告であるのに対して，他方で，代理懐胎や第三者の卵子提供等による体外受精を認める提言や意見書なども提出された．2003年の「生殖補助医療技術についての意識調査」結果では，代理出産(ホストマザー型)について，女性42.9％，男性50.2％が「認めてよい」と回答していた．また2007年2―3月の調査では，妻が子どもを産めない場合に夫婦の受精卵を使って代理母に産んでもらう代理出産に対して，54％が「認めてよい」と回答していた．

これらの問題について，実際には，子の「出自を知る権利」（提供者公開）の問題，代理母利用の可否，親子関係等，きわめて多くの検討課題があり，代理母（ホストマザーないしサロゲートマザー）が他国の女性である場合には，国際私法上の問題も生じるため，解決は非常に困難である．

　現実に，タレントMの事例では，ネヴァダ州裁判所はM夫妻を両親とする出生証明書を発行したが，2004年1月，東京都品川区役所に出生届を提出したところ，6月に法務省が不受理の決定をした．M夫妻が東京高等裁判所に即時抗告したところ東京高裁は2006〈平成18〉年9月29日決定で，ネヴァダ州裁判所の判決の効力を日本でも認めて出生届受理命令を下した．ここでは外国判決承認の上で日本の民法を適用する余地はなく，実質的に公序良俗にあたらないとした．

　これに対して，上告審である最高裁の2007〈平成19〉年3月23日決定（民集61巻2号619頁）は，ネヴァダ州裁判所の判決が日本法の公序良俗に反すると解することによって，東京高裁決定を破棄した．このためM側の敗訴が確定し日本国籍は認められなかったが，その後国際養子により親子として日本で養育されてきた．

　このように，生殖補助医療や代理出産契約のことを全く想定していない日本の民法や判例など現行法制度の枠内では，たとえ夫婦の遺伝子を受け継ぐ子どもであっても実子として国籍や戸籍を得られないのが現実である．科学技術の進歩にみあうような人権論の発展方向を見定めた議論が必要であり，諸外国の先例に学びつつ，日本でも早急な理論的・実践的検討と立法化が進むことが期待される．

VIII
現代憲法下の統治構造

1　民主主義の実現と統治システム

　世界の国々は連邦国家と単一国家に分かれ，その統治形態は世襲君主制と共和制に，さらに大統領制，議院内閣制，半大統領制などに区分される(本書174頁以下参照)．

　世界の200を超える国と地域のうち，連邦制を採用するのは約40カ国(全体の20%程度)で，それ以外は単一国である(連邦国家には，アメリカ合衆国，インド，インドネシア，オーストラリア，オーストリア，ドイツ，パキスタン，マレーシア，南アフリカなどがある)．

君主制と共和制

　統治形態についての分類では，国王や皇帝など伝統的権威を帯びた君主を擁する政体を君主制，人民または人民の大部分が統治上の最高決定権を持つ政体を共和制と称するが，その定義は明確ではない．一般的な統計では，君主制に含まれるのは世襲の君主を有する(約)28の国と英連邦に属する15カ国であるとされる(国立国会図書館調査及び立法考査局「諸外国の王位継承制度」レファレンス656号〔山田邦夫執筆〕ほか)．一般には日本も立憲君主制に分類される(政府解釈)ことが多いが，憲法学説の多くは日本を君主制の国家に含めることを認めていない．明治時代の天皇は主権者として政治権力を行使した君主であり元首であったが，現行日本国憲法の象徴天皇制下では，政治的権能を一切持たない天皇は君主でも元首でもないと考えられるからである(但しそれぞれの概念規定に依拠するため，多様な解釈が存在しうる．辻村『憲法(第5版)』47頁，芦部信喜〔高橋和之

VIII　現代憲法下の統治構造

補訂〕『憲法（第6版）』48頁参照）．民主主義が浸透した現代では，君主の権力が名目化し，「天皇が君主かどうかは，憲法学上はほとんど議論の実益のない問題」になっているとされる（野中俊彦ほか『憲法Ｉ(第5版)』109頁〔高橋和之執筆〕，同旨，長谷部恭男『憲法（第6版）』73頁）．

天皇の生前退位問題

　日本では，天皇は日本国と日本国民統合の象徴であり（憲法第1条），皇位は世襲のもので，皇室典範の定めるところにより継承し（同第2条），憲法の定める国事に関する行為のみを行い国政に関する権能を有しない（同第4条），と定められている．

　しかし国事行為と私的行為とは別に，象徴としての行為（公的行為）が実際に行われ，地方巡幸や被災者の慰問等の「公務」が過重となる傾向があった．そこで，2016年8月に天皇自身がビデオ・メッセージで高齢に伴う公務負担に関する心情を明らかにしたことを契機に，皇室典範の定めとは異なる生前退位を許容するため有識者懇談会が検討を進め，2017年6月に「天皇の退位等に関する皇室典範特例法」が制定された（2019年4月30日の退位が2017年12月1日の皇室会議と閣議で決定された）．皇室典範改正問題には立ち入らず「特例法」として処理されたが，女性天皇・女性皇族の問題や天皇元首化論などの課題が残存している（辻村責任編集『憲法研究』創刊号特集参照）．皇位継承については皇室典範で規定することが憲法2条に明示されており，今後，皇室典範改正の形で本格的な議論が展開されることが期待される．

　とくに，女性天皇の問題は従来から「女帝」問題と称されてきたが，政治的権能をもたない象徴である（「帝」のニュアンスとは異なる）ことから性別は本来問題にならない．このため，女性皇族の婚姻による皇室離脱など皇室典範上の取扱いを含め，憲法第14条（性差別禁止）の例外を極力拡大しないことが望ましい．実際，女性差別撤廃条約第2条（法制度上の性による別異取扱禁止）を履行するために，北欧諸国やイギリスなどで男系優先主義が長子優先主義に改められ，男女を問わず第1子が王位を継承する傾向に変わりつつあることも知っておく必要があろう（世界の王位継承制度については表1参照．辻村責任編集『憲法研究』創刊号137頁〔辻村作成〕より引用）．

表1 世界の君主制国の王位継承制度

国　名	地　域	制度(君主の呼称)	憲法規定(年)	①世襲制	②男女平等	③生前退位の可否
オランダ王国	欧州	立憲君主制(王)	1815	○	○3	○憲法・法律
スウェーデン王国	欧州	立憲君主制(王)	1974	○	○3	●
スペイン王国	欧州	立憲君主制(王)	1978	○	○2	○特別法
デンマーク王国	欧州	立憲君主制(王)	1849	○	○3	●
ノルウェー王国	欧州	立憲君主制(王)	1814	○	○3	●
ベルギー王国	欧州	立憲君主制(王)	1831	○	○3	□
モナコ公国	欧州	立憲君主制(大公)	1911	○	○2	
リヒテンシュタイン公国	欧州	立憲君主制(公)	1862	○	×1	
ルクセンブルク大公国	欧州	立憲君主制(大公)	1868	○	○2	
英国	欧州	立憲君主制(英国王)	1701	○	○3	○特別法
カンボジア王国	アジア	立憲君主制(王)	1993	○	×1	
タイ王国	アジア	立憲君主制(王)	2014	○	○3	
ブータン王国	アジア	立憲君主制(王)	2007	○	○2	□
ブルネイ国	アジア	絶対君主制(スルタン)	1959	○	×1	
マレーシア	アジア	立憲君主制(スルタン)	1957	○	×1	
アラブ首長国連邦	中東	混合制(7首長の連邦制)	1971	○*	×1	
オマーン国	中東	絶対君主制(スルタン)	1996	○	×1	
カタール国	中東	混合制(首長)	2004	○	×1	□
クウェート国	中東	絶対君主制(首長)	1962	○*	×1	○憲法・法律
サウジアラビア王国	中東	絶対君主制(王)	1992	○*	×1	
バーレーン王国	中東	混合制(王)	2002	○	×1	
ヨルダン王国	中東	立憲君主制(王)	1952	○*	×1	○憲法・法律
スワジランド王国	アフリカ	立憲君主制(王)	1968	○	×1	
レソト王国	アフリカ	立憲君主制(王)	1993	○	×1	
モロッコ王国	アフリカ	立憲君主制(王)	1957	○	×1	
トンガ	オセアニア	立憲君主制(王)	1970	○	○2	

〈英連邦に属する15カ国〉英国のほか，カナダ(北米)，アンチーク・バーブーダー，グレナダ，ジャマイカ，セントクリストファー・ネビス，セントビンセント・グレナディーン，セントルシア，バハマ，バルバドス，ベリーズ(以上，中南米)，オーストラリア，ソロモン諸島，ツバル，ニュージーランド(以上，オセアニア)．①～③は英国と同様．

(外務省ウェブサイトの各国情報 http://www.mofa.go.jp/mofaj/area/index.html　天皇の公務の負担軽減等に関する有識者会議資料第7回資料1，参考資料1 http://www.kantei.go.jp/jp/singi/koumu_keigen/dai7/shiryo1.pdf　国立国会図書館調査及び立法考査局「諸外国の王位継承制度」レファレンス656号〔山田邦夫執筆〕82頁以下等をもとに，最近の法改正等の更新を施して辻村が作成)

①の世襲制の欄の*は，変則的に選挙による決定を含みうるもの(世襲選挙制，選挙君主制等)を示す．②の継承の男女平等については，山田前掲論文による．1は男子のみに継承権を認める国，2は女子にも継承権を認める国，3は男女で優先順位をつけない国を示す．3の国では，男子優先ではなく，長子優先制度を採用している．北欧諸国やオランダ・ベルギーの諸国では男女平等などの理由から長子優先に改正している国が多く，女性差別撤廃条約履行上の措置であると考えられる．英国でも，1990年代から長子優先の議論が強まり，2012年にキャサリン妃の懐妊が発表されたことから，女王の裁可を得て男子優先を長子優先に改めた2013年王位継承法が制定された(2015年3月26日発効)．③の生前退位の制度については，○は根拠法律等を示すが，●は憲法・法律上退位が認められているが事例がない国，□は憲法・法律の規定を根拠としないで退位している国を示す(前掲有識者会議第7回資料1参照)．

VIII　現代憲法下の統治構造

現代国家の権力分立

　近代立憲主義のもとで，国民主権・権力分立と人権保障が基本原理として確立され，国民主権(民主主義)・権力分立という統治原理が人権保障の手段となる構造が成立している．統治機構としては，行政権を担う大統領が国民から直接選出されるアメリカ型の大統領制と，議会の多数派が行政権を担うイギリス型の議院内閣制に分かれるが，両者の中間的なフランス型やロシア型(半大統領制とも称される)なども存在し，名誉職型の大統領と首相の両者が併存する国も多い(連邦国家ではドイツ，単一の共和国ではポーランド，フィンランドなどがある．日本の外務省のウェブサイトでは，アメリカは大統領制・連邦制，ドイツは連邦共和制，大韓民国は民主共和国，フィリピンは立憲共和制などと称されている)．

　現代憲法においても国民主権と権力分立を基本とした統治構造は変わらないが，現代行政国家のもとで行政権を強化する形で権力分立が再編された．

　また，近代型の国民主権(ナシオン主権)・純粋代表制から，現代型の人民主権(プープル主権)・半代表制ないし半直接制への展開が認められ，民意を忠実に反映できる現代型デモクラシーや，主権者市民が討議に参加する討議民主主義ないし熟慮民主主義の実現が課題となっている．

国民主権・民主主義の実現方法——デモクラシーの2つの型

　20世紀末以降，各国で政界再編や選挙制度改革が行われ，どのようなデモクラシーを実現するかが問題となった．そこでは，主に多数派の意向に従って決定が行われる「多数派支配型デモクラシー」と，少数派にも統治に参加する機会を与える「協調型(コンセンサス型)デモクラシー」との選択が議論され，選挙制度に関して，前者に適合的な小選挙区制(majoritarian system)と後者に適合的な比例代表制(proportional representation)との対抗も論じられた．

　また，この2つの系譜は，それぞれ「二大政党制」と「穏健な多党制」とも結合しうる．前者については，イギリスの「ウエストミンスターモデル神話」の崩壊がいわれ，フランスでも「コアビタシオン(cohabitation，保革共存)」の経験から，後者の「協調型デモクラシー」への変化が論じられた．反対に，イタリアでは，1993年の選挙法改正で比例代表制から小選挙区比例代表並立制に転換され後者から前者への変化が認められたが，2005年に比例代表制に逆

戻りし，選挙制度をめぐる模索が続いた(本書新版 168 頁参照)．

日本の政党政治と課題

日本でも，1994 年の公職選挙法改正により衆議院議員選挙に小選挙区比例代表並立制が導入された．当初は，これによって小選挙区制を基礎とする二大政党制がめざされ「多数派支配型デモクラシー」の方向に向かうものと解された．しかし実際に，自民党・民主党の二大政党の間で政権交代が起こったのは 2009 年 8 月 30 日の選挙が最初であり，それまでに 15 年を要したことになる．さらに 2010 年 7 月の参議院選挙に際して新党が乱立し，そのうえ 2012 年以降，自民党が政権に復帰して以降は一党独裁の傾向にあり，二大政党制の定着とは逆の展開となっている(2014 年 12 月の総選挙と 2016 年の参議院選挙の結果，憲法改正の発議に必要な 3 分の 2 の議席を，自民党・公明党の与党と維新の党など改憲政党などが獲得した)．

こうして，憲法施行約 70 年の間に，1955—93 年までの 38 年間と 1996—2009 年，2012 年以降の合計約 56 年間という長期間の政権を，自主憲法制定・改憲を党是とする自民党が担ってきたことの影響は大きいと言わざるを得ない．日本国憲法が，国民→国会→内閣という系列での意思形成とコントロール体系を構想していることからすれば，小選挙区制の導入による二大政党制や行政権強化による相対的な議会機能低下は憲法の趣旨とは逆の方向であるようにもみえる．デモクラシーが民意による政治を意味するならば，選挙による民意反映機能や国会の代表機能を強化することが重要であり，行政国家の名のもとに選挙や議会を軽視して首相権限の強化を図ることは許されないといえよう．

選挙と代表・政党制

日本国憲法下で，第 43 条が規定する代表制を「半代表制」と解し，選挙権が権利であることを重視するならば，民意が可能な限り正確に議会に反映されることが憲法上の要請と考えられる．このように解すると，国民の投票結果を極端に歪めるような選挙区割や選挙制度は憲法の要請に反するといえる．そこで，選挙の民意反映機能を全うさせるために，得票率と議席率との乖離が少ない制度を追求することや，選挙権の権利性を損なう現実を徹底して改めること

など(投票価値の徹底平等や自由選挙の実現など),選挙制度の改革が求められる.さらに選挙のもつ政治責任追及機能や公約についての信任機能を重視し,市民の政治的意思形成手段として選挙権行使の意義を強めることが必要である.

また,現代では政党が議会政治の重要な要素となっている.トリーペル(Triepel, H.)は,政党に対する国法の態度として,敵視・無視・承認・憲法的編入の4段階を区別したが,今日では,ドイツ,フランス,イタリアなどの憲法に政党に関する規定が置かれている.日本では,法律上政党への国庫助成が認められるなど「承認(合法化)」の段階にあるが,党議拘束や政党本位の選挙など多くの課題が存在している.

2 選挙権と選挙制度

(1) 選 挙 権

1) 選挙権・被選挙権の法的性格と要件

日本国憲法では,第15条第1項で公務員の選定・罷免権を「国民固有の権利」と定め,第15条第3項・第44条で普通・平等選挙,第15条第4項で秘密選挙の原則を定めている.普通選挙制を確立した現代の諸憲法では,ドイツ連邦共和国基本法が連邦議会について普通・平等・直接・自由・秘密選挙という5大原則を明示し(第38条),イタリア共和国憲法が普通・平等・自由・秘密選挙を定める(第48条)ように,多くの国でこれらの原則を採用している.

選挙権年齢については,満18歳以上とする国が大多数(2014年2月現在,176カ国,約92%)である.イギリスでは1969年,フランスでは1974年に,ドイツ,アメリカ,カナダ,イタリアなどでも1970年代に18歳に引き下げた.日本は,1945年以降公職選挙法第9条で20歳以上とされてきたが,2007年5月制定(2010年5月施行)の「日本国憲法の改正手続に関する法律(いわゆる国民投票法)」第3条で18歳と定められた(附則第3条により,公職選挙法・民法等の成年年齢の引下げの法制上の措置が講じられるまでは,20歳以上とされた).これをうけて2015〈平成27〉年6月に公職選挙法が改正され,18歳選挙権が2016年7月の参議院選挙から実現し,約240万人の選挙人が加わった.

被選挙権年齢については，諸外国でも，(イギリス，フランス，ドイツの下院など)選挙権年齢とあわせて 18 歳とする国も多いが，選挙権年齢より被選挙権年齢を高くする傾向や，第二院の方を高くする傾向も残っている(アメリカ上院 30 歳，下院 25 歳など)．日本では衆議院議員 25 歳以上，参議院議員 30 歳以上と定められる(公選法第 10 条)が，引き下げ法案も検討されている．

選挙権・被選挙権については，権利の法的性格をめぐる理論的課題がある．選挙権の本質についてはフランス革命期以降 1 世紀以上も論争があり，公務的色彩を強調する公務説や，主権者の権利であることを重視する権利説から，しだいに(権利と同時に義務と解する)二元説が通説となった．主権原理との関係では，歴史的には，権利説が普通選挙，公務説が制限選挙と結びついて展開され，フランス憲法学では，(A)国民(ナシオン)主権―選挙権公務説―制限選挙・強制選挙，(B)人民(プープル)主権―選挙権権利説―普通・平等選挙，棄権の自由，という 2 系列が対抗した．最近では，主権行使の権利と解して主権者の政治参加をより強く保障しようとする傾向が顕著となっている．権利説と二元説の間にはあまり差異はないと解されているが，公務説や二元説などでは公務的性格を根拠に種々の制約が許容されることがありうるのに対して，選挙権を主権者の基本的権利と捉える選挙権権利説からすれば，資格要件についての不合理な制約は許容されないことになろう．また，選挙権の内容を選挙人資格請求権(選挙人名簿に記載される権利)にとどめるならば，投票の機会や投票価値の平等，自由な選挙活動が保障されなくても，権利侵害の問題とはならない．反対に，資格請求権にとどまらず実際に投票して選挙権を行使し，投票内容が正確に選挙結果に反映されることを求める権利まで広く保障されると解すれば，強制投票制の禁止や在宅投票制・在外投票制の保障なども必要になることになろう(選挙権の性格と権利の射程については，辻村『憲法(第 5 版)』311 頁以下，同『選挙権と国民主権』153 頁以下参照)．

被選挙権の性格についても，公務員になる資格ないし権利能力と解すれば制約が正当化されやすいが，最近では立候補の自由として理解し，選挙権と表裏一体のものとして理解する傾向が強い．立候補の自由を重視すれば，日本の公職選挙法の供託金制度の合憲性等にも疑問が生じることになる．

2) 在外選挙制度

選挙権を有する国民が海外に居住する場合に，本国で選挙権を行使できる制度が在外選挙制度である．日本では，1998年の公職選挙法改正で新設されたが，対象は衆議院比例代表選挙と参議院比例代表選出議員選挙に限られていたため訴訟が提起され，最高裁大法廷2005〈平成17〉年9月14日判決は，公職選挙法の違憲性を認めて国家賠償請求を認容した(民集59巻7号2087頁)．この判決を受けて，2006年6月に公職選挙法が改正され，衆議院議員小選挙区選出議員および参議院議員選挙区選出議員選挙についても対象が拡大された．

諸外国でも，1990年代から欧州統合や世界のグローバル化の影響で在外選挙制度を整備する傾向が強まった(国立国会図書館調査及び立法考査局「在外選挙制度」調査と情報514号〔佐藤令執筆〕11頁の一覧表参照)．イギリスでは15年未満，カナダでは「出国から5年未満で，帰国・再居住する意思のある者」に限って実施された(ドイツでは，出国後25年未満という制限があったが，2008年の法改正で廃止された．国立国会図書館調査及び立法考査局「ドイツの連邦選挙法」外国の立法237号〔山口和人執筆〕)．この制度は，単に海外に居住して国内の選挙権行使が妨げられているために実施されるのではなく，帰国後は自国に居住することから，将来の政治・政策についても政治的意思決定権を行使する権利・利益がある者のために実施されるものと解することができる．

背後には，そもそも選挙権は，国籍に基づいて有権者である個人の資格に伴うものなのか(いわば属人的な性格か)，居住や生活実態を考慮して主に居住地で政治的意思決定に参加することが本意であるのか(属地的な性格か)という，選挙権をめぐる本質的な問題が存在する．この問題が現実味を帯びてきたのは，日本における在日韓国人・朝鮮人の参政権問題に関連して，2009年に韓国で在外選挙権を認める法改正が行われたことにある．これにより2012年4月の韓国総選挙以降は，日本で特別永住者の地位にある在日韓国人については国政選挙の比例代表選挙に限って在外投票が認められ，地方選挙については(事業等の理由で韓国国内に居住し届け出た者を除き)認められなかった．このため日本で在日韓国人に対して地方参政権を認めても二重投票などの矛盾はないことになるが，国政選挙と地方選挙の本質的差異の点を含め今後の課題である．

3）外国人の選挙権

日本では，特別永住者である在日韓国人・朝鮮人の国政選挙権・被選挙権，地方選挙権・被選挙権を求める訴訟が多数提起されており，最高裁は，国政選挙については国民主権原理から憲法第15条の「国民」を国籍保持者と解する立場(禁止説)を維持してきた．地方選挙については，1995〈平成7〉年2月28日判決(民集49巻2号639頁)で，立法政策により定住外国人に地方選挙権を認めることは憲法上禁止されていないという判断(いわゆる許容説)を示した．この判決では，原則的に日本国民に限定しつつ，憲法第8章の地方自治制度の趣旨を根拠に，在留外国人のうちでも永住者等で居住区域と特段に密接な関係をもつに至ったと認められる者について地方公共団体の長・議員等の選挙権を付与することは憲法上禁じられていないと結論した．

学説も，(i)全面禁止説，(ii)全面許容説，(iii)全面要請説，(iv)国政禁止・地方許容説，(v)国政禁止・地方要請説，(vi)国政許容・地方要請説の6説のうち，(iv)説が最近の有力説である．

世界の諸国では，国政レベルの選挙権・被選挙権を外国人に対して認める国は少ないが，地方レベルでは増えつつある．概観すれば，以下のように種々の制度に分かれている．①国政レベルの被選挙権を認める国：イギリス(英連邦の国民に認める)，②国政レベルの選挙権を認める国：国籍を問わず認める国(4カ国．ニュージーランド，チリ，ウルグアイ，マラウイ)，特定の国籍に限り認める国(7カ国．オーストラリア，イギリス，イタリア，ハンガリー，ブラジル，バルバドス，ベリーズ)，③地方レベルの被選挙権を認める国：国籍を問わず認める国(14カ国)，特定の国籍に限り認める国(11カ国)，④地方レベルの選挙権を認める国：国籍を問わず認める国(26カ国)，特定の国籍に限り認める国(13カ国)である(国数は，国立国会図書館調査及び立法考査局「外国人参政権をめぐる論点」『人口減少社会の外国人問題──総合調査報告書』2008年〔佐藤令執筆〕によるが，その後変更の可能性がある)．

(2) 選挙制度の種類

選挙制度は，1)選挙区制，2)代表方法，3)投票方式等によって分類される．

1) 選挙区制による分類

選挙区とは，有権者によって組織される選挙人団を，住所・居所などによって地域ごとに分ける場合の区域のことであり，小選挙区制・大選挙区制に分類できる．全国を複数の選挙区に分け，選挙区ごとに1人の議員を選出する制度が小選挙区制であり，2人以上の議員を選出するのが大選挙区制である．

小選挙区制の長所としては，一般に，①有権者が候補者の人物をよく知ることができる，②選挙区が狭いため選挙費用が節約できる，③二大政党化を促して政局が安定すること，などが指摘される．反面，その短所として，(i)候補者の選択の幅が狭く投票が死票となることが多い，(ii)競争が激しく買収等の選挙腐敗がおこりやすい，(iii)議員が地域的な利益代表になりやすいこと，などがある．とくにその制度が「勝者総取り制(winner takes all)」であるため，得票率と議席率の間に大きな乖離をもたらすという重大な欠陥が認められる．一般には，議席数の差が得票数の差の3乗にも及ぶという意味で「三乗比の法則」が成立するといわれている．

大選挙区制では，①候補者の選択の幅が広くなる，②死票が少ない，③地域の利益に縛られない候補者を得ることができる，④選挙腐敗が少なくなる，などの長所が指摘できる反面，(i)有権者が候補者の人物を知ることが困難になる，(ii)選挙に対する関心も薄くなりがちである，(iii)地域が広いため選挙運動費用がかさむ，(iv)同一政党内で複数の立候補者が共倒れとなりやすいこと，などの短所が指摘される．

このように，小選挙区制と大選挙区制はそれぞれ長所と短所をもっているが，そのほかに，日本に独特な制度として各選挙区の定数を3人から5人程度とする中選挙区制が存在した．日本では，1946年の総選挙が大選挙区制で行われた後，1947年から1993年総選挙まで中選挙区制で実施されたが，1994年に小選挙区比例代表並立制に改められた．

2) 代表方法による分類

代表方法は(a)多数代表制，(b)少数代表制，(c)比例代表制に分けられる．

(a) 多数代表制

多数代表制とは，選挙区内の多数派(選挙人の多数)にその選挙区から選出される全議席を独占させる可能性を与える選挙方法であり，小選挙区制はこの多数代表制に属する．この制度は，政治の安定をもたらす反面，民意の正確な反映という点では極めて問題が多い．

(b) 少数代表制

少数代表制は，多数代表制の欠点を補うために，選挙区の少数派にもある程度，議席を配分できるように配慮された制度である．具体的には，投票用紙に2人以上の候補者を連記させる連記投票法のうち，選挙区の議員の定数より少ない候補者数を連記させる制限連記制，あるいは，大選挙区制を前提にした累積投票法(議員の定数と同数回の投票を認め，有権者が同一の候補者にすべての投票を集中させることを可能とする方法)，中選挙区制などを前提にした単記(非移譲式)投票法などが含まれる．もっとも必ず得票率が議席率に反映される保障はないため，比例代表制が注目されることになった．

(c) 比例代表制

比例代表制は，得票数に比例して議席を配分する方法である．多数代表制や少数代表制に比べて民意反映機能に優れており，合理的な制度であるといえる．これは，投票結果を歪める原因となる死票を最小限にとどめ，民意を忠実に議席に反映しうる制度といわれるが，反面，政党が中心的な役割を果たすことになり人物中心の選挙を実現しえないこと，小党分立を招き政治の安定性を得ることができないなどの欠点が指摘される．

さらに，得票に比例して議席を配分する方法は必ずしも一定しておらず，19世紀後半から諸国で考案された方法には，300から500種類があるともいわれている．その結果，複雑な制度となりうることが欠点とされる．一般には，比

例代表制を実現する方法は，単記式と名簿式に大別される．前者の単記移譲式は，単記投票で得られた票のうち，当選のために必要かつ十分な当選基数(quota)を超える票を得票順に他の候補者に移譲することができる方式である．

これに対して，後者の名簿式とは，政党が作成した候補者名簿について投票を行い，名簿上の候補者間で投票の移譲等を認める方式である．この方式には，名簿の拘束の度合いによって，絶対拘束式，単純拘束式，非拘束式などがある．絶対拘束式は，政党の名簿に投票し予め指定された名簿の順位に従って当選人を確定するものである．日本の衆参両議院議員選挙の比例代表制は，当初この方式を採用していた(拘束名簿式比例代表制)が 2000 年の公職選挙法改正によって，参議院議員選挙については拘束式から非拘束式に改められた．

名簿式では，各政党の得票数を算出しそれに比例して議席を配分しなければならないが，その際の方法にも多くの種類がある．ヘアー式の場合は，有効得票総数を総定数で割って得られた平均得票数(ヘアー商，Hare quota)を計算し，各政党の得票数をその基数で割って当選者数を算出する方法が基本になる．その場合に残余議席を端数の大きいところから順に配分してゆく最大剰余法に従うものである．これに対して，有効得票総数を総定数に 1 を加えた数で割って当選基数を求め，これをもとにして最大剰余法によって残余議席の配分を決めるのがドループ式であり，ドループ式と同様に算出して生じた残余議席の配分にあたって，平均得票数が最大になるように計算して配分する方法(最大平均法)を採用するのがハーゲンビショップ式である．日本を含め，オーストリア，ベルギーなど広く採用されているドント式は，ハーゲンビショップ式の配分方法を残余議席だけでなくすべての議席配分に適用するもので，各党の投票数を整数の 1, 2, 3……の数で順に割ってゆき，商の大きなものから順に，定数に達するまで当選者を決めてゆく方法である．

3) 投票方式等による分類

選挙制度は，その他，投票方式(単記式，連記式，名簿式)や方法(記入式，記号式，選択式等)，選挙区割等によっても分類される．選挙区の議員定数にかかわらず投票用紙に 1 名の候補者の氏名を記入する単記記入投票法が一般的である．また，大選挙区制下で投票用紙に 2 名以上の候補者名を記入するのが連記式で

あるが，それには，選挙区の議員定数と同数の候補者名を記入する完全連記式と，議員定数より少ない数の候補者名を記入する制限連記式がある．

　選挙区割は，選挙結果を左右するもので，選挙運動の点でも重要な要素となる．いわゆるゲリマンダリング(gerrymandering)は，1812年マサチューセッツ州知事であったゲリー(Gerry, E.)が州議会選挙区画編成において自党に有利になるように線引きした(その選挙区の形が伝説上の怪物サラマンダーに見えた)ことから，恣意的で不公正な選挙区割を意味するようになった．

　このように，特定政党や候補者に有利な選挙区割を行うことは，民意を選挙結果に正しく反映することを阻害するため，禁止されなければならない．イギリスでは，中立的な第三者機関である選挙区割委員会を設置して投票価値の平等確保に努めている．

　アメリカでは，議席配分の不均衡問題について，ウォーレン・コートで平等主義的な判決が続き，グレイ事件など(Gray v. Sanders, 372 U. S. 368, 1963; Wesberry v. Sanders, 376 U. S. 1, 1964)で1人1票原則が確立された．しかし，人種に基づく選挙区割(いわゆる人種的ゲリマンダリング)の問題が，ショー対レノ事件(Shaw v. Reno, 509 U. S. 630, 1993)などで争われ，困難な課題を提起した(憲法訴訟研究室・芦部信喜編『アメリカ憲法判例』247頁以下〔戸松秀典・安西文雄執筆〕，森脇敏雅『小選挙区制と区割り』17頁以下参照)．

(3)　各国の選挙制度

　各国の選挙制度は，おおまかに(a)小選挙区制，(b)比例代表制，(c)両者の複合形態を採用するものに区別できる．このうち，イギリス，フランス，アメリカは基本的に(a)，オランダ，ベルギー，オーストリアや北欧諸国は基本的に(b)，ドイツ，イタリア，日本は(c)を採用している(167頁の表2参照)．

(a)　小選挙区制

　同じ小選挙区制でも，1回投票制の最高得票システム(第1位当選制)で実施されるイギリス型と，2回投票制のフランス型では，性格が大きく異なる．後者では，第1回投票で過半数の得票を得た場合を除いて，候補者数を絞って第2

回投票を行うもので，第1回は選挙でなく選好投票，第2回が本来の選挙と解されており，イギリス型に比して小選挙区制の短所が少ないといえる．

イギリスの下院選挙では，全国を650の選挙区に分け，各選挙区の第1位得票者を当選とする．2010年5月の総選挙では，与党労働党が90議席以上減らして惨敗し，野党の保守党が第1党となった．第3党の自民党は，得票率23.0％に対して議席率は8.8％弱にとどまり，少数派に不利な小選挙区制の特徴が顕著に示された．さらに保守党の議席は301議席で，下院の過半数(326議席)には届かなかったため，全政党が過半数割れとなるハング・パーラメント(宙ぶらりんの議会)が1974年2月の選挙以来36年ぶりに生じた．保守党は13年ぶりの政権交代を実現するため第3党の自民党との連立政権を樹立することで合意し，保守党の党首であるキャメロンが首相に任命された(2016年6月のEU離脱の国民投票の責任を取って辞任し，保守党党首メイが着任した)．2017年6月8日の総選挙では，650議席中保守党318議席，労働党262議席となり，単独過半数割れとなって民主ユニオニスト党と閣外協力で合意した．

一方，フランスでは，大統領選挙は，上位2候補者の決選投票制で最終的に絶対多数を要請するのに対して，下院(国民議会)議員選挙は，第1回投票の当選ラインを定めて第2回投票の候補者数を減らし，相対多数で決するシステムを採用している．この制度には，もともと，左右両極の小政党を閉め出し，第2回投票で複数の政党が協力や取引を行う点に意味があった．第5共和制初期には当選ラインが得票率5％であったが，その後12.5％に引き上げられ，多党制のなかで可能なかぎり多数支配を形成することが企図された．

実際に2007年5月の大統領選挙で右派のサルコジ大統領が選出された直後に実施された同年6月の総選挙では，与党の右派連合が安定多数を占めた．2012年5月には社会党のオランド大統領が当選し，6月総選挙(6月10日と17日)でも社会党が単独過半数を確保して勝利した．

2017年5月の大統領選挙では，既存の与党候補者が上位2人の決選投票に進めず，独立系候補のエマニュエル・マクロン前経済相が大統領に就任した．6月の下院選挙では，マクロンを党首とする新政党「共和国前進」が577議席中313議席を獲得し，上院選挙でも348議席中143議席を獲得した．共和党(右派)からフィリップ首相を任命し半数を民間から登用して新内閣を発足させ，

安定的な政権運営をスタートさせた．

(b) 比例代表制

　比例代表制を採用している国は，北欧諸国やベネルクス三国，中南米諸国などである．前述のドント式を採用しているのは，オーストリア，ベルギー，フィンランド，中南米諸国，1993年以前のイタリアなどであり，この制度では，比例の度合いが低く大政党に有利であると言われている．スウェーデンとノルウェーでは，ドント式よりは比例度が高いとされるサン・ラゲ式とよばれる方式を採用している．また，比例代表制の場合は，選挙区の規模(選挙区が選出する議員の定数)が大きいほど，比例の効果が大きくなる．この点では，オランダやイスラエルは，選挙区の規模が大きく，各150，120人を選出するため，純粋な比例制に近い，と解される．

(c) 複 合 制

(ⅰ) **小選挙区比例代表併用制**　小選挙区制の長所としての個人本位の選挙を実現しつつ，比例代表制の長所である民意の比例的な反映(死票の減少)をともに確保するために考案され，ドイツで長く採用されている制度である．この制度では，有権者が2票の投票権をもち，まず一方の比例代表選挙の得票結果に比例して議席が配分された上で，他方の小選挙区選挙における当選者に対して優先的に議席が与えられる．議席配分が得票に比例している点で，この併用制は実質的には比例代表制であり，サルトーリはこれを「パーソナル化された比例代表制」(サルトーリ〔岡沢憲芙監訳〕『比較政治学』20頁)と称している．もっとも，この制度にも欠陥がある．それは，小選挙区選挙の結果と比例代表選挙の結果に齟齬が生じて前者の当選者が後者で配分された議席数を超えた場合などに超過議席が必要となり，議員定数が法定数より増加することである．

　実際，2017年9月24日に実施されたドイツ連邦議会総選挙では，議席数が前回の630から709に増えた．与党キリスト教民主同盟(CDU)が勝利したが，得票率を2013年の41.3％から32.9％に減らした．2位の社会民主党(SPD)も20.6％で1997年以降最低の得票率となった．反面，ナチス政党と称される右派の「ドイツのための選択肢(AfD)」が得票率を2013年の4.7％から12.6％に

増やしで第3党に躍進した．メルケル首相の新連立政権樹立に向けた取り組みが連立協議の不調によって困難になり，4期目の政権維持のために第2党(SPD)との大連立の可能性が高まった(2018年2月20日現在)．これにより二大政党制の限界が露呈された結果となった．

(ⅱ) **小選挙区比例代表並立制**　小選挙区制と比例代表制を並列的に採用する制度であり，1994年の公職選挙法改正で日本の衆議院議員選挙に導入された(当初は総定数500，小選挙区選挙300，比例代表選挙200に分割し，比例代表選挙では，各党の得票をブロック単位で集計してドント式で議席配分を行う制度を採用した)．この制度は，有権者は各自2票を投票し，小選挙区選挙では候補者1名の氏名を自書し，比例代表選挙では政党等の名称または略称を自書する方式である．さらに政党候補者に限って小選挙区と比例区への重複立候補が認められ，小選挙区で落選した候補者が比例区で当選することが可能となった．その後，2016年の公選法改正で衆議院は465人(小選挙区289人・比例代表176人)に削減され，2017年10月22日の選挙から実施された．

なお，最高裁大法廷は，小選挙区制・比例代表制および重複立候補制等について合憲判断を下したが，選挙区間の人口の較差が1対2を超える選挙区割りの合憲性，小選挙区での選挙運動規定の合憲性については，5人の裁判官の反対意見が違憲と判断して注目された(最大判1999〈平成11〉年11月10日，民集53巻8号1441頁以下)．最高裁では，衆議院の投票価値平等に関する「一人別枠訴訟」において，2011〈平成23〉年3月23日判決で1対2.3の較差につき「違憲状態」と判断した後，2015〈平成27〉年11月25日判決でも，2倍を超える較差について「違憲状態」としつつ合理的期間論によって合憲判決を下している．

参議院については，2012〈平成24〉年10月17日判決で1対5の最大較差を「違憲状態」と判断した後，最大較差1対4.77であった2013年選挙に関する2014年〈平成26〉年11月26日判決では，選挙を無効とする反対意見(山本庸幸裁判官の反対意見)が現れた(辻村『選挙権と国民主権』137頁以下参照)．その後，2016年選挙の1対3.08の較差について16件の訴訟が提起されたが，高裁では，10件が違憲状態，6件が合憲判決となった．この選挙では，都道府県を単位とする選挙制度が変更され，島根・鳥取と高知・徳島両県を「合区」したが，これについて最高裁は，2017〈平成29〉年9月27日最高裁判決で，「合区」などの

表2 主要国の選挙制度と政党

国 名	議会構成	定数(人)	任期(年)	解散	選挙資格年齢	選挙制度	最近の選挙	主要政党
イギリス	貴族院(上院)	不定〔804※〕	—	無	—	(任命制)		
	庶民院(下院)	650	5	有	18	小選挙区制	2017.6	保守党, 労働党, スコットランド国民党, 自由民主党
アメリカ	上院	100	6	無	18	小選挙区制	2016.11	共和党, 民主党
	下院	435	2	無	18	小選挙区制	2016.11	共和党, 民主党
フランス	元老院(上院)	348	6	無	18	拘束名簿式比例代表制(間接選挙)	2017.9	共和党, 社会党, 中道連合
	国民議会(下院)	577	5	有	18	小選挙区制(2回投票制)	2017.6	共和国前進, 共和党, 民主運動
ドイツ	連邦参議院(上院)	69	—	無	—	(州政府任命制)		
	連邦議会(下院)	598※※〔709〕	4	有	18	小選挙区比例代表併用制	2017.9	キリスト教民主・社会同盟, 社会民主党, ドイツのための選択肢, 自由民主党
イタリア	元老院(上院)	315	5	有	25	小選挙区比例代表並立制	2018.3	五つ星運動, 民主党, フォルツァ・イタリア
	衆議院(下院)	630	5	有	18	小選挙区比例代表並立制	2018.3	五つ星運動, 民主党, フォルツァ・イタリア
大韓民国	国会(一院制)	300	4	無	19	小選挙区比例代表並立制	2016.4	共に民主党, 自由韓国党, 国民の党
日本	参議院(上院)	242	6	無	18	中選挙区比例代表並立制(非拘束名簿式)	2016.7	自由民主党, 立憲民主党, 希望の党, 公明党, 日本維新の会, 共産党
	衆議院(下院)	465	4	有	18	小選挙区比例代表並立制(拘束名簿式)	2017.10	自由民主党, 民進党, 公明党, 共産党, 日本維新の会

(2018年2月20日現在. 辻村作成. ※は2017年7月現在・外務省資料, ※※は2017年9月選挙の超過議席を含む)

法改正を高く評価し，合憲判断を下した(反対意見も2人にとどまった)．

3　議会の組織と権能

(1)　議会の組織——二院制

14世紀半ばまでにイギリスで二院制が成立して以来，世界の議会では，概ね一院制か二院制が採用されてきた(歴史的には三院制や四院制なども存在した)．とくに18世紀末のアメリカ憲法制定時とフランス革命期の諸憲法制定時に議論があり，シイエス(シェイエス)が「第二院は，第一院と一致すれば無用であり，第一院と一致しなければ有害である」と指摘したと言われている．フランス革命期には1791年憲法と1793年憲法は一院制，1795年憲法は二院制，1799年憲法は四院制を採用した．以後フランスでは，1848年憲法を除いて，二院制が確立した．

今日では，デンマーク，フィンランド，スウェーデン，ギリシア，ルクセンブルク，イスラエル，ニュージーランド，韓国，中南米諸国など多くの国が一院制を採用しているが，主要国は二院制である(IPUの調査では2017年12月時点で193カ国中77カ国が二院制を採用している)．しかしその態様は異なっており，二院制の類型は以下のように分類される．

(a)　連邦型二院制

連邦制を採用している国家では，連邦全体の意思を代表する第一院(下院)のほかに，連邦の各構成国(州)の意思を代表する第二院(上院)がおかれることが多い．このような連邦国家における連邦制型の二院制は，アメリカ合衆国，ドイツ，オーストリア，オーストラリア，ブラジル，インドなど多くの例がある．

アメリカ合衆国では，連邦議会は，上院(Senate)と下院(House of Representatives)の両院で構成される(合衆国憲法第1条)．憲法で二院制が採用された背景には，人口比による議員数の決定を望んだ大規模な州と，均一な代表を望んだ小規模な州の要求を妥協させた歴史があった．そこで，下院議員は，各州の人口に比例して州単位の直接選挙によって選出されるのに対して，上院では，人

口にかかわらず，各州から2名ずつ，議員が選出されることになった．上院議員は，1913年の合衆国憲法第17修正以後，民選の制度となり，6年任期で，2年ごとに3分の1が改選される．下院議員は，任期2年で一度に交代するが，実際には再選・多選が一般化しており，任期制限に関する住民投票の動きが盛んとなった．任期を最長継続12年に制限する州法が多くの州で制定されたことに対して違憲の提訴がなされ，合衆国最高裁判所は1995年にソントン事件判決(U. S. Term Limits, INC. v. Thornton, 514 U. S. 779, 1995)において，5対4で違憲判断を示した．判決は任期制限には憲法改正を要することを示したため，今後25州以上で任期制限が求められれば憲法改正も可能となる(阿部竹松『アメリカ合衆国憲法[統治機構]』140-141頁，憲法訴訟研究会・芦部信喜編『アメリカ憲法判例』431頁以下〔高見勝利執筆〕参照)．

なお，2008年11月の選挙でオバマ大統領とともに勝利した民主党は，上院で59議席，下院で255議席と，ともに過半数を占め，法案成立を大統領のリーダーシップで進めることができた．しかし，2010年11月中間選挙の結果，上院では100議席中民主党が53議席を占めたが，下院では，435議席中民主党が187議席(43.0%)にとどまり，両院の間で「ねじれ現象」がおこり政策推進に大きな困難が生じた．その後，2016年11月の大統領選挙で共和党のトランプ大統領が選出され，同時に実施された連邦議会議員選挙でも共和党が過半数を維持して「ねじれ現象」が解消した(上院100議席中52，下院435議席中240)．

(b) 貴族院型(民意抑制型二院制)

単一国家では，二院制の類型は，貴族院型(民意抑制型二院制)と民選議会型(民主的二院制)の2つに分かれる．前者の貴族院型は，もともと君主制下の貴族階層を母体として第二院(上院)を形成し，貴族的・保守的な階層を代表するとともに，民選の第一院(下院)の民主的要素を抑えてバランスをとるために設置されたものである．イギリスの貴族院や，日本の旧憲法下における帝国議会貴族院がその例であり，前近代的な身分制議会下ではともかく，民主主義を標榜する近・現代の議会では，その存在意義はほとんど認められなくなっている．

イギリスでは下院(庶民院)議員が5年任期で公選されるのに対して，上院(貴族院)は，選挙を経ずに貴族によって構成される．旧来は，1300人もの貴族院

議員がおり(出席者はそのうち300人程度),世襲議員も半数以上いた.労働党政権下で1999年に上院法が制定され議員数が半減された後,2007年には貴族院に選挙権を導入するための決議案が庶民院で可決されるなど,改革が行われた(2017年7月現在の上院議員数は804人で,保守党254,労働党202,自由民主党101,中立(クロスベンチ)176議席等である.外務省ウェブサイト「基礎データ」参照).

(c) 民選議会型(民主的第二院型)

単一国家での二院制のもう1つの類型が,第二院が第一院と同様に民選の議会であるような「民主的第二院型」である.日本の参議院がその典型であるが,この類型は,二院制を採用する目的が(a)や(b)ほど明確ではない.シイエスの指摘のように,2つの院が全く同じような民意代表の機関である場合には,二院制の存在意義は少ないといえる.

フランスでは,上院(元老院)議員は,間接選挙によって選出され,地域代表の性格を憲法上付与されている.これに対して,下院(国民議会)議員は直接選挙で選出されるなどの差異が設けられている(1958年憲法第24条).そのほか,任期や選挙方法にも差異を設け,上院は下院をチェックする保守的な機関として機能することが予定されている.

日本では,第二院(参議院)の議員全員が,第一院(衆議院)と同様に直接普通選挙によって公選されるが,このような型はほとんど例をみない.そこで,日本国憲法下の二院制の存在意義については,次のように考えることができる.①第一院の行動をチェックし,審議や立法権限の行使を慎重・公平なものにすること,②第一院とは異なる時期や方法で表明された国民の多様な意思を代表させること,③解散等によって第一院の機能が失われたときに,国民を代表する機関を確保すること,などである.

このほか,第一院が人口比例原則に即した数の府であるのに対して,第二院は国民の理性ないし良識の府であること,全国民代表としての第一院と異なる選挙制度によって地域代表や職能代表を確保することが指摘されることがあるが,それらを日本国憲法の要請としての二院制の本質的要素と捉えることには問題がある.憲法第43条では,すべての国会議員が,(地域代表ではなく)全国民の代表として位置づけられており,衆議院と参議院との間でこの本質は変わ

らないからである．したがって，二院制の存在意義に関する憲法上の理由としては，上記の①—③をあげることが適切である．

　実際には，政党の規律や党議拘束が強い場合には，二院の双方とも政党の数の論理に従うことになり，第二院の独自性を発揮するのが困難になる．また，二院制の意義が低下している原因の1つは行政権の肥大化と強化である．現代の行政国家化のなかで行政権が自己の安定と行政の効率のために，行政部に奉仕する第二院として機能することが求められてきたが，民主的第二院の存在意義に照らして望むべきものかどうかは疑問があろう．また，選挙権の権利としての性格や直接・普通・平等選挙の意義，さらに憲法上の国民代表機関の性格などを考慮するならば，参議院の選挙制度に間接選挙制を導入することなどは許容しえないと考えられるため，衆議院と異なる選挙制度の導入にも憲法論上の精査が必要である．

(2) 国会の権能と議院の権能

1) 立法権と立法手続

　国会は，立法府として，法律案の議決を主たる任務とする．このほか，予算の議決，条約の承認など多くの権能をもち，憲法上にその権能や立法権限の範囲が列挙されるのが通例である（アメリカ合衆国憲法第1条第8節，フランス憲法第34条，ドイツ連邦共和国基本法第73・74条など）．最近では，国会の諸機能を実現するために，多くの国で委員会制度が採られ，委員会の役割が増大している．

　イギリスでは，アメリカや日本に比べると，本会議での審議が重視されているが，国政調査などでは特別委員会がとくに重要な機能を果たしている．立法機能のほかには議院の権能として，国政調査権や議院規則制定権などの自律権が認められている．

2) 国政調査権

(a) 日本の国政調査権

　日本国憲法第62条は，各議院が「国政に関する調査」を行う権能をもち，

証人の出頭および証言ならびに記録の提出を要求することができることを定める．調査の主体は，各議院であり，各議院の委員会(常任委員会・特別委員会)が重要な役割を果たしている．調査方法については，「議院における証人の宣誓及び証言等に関する法律」(議院証言法)が詳細な規定を置き，証人の出頭・宣誓・証言を罰則付きで強制し，虚偽の陳述に対する処罰を定めている(同法第6・7条)．実際にはこれらの強制を伴わない参考人として招致する例が多く，また，1988年の同法改正で第1条の4が新設されて補佐人の制度が導入され，証人に対して宣誓・証言の拒絶について助言できるようになった．さらに，同法第5条では，公務員の守秘義務を理由とする証言拒否等を認めており，数多くの疑獄事件調査で証言拒否がくりかえされた．これによって，司法権との関係のみならず，行政権(検察権)との関係でも，国政調査権の行使が大きく制限されている．

　それは，国政調査権の本質について，通説・判例が，国会ないし議院の独立の権能(独立権能説)ではなく，国会ないし議院の諸権能を行使するための補助的な手段である(補助的権能説)と解してきたことにも起因する．これに対して，1970年代のロッキード事件調査以降，国政に関する情報の収集と事実認定作用によって，国民の知る権利に応えるための機能が強調されてきた．最近では，行政国家の行政統制手段として国政調査権を強調する見解や，人民主権論に基づいて主権者人民の国政コントロール・政治責任追及手段としての意義を強調する学説も有力に展開された．

　実際には，補助的権能説を前提として論じられてきた国政調査権行使の限界，とりわけ，司法調査との並行調査の禁止(司法当局の汚職捜査開始等を理由として，証人喚問された議員や大臣が出頭拒否や証言拒否をすること)が問題になる．たしかに，犯罪捜査と並行する国政調査は，犯罪捜査の合目的性から大きな制約が付され，いわゆる灰色議員の証人喚問などは実現困難な状況にある．しかし，政治責任追及を目的とする国政調査と刑事責任追及を目的とする犯罪捜査とは目的が異なり，主権者の国政コントロールの手段としての国政調査権の重要性からすれば，可能な限り並行調査を認めることが原則とされよう．

　この点では，ドイツの少数者調査権の制度(議会内少数派主導の国政調査を認める制度)と並行調査を認める運用が検討に値する．

(b) ドイツの少数者調査権

ドイツでは，ワイマール憲法第34条で，「連邦議会は，調査委員会を設置する権利を有し，議員の5分の1の提案があれば，これを設置する義務を負う」と定めた．連邦議会が調査委員会を設けて調査できるだけでなく，議会内の少数政党も調査要求ができるような少数者調査権を認めた点で注目される．また，同種の規定が邦の憲法でも定められ，調査権が一般的に認められてきた．

ドイツ連邦共和国基本法は，この伝統を受け継ぎ，第44条で，「連邦議会は，公開の議事において必要な証拠を取り調べる調査委員会を設置する権利を有し，議員の4分の1の提案があれば，これを設置する義務を負う」とした．要件が4分の1に加重された点は後退といえるが，調査委員会の決議は裁判による審査を受けないことを追加するなど，調査権を重視する姿勢は同じである．実際にも，判例のなかで，政府の監視・統制の任務が主に野党(議会内少数者)によって担われることが確認されるなど，日本でも参考にすべき点が多い(孝忠延夫『国政調査権の研究』86頁以下，浅野一郎『議会の調査権』32頁以下参照)．

(c) フランスの調査権

フランス現行1958年憲法には，2008年の憲法改正までは国政調査権に関する規定は存在しなかった．しかし，実際には，1958年の議院運営に関するオルドナンスに基づいて，各議院に「調査もしくは監督委員会(commission d'enquête ou contrôle)」が設置され，調査・監督委員会は，おもに確定した事件について情報収集する目的をもって組織された．調査・監督委員会は，訴追手続が開始された後は設置されないなど並行調査禁止の制限があり，また，同一目的のための調査・監督委員会は，前委員会の任務終了後1年経過後でなければ設置されないという制限もあった．そこで，1977年法によって，同オルドナンスが大幅に改正され，証人喚問に強制力が付与されるなどの強化が図られた．また，手続の簡略化によって少数野党にも調査権を発動させる可能性を与え，並行調査の禁止を緩和する方向がめざされた．

その後2008年7月23日の憲法改正では，第51条の2が新設されて，はじめて憲法上に国政調査権が明示された．これは少数会派の憲法的位置づけを強

化した規定であり，ほかにも野党の地位を強化するため第48条の議事日程に関する規定を改正し，野党(反対会派および少数会派)に対して月1回の会議を保障することなどを明記した(第48条第5項)(辻村『フランス憲法と現代立憲主義の挑戦』82頁以下参照).

4　議院内閣制と大統領制——行政権強化の構図

1)　統治制度の種類

　近代以降の諸憲法では権力分立が民主政治の根幹とされ，大統領制や議院内閣制などの統治制度が採用された．立法権(議会)と行政権(政府)との関係に注目して分類する場合には，次の諸制度が区別される．

　① 大統領制——議会と政府とを完全に分離し，政府の長たる大統領を民選とする制度で，アメリカなど多くの国が採用している．

　② 超然内閣制——君主制下で，政府は君主に対して責任を負い，議会に対して責任も負わない制度である．ドイツ帝国や大日本帝国憲法下の制度などに例がある．

　③ 議会統治制ないし会議政(assembly government, gouvernement assemblée)——政府がもっぱら議会によって選任されて議会の意思に服し，内閣は議会の一委員会にすぎない制度である．スイスやフランス第1共和制，第4共和制などにその例がある．

　④ 議院内閣制(parliamentary government, gouvernement parlementaire)——行政権を担当する内閣の存立を議会に依存する制度であり，イギリスやフランス，日本などで採用されている．

　現代憲法では，行政権の強化が特徴になっており，大統領型と議院内閣制型が重要な意味をもつ．また，最近では，この両者の中間的な「半大統領制」も注目されるため，以下では，これらについて検討する．

2)　大統領制——アメリカ型

　合衆国憲法は，制定当初は大統領の任期を4年として多選禁止規定を置いていなかったが，1951年の第22修正によって，3選禁止が定められた．大統領

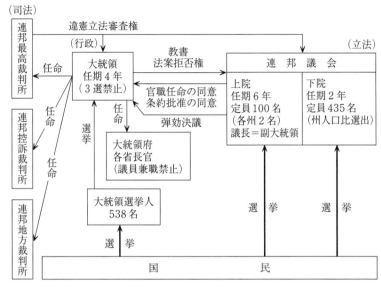

図 4　アメリカ合衆国の統治機構
(田口富久治・中谷義和編『(新版)比較政治制度論』51頁)

選挙は，第2条第1節第2項で定められるように，各州は上下両院議員と同数の選挙人(elector)を選出し，その選挙人が大統領候補者と副大統領候補者を選出する間接選挙制で実施される．しかも，大統領選挙人選挙(11月に実施される予備選挙)では，選挙人最多得票の政党の選挙人候補者全員が当選して州の選挙人となるため，本選挙(12月に実施)の前に実質的に決着がつく仕組みであり，これが二大政党制のもとでの政権交代を可能にしてきた．

反面，予備選挙における国民総得票数と本選挙における大統領選挙人票数との間の得票差が大きく，国民の総得票数が少ないにもかかわらず大統領選挙人票の過半数を獲得して大統領に当選する，という難点がある．2000年大統領選挙において共和党のブッシュが当選したのもそのような状況である(総得票数では50万票もゴア候補より少なかったことから，アメリカ大統領選挙方法に関する合衆国憲法第2条の改正問題も議論された．松井茂記『ブッシュ対ゴア』11頁以下参照)．

アメリカの大統領制では，大統領と議会の間で権力が厳格に分立され，議会は大統領を罷免しえないかわりに，大統領も議会解散権をもっていない．本来

は，このような権力分立に支えられた大統領制は，議会と政府が同一の多数派によって構成される多数派支配を前提にしていると考えられるが，アメリカの政治は，1969年度から1992年度までの24年間のうち20年間は，議会と政府の支持政党が異なる「分割政府」であった（カーター政権下の4年を除いて，共和党が大統領府を，民主党が議会の多数派を支配した）．1993―94年にはクリントン政権下で民主党が両者を支配したが，2年間しか続かず，多数派の一致よりむしろ多極共存型の政治が行われてきた．2000年からは，ブッシュ政権下で，議会を含めて共和党の多数派が形成されたが，2008年からのオバマ政権下で民主党が多数を占めた．しかし，2010年11月の中間選挙以降しだいにオバマ大統領の政局運営が困難になり，2016年11月の大統領選挙では，民主党のヒラリー・クリントンがドナルド・トランプに破れて共和党に政権が移行した．

3） 議院内閣制——イギリス・日本型

　議院内閣制では，立法権と行政権の分立を前提としつつも，権力分立は大統領制よりも緩やかであり，内閣が議会に対して責任を負うという関係が成立している．この制度では，議会と内閣との相互の協力関係が重視され，抑制と均衡のシステムとして機能する．そして，両者の関係が破綻した場合には，議会が内閣を不信任しうるのに対して，内閣は総辞職や議会の解散によって対処することになる．また，議院内閣制では，大臣は議員のなかから選出され，議院に出席して発言する権利・義務を有するのが通例である．

　議院内閣制の類型には，歴史上，内閣が議会と国王の両者に責任を負う二元型と，議会のみに責任を負う一元型の2つの類型が存在した．さらに，内閣と議会の関係をめぐって，議会優位型と均衡型に区別できる．

　もともと議院内閣制は，18世紀から19世紀初頭にかけてイギリスで成立したが，その特徴として，①行政権が君主と内閣に二元的に帰属し，内閣はその君主と議会の両者の間にあってその双方に対して責任を負うこと（二元型），②議会の内閣不信任決議権と君主（現実には内閣）の議会解散権という相互の抑制手段によって2つの権力が均衡を保ちながら協働の関係にあること（均衡型），が指摘される．実際，イギリスでは，形式的には国王が最高の執行権者であり，大臣の任免権・議会解散権等も国王の権限とされる．首相も国政選挙の結果に

もとづいて君主によって任命される．事実上君主に選任権はないが，歴史的には1894年のグラッドストーン首相辞職の際や1925年の首相死亡の際などに女王・国王が実質的な任命権を行使した例などがある．その後は，君主の権限は慣習上制限され，実質的意味の執行権は首相と内閣に属すると考えられてきた．そこで，イギリスの議院内閣制も，実質的には一元型として機能してきた．

フランスでも，このような二元型議院内閣制は，19世紀前半の7月王政期に，政府が国王と議会の双方に依存する形で最初に試みられた．ところが，19世紀後半になると，君主(ないし大統領)の権限が名目化して行政権が内閣に一元的に帰属する傾向が強まり，その内閣が議会の信任を存立の要件とすることが重視されるようになった．こうしてしだいに議会優位の一元型の議院内閣制が台頭した．フランス第3共和制憲法下では，議会の解散権が名目化し，行政府に対する議会の優位と議会中心主義が確立された．第5共和制期になると，大統領の権限が強化されて大統領制と議院内閣制の混合形態(「半大統領制」)が採用され，議会優位の一元型議院内閣制の伝統は変化した．第2次大戦後の行政国家現象のもとでは，全体として，イギリスのような均衡型議院内閣制が主流となった．

議院内閣制の要件と「解散権」

議院内閣制の要件については，以上の歴史的展開をふまえてみれば，①議会(立法府)と政府(行政府)の分立，②政府が議会に対して連帯責任を負い，その存立を議会に依存することの2つが重要といえる(日本の憲法学説ではこれを責任本質説と称した)．これに対して，イギリスの古典的な均衡型議院内閣制の性格から，③政府が議会の解散権をもつこと，という第三の要件を重視する見解も存在する(学説でいう，いわゆる均衡本質説)．今日では，行政国家現象のもとで，たしかに政府の権力が強まり③の要素が重要な意味をもってきているが，議院内閣制の本質は内閣の議会への依存にあり，均衡は必ずしも必要条件ではないことからすれば，本質論としては①・②を要件と解することが妥当であろう．

サルトーリは，イギリス型の宰相システムは，多数代表制(小選挙区制)，二大政党制，強力な政党規律の3条件に相互依存し，各条件が変化すればドミノ効果が続くことを指摘する(サルトーリ『比較政治学』118頁)．

VIII 現代憲法下の統治構造

　イギリスは，これらの条件下で強力な宰相システムによる議院内閣制を形成したが，実際には，2011年に首相の解散権を制限する「議会任期固定法」を制定した．これによって，任期満了によらない下院の総選挙は，①下院議会自体による自主解散の議決（下院の定数〔欠員を含む〕の3分の2以上の賛成）があった場合（第2条第1項），②下院による政権の不信任決議案の可決後（第2条第3項a），可決された日から14日を経過しない期間内に現政権を改めて信任し若しくは新政権を新たに信任する決議案が可決されなかった場合（第2条第3項b）に限られることになった（国立国会図書館調査及び立法考査局「イギリスの2011年議会任期固定法」外国の立法254号〔河島太朗執筆〕参照）．

　ドイツでは多数代表制は採用せず，比例代表制と多数政党制下の二党連立政権を基調にしつつ，イギリスに比して脆弱な宰相民主主義(Kanzlerdemokratie)を成立させてきた．概して，イギリスのような二大政党制型の強力な議院内閣制はまれであり，スウェーデン，ノルウェー，日本など多くの国では，一党優位型の議院内閣制を維持してきた．

　日本では，憲法で内閣の連帯責任原則（第66条第3項）や国会の内閣不信任決議権（第69条），内閣総理大臣の国会指名（第67条），内閣総理大臣および「国務大臣の過半数」を国会議員とする要件（第67・68条）を定めるなど，内閣の存立を議会に依存させる議院内閣制の制度が採用されている．このような日本国憲法下の議院内閣制が，均衡型の古典的なイギリス型議院内閣制と，議会中心主義的なフランス第3共和制型のいずれに属するかは，憲法上は明らかにされていない．運用上は内閣に自由な解散権が認められているため均衡型（イギリス型）と解する見解が有力であるが，憲法が解散権の所在を明確にしているわけではなく，憲法上は第69条の場合しか解散できないという解釈も可能であるため，議会優位型と解することも十分にありうる．

　しかし実態は，自民党長期政権下で「解散権は総理大臣の専権事項」という慣行が定着して，内閣や政党の利益に従って衆参同日選挙等をねらった解散が繰り返されてきた．2017年9月28日の臨時国会の冒頭解散なども，野党の選挙準備が整わないうちの駆け込み解散で，首相の政権維持が目的であると批判されたが，「総理の専権事項」が憲法上で定められていると説明された．しかし実際には，憲法第7条第3号により，内閣の助言と承認によって解散される

ことから，実質的に内閣に解散権があると解するのが正確である(2017年10月6日の閣議決定で，この点が確認された).

比較憲法的に見れば，解散権が任意に行使されるという慣行は時代遅れであるといえる．実際に，現代では，OECD加盟国中，イギリス，ドイツなど解散権制約が主流となり，任意に解散できるのは，日本，カナダ，デンマーク，ギリシアなど少数である．今後は，日本でも解散権の行使と制約の課題について検討が必要である．

4) 半大統領制(大統領制と議院内閣制との中間形態)──フランス型

フランス第5共和制憲法(1958年憲法)は，公選の大統領と，その大統領によって任命される首相との間で執行権が二分される「行政の二頭制」という構造を持っている．そのため一般には，大統領制と議院内閣制の中間形態ないし混合形態として分類されてきた．

憲法制定当初は，大統領が間接選挙によって選出されていたが1962年の憲法改正によって，大統領が国民から直接選挙で選出されることになった．さらに，憲法第11条で大統領が公権力の組織等に関する法律案を人民投票にかけることを定めたため，直接民主制の導入によって，民主的正統性の点で大統領が議会にまさるという構造ができあがった．これによって，「立法までの民主主義」から「行政までの民主主義」への展開が認められた．このような行政権の優位という現象を背景に，デュヴェルジェがこの制度を「半大統領制」と呼び，議院内閣制から大統領制への局面の交代として位置づけた．

さらに，その後の憲法改正で，憲法第11条の人民投票の範囲を公役務や社会・経済政策等に関するものに拡大し，大統領の地位と権限は一層強化された．1981年からの社会党ミッテラン大統領の政権下で保守派のシラク首相が任命されて生じたコアビタシオン(cohabitation, 保革共存)についても，その原因に大統領任期(7年間)と国民議会議員任期(5年間)の乖離があったことなどから2000年10月に5年任期への短縮を認める憲法改正が実現して解消された．

さらに2008年7月23日の憲法改正で，①大統領の3選禁止(憲法第6条第2項)，②大統領の任命権に対する国会の監督権限付与(同第13条第5項)，③大統領の非常事態措置の制限(30日後に憲法院が審査開始できる手続を導入，同第16条

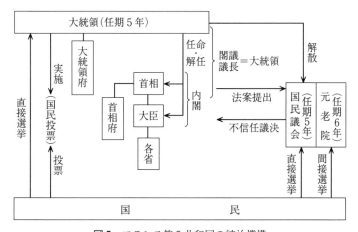

図5 フランス第5共和国の統治機構
（土岐寛・加藤普章編『比較行政制度論』77頁参照．上院の任期と名称は改訂）

第6項），④大統領の恩赦権の限定（個別に実施するもののみ認められ，集合的なものを禁止，同第17条），⑤両院合同会議で大統領が所信表明する機会の保障（同第18条第2項）が実現した．このうち②は，第13条第3項に定める大使・特使等以外の官職の任命について，両議院の常任委員会の反対票が投票総数の5分の3を超えた場合には大統領は任命することができないと定めたものである．憲法院構成員の任命にも適用されるため（同第56条第1項），憲法政治に与える影響は大きいと考えられる（辻村『フランス憲法と現代立憲主義の挑戦』33頁以下参照）．

5 財政制度とコントロール

1） 財政民主主義原則の確立

　日本国憲法は「国の財政を処理する権限は，国会の議決に基いて，これを行使しなければならない」（第83条）として，財政の基本原則を定める．これは，「国会中心財政主義」「財政議会主義」「租税法律主義（第84条）」を超えて，財政民主主義を含むものと解される．財政民主主義とは，「国民の，国民による，国民のための財政」の実現を企図するもので，憲法第83条の財政議会主義を

その中心的な内容としつつ，これを拡大したものといえる．

歴史的には，もともと 1215 年のマグナ・カルタで，国王による課税に対して一般評議会の同意が必要とされて以来，イギリスの議会制の発達に伴って権利請願や権利章典等のなかで具体的に財政議会主義が確立されてきた．アメリカ独立革命当時の「代表なければ課税なし」というスローガンも，課税への同意を条件として近代的な議会政治が確立されてきたことを端的に示している．

また，フランスでは，1789 年の人権宣言のなかで，「すべての市民は，自らまたはその代表者によって，公の租税の必要を確認し，それを自由に承認し，その使途を追跡し，かつその数額，基礎，取立ておよび期間を決定する権利をもつ」(第 14 条)と定められ，主権者による財政の民主的決定の原則が明らかにされた．

これらの歴史的展開をふまえると，「財政を処理する権限」の内容も，租税の賦課や徴収などの強制的な権力作用にとどまらず，国費の支出や国有財産の管理などの財政管理作用も含むと解すべきであり，これらの作用が，広く国会ひいては主権者の決定ないし統制のもとにおかれることが導かれる．

2) 諸国の財政コントロール

主要国の憲法は，予算や会計検査院の検査による財政統制を定めるが，予算案に対する議会の修正権について歯止めを設けているものが多い．

例えばドイツ連邦共和国基本法は財政制度について詳細な規定を置き(第 104a 条—第 115 条)，「予算は，収入と支出が均等になるものとする」(第 110 条第 1 項)と定めたうえで，政府予算案に対し支出増額や収入減額が生ずるような修正には政府の同意が必要であるとする(連邦政府は「連邦議会がこのような法律について議決することを中止するように要求することができる」(第 113 条第 1 項)と規定している)．

フランス憲法第 47 条は，予算法律について詳細に規定しており，イタリア憲法も 2012 年に憲法第 81 条を改正して予算規定を詳細にした．

最近では財政赤字や累積債務が各国共通の課題となっており，ドイツ連邦共和国基本法は財政規律を強化する詳細な規定をおいた(旧第 115 条第 1 項では「信用借りの収入は，予算中に見積られている投資のための支出の総額を超えてはなら

VIII 現代憲法下の統治構造

ない」と定めていたが，2009年の憲法改正により規定がさらに詳細になった）．

　フランスでは2001年の「財務法律に関する組織法律」によって議会の財政統制機能が強化された（初宿・辻村編『新解説 世界憲法集（第4版）』，国立国会図書館調査及び立法考査局「シリーズ憲法の論点④ 財政制度の論点」〔山田邦夫執筆〕参照）．

IX
司法制度と違憲審査

1　司法権の観念と裁判機構

1)　日本の司法権と裁判所

　日本国憲法は,「すべて司法権は,最高裁判所及び法律の定めるところにより設置する下級裁判所に属する」(第76条第1項)と定めて,司法権が裁判所に属することを明示し,立法権(第41条)・行政権(第65条)とならぶ司法権の存在を明らかにした．司法とは,「具体的な争訟について,法を適用し,宣言することによって,これを裁定する国家の作用」であると定義される．ここでは,①「具体的な争訟」が存在すること,②適正手続の要請等に則った特別の手続(口頭弁論・公開主義など公正な裁判を実現するための諸原則)に従うこと,③独立して裁判がなされること,④正しい法の適用を保障する作用であること,がその要素と解されてきた(芦部信喜〔高橋和之補訂〕『憲法(第6版)』337頁).

　また,司法権の範囲については,大日本帝国憲法では,行政事件裁判権は司法権に入らないことを定め,通常裁判所に属するのは民事裁判と刑事裁判のみに限っていた(行政行為によって違法に権利・利益を害された者と行政機関との争訟については,行政裁判所に属するとされた).司法権の範囲を民事裁判・刑事裁判に限る制度は,フランスやドイツなどの大陸諸国の諸制度にならったものである．

　これに対して,イギリスやアメリカなど英米法系の国では,行政裁判所を設けず,「法の支配」の原則のもとで民事・刑事・行政に関する事件をすべて通常裁判所に係属させる制度を採用してきた．日本国憲法は,このような英米型の制度にならって,行政事件の裁判も含めてすべての裁判作用を「司法権」と捉え,最高裁判所と下級裁判所(高等裁判所・地方裁判所・家庭裁判所・簡易裁判

所)からなる通常裁判所に属するものとした．憲法第76条第2項で「特別裁判所は，これを設置することができない．行政機関は，終審として裁判を行ふことができない」として特別裁判所の設置と行政機関による終審裁判を禁止したことにもその趣旨が示されている．

このように，大陸型と英米型の裁判制度が大きく異なるため，まず両者を概観しておこう．

2) フランス・ドイツの大陸型裁判制度

(a) フランスの裁判制度

フランスでは，アンシャン・レジーム期に，法服貴族と呼ばれた貴族階級が高等法院(parlement)を支配し，国王の裁判権を実質的に掌握していた．そこで大革命期に司法制度の大改革が実施され，司法権による政治への介入を排除するために，司法権から行政裁判権や破毀裁判権が分離された．

大革命期には，1790年法でディストリクトに設置される地方裁判所(後に県裁判所)や治安裁判所が設立されて，民選の裁判官が裁判を行うこととなった．一時，ジャコバン独裁下で革命裁判所も設立されたが，1795年に廃止された．1800年法では，裁判官選挙制の廃止(任命制による職業裁判官制度の確立)，控訴裁判所の設置などの改革が実施されて，19世紀以降の裁判制度の構成が概ね確立された．とくに，司法権と行政権を厳格に区別する考え方にたって司法裁判所と行政裁判所が分離され，行政裁判権は執行権に属するものとされた．

現行1958年憲法のもとでも，行政裁判所として，地方行政裁判所(26ヵ所)と行政控訴院(1987年以後5ヵ所設置)があり，コンセイユ・デタ(国務院)が，その最上級審としての機能とともに，諮問機関ないし政府の法制局としての機能を果たしている．

これに対して，司法裁判所は，下級裁判所としての小審裁判所と大審裁判所(刑事の場合，各々違警罪裁判所と軽罪裁判所と称される)，上級裁判所としての控訴院(Cour d'appel)，重罪院(Cour d'assises)，および破毀院(Cour de cassation)からなっている．これらの普通法裁判所(tribunal de droit commun)のほかに，商事裁判所，労働裁判所，農地賃貸借同数裁判所，社会保障事件裁判所，少年裁

判所などの例外裁判所(tribunal d'exception)が存在する．破毀院は事実審ではなく法律審のための最高裁判所であるが，伝統的に違憲立法審査権が否定されてきたフランスでは，これらの司法裁判所が違憲審査を行うことはなかった．ところが 2008 年 7 月 23 日の憲法改正によって，コンセイユ・デタと破毀院は，憲法院への移送を担当することによって抗弁による事後審査制の一端を担うことになった(本書 204 頁以下参照)．

(b) ドイツの裁判制度

ドイツでは，フランスと同様に，伝統的に行政裁判が司法裁判から分離されてきた．その背景には，19 世紀プロイセンに代表される官僚制や法治国家論が存在し，1875 年の行政裁判制度確立は，司法官僚制に対する行政官僚制の勝利を意味するものであったといえる．

1949 年制定のドイツ連邦共和国基本法は，「司法権は，裁判官に委ねられており，連邦憲法裁判所，および，この基本法に定める連邦裁判所と州(ラント)の裁判所によって行使される」(第 92 条)と定める．そのうえで，民事・刑事の通常の司法裁判権(通常裁判権)のほかに，行政裁判権，財政裁判権，労働裁判権，社会裁判権を認めている．さらに，連邦は，これらの最高裁判所として，連邦通常裁判所，連邦行政裁判所，連邦財政裁判所，連邦労働裁判所，連邦社会裁判所を設置する(第 95 条)．他方，これらの裁判は原則的には州の管轄とされ，州は，通常裁判権を，区裁判所，地方裁判所，高等裁判所によって行使する．このほか，行政裁判所も，各州に裁判所が設置されている(連邦憲法裁判所については，本書 197 頁以下参照)．

3) 英米型の裁判制度

(a) イギリスの裁判制度

イギリスでは，中世以降，国王の裁判権が確立され，同時に，一般慣習法が判例法としての普通法(コモン・ロー)として発展して，国王裁判所が普通法裁判所(Common Law Court)と呼ばれた．その後も伝統が維持されて国王(または女王)が司法の大権を有するものとされ，衡平法(エクイティ)とならんでコモ

ン・ローを主要な法源とする判例法中心主義がとられてきた．裁判制度上も，議会主権原則のもとで上院(貴族院)を最終の上訴裁判所とするシステムが維持されたため他国で認められているような違憲立法審査制は存在せず，実際には，貴族院上訴委員会が最高裁判所の機能を果たしてきた(貴族院議長である大法官〔Lord Chancellor〕を長とし，11人の常任上訴貴族と複数の元・現司法高官貴族で構成され，原則として5人で審議されてきた)．

ところが，2003年にブレア労働党政権下で改革案が発表され，新設の憲法問題省で，貴族院の司法機能の廃止と最高裁判所の設置，大法官の裁判官・貴族院議長機能の廃止，裁判官任命方式の改革などが提起された．これらの改革案は，2005年の憲法改革法(Constitutional Reform Act)で実現され，2009年に12人の裁判官で構成される最高裁判所が設置された(スコットランドの刑事事件を除くイギリス国内の事件の上訴裁判権を有する)．最高裁判所は，2017年1月24日の判決で，イギリスの欧州連合(EU)離脱(ブレグジット)手続の開始には議会の承認が必要であるという判断を下して政府の主張を退けたことで，存在意義を示した．

またイングランド，ウェールズなどの司法制度も2005年の同法で改革され，一審としての刑事法院(Crown Court)，高等法院(High Court)，控訴審裁判所としての控訴院(Court of Appeal)が整備された．高等法院以上の裁判官の任命は，裁判官任命委員会(14人の委員と委員長で構成)の推薦に基づいて，大法官が国王に助言するか，もしくは自らが任命権を行使することとされた．スコットランドでは民事事件は高等民事裁判所が管轄し，北アイルランドでは「北アイルランド司法裁判所」が民事・刑事の管轄権を持つことが定められた(杉原泰雄編集代表『新版 体系憲法事典』97—98頁〔松井幸夫執筆〕参照)．

(b) アメリカの裁判制度

イギリスと同様に「法の支配」原則のもとで判例法主義が確立されたアメリカでは，合衆国憲法第3条第1節で「合衆国の司法権は，1つの最高裁判所，および連邦議会が設置する下級裁判所に属する」と定める．実際には，1789年の裁判所法に従ってこれらの裁判所が設置された．

連邦の最高裁判所(合衆国最高裁判所)は，長官以下9人の判事(大統領が上院の

同意を得て任命する．終身制)からなり，原則として，上訴裁判所かつ終審裁判所である．その下に，控訴裁判所(Courts of Appeals)および全州にわたる地方裁判所(District Courts)が存在する．また，各州にも，固有の裁判組織があり，通常，州の最高裁判所，控訴裁判所などの中間上訴裁判所，一般的管轄権をもつ裁判所(Superior Court, Circuit Court など)がある．

このように，合衆国では，連邦と州に裁判組織が二重構造となって存在している．一般的な管轄権は州の裁判所に属し，連邦裁判所は，連邦の問題や複数の州にまたがる事件について管轄権を有する．合衆国憲法の第13―15修正等の諸規定で保障された諸権利の侵害に対しては，連邦裁判所に提訴することも可能であり，一般には，州の法律による権利侵害が連邦の裁判所に提訴された場合に，その法律の合憲性が争われる．そこで，違憲審査制(司法審査制，judicial review)が発達したアメリカでは，事件性や争訟性等の要件のもとで憲法訴訟によって人権を保障することが特徴となった(本書195頁以下参照)．

4) 市民の司法参加――陪審制・参審制・裁判員制度

市民の司法参加の観点から，西欧で採用されている陪審制や参審制が問題となる．これらは，職業裁判官のみが裁判を行うのではなく一般市民の一定の司法参加を認める制度である．

陪審制は市民の中から選抜された陪審員が合議体を構成し，職業裁判官と役割分担して事実認定の職分を担当する．これに対して，参審制は，両者が協力して審理し合議によって結論を下すことに特徴がある．参審制は，ドイツ，スウェーデン，デンマークなどで採用され，民事・刑事事件以外の労働事件等では一般市民以外の専門家などが参審員として参加しているが，いずれの場合も，職業裁判官の職権主義的な裁判に協力する性格が強い．

陪審制は，イギリスを起源として英米を中心に広く採用されており，刑事事件で被疑者の起訴・不起訴を判断する大陪審(起訴陪審)と，民・刑事事件で事実認定に関して評決する小陪審(審理陪審)に分かれる．

アメリカでは，合衆国憲法第3条第2節第3項で「弾劾の場合を除き，すべての犯罪の審理は，陪審によって行わなければならない．審理はその犯罪が行われた州で行われなければならない」と定め，第6修正で「すべての刑事上の

IX 司法制度と違憲審査

訴追において，被告人は，犯罪が行われた州，および法律によって予め定められた地区の公平な陪審による迅速な公開の裁判を受け，事件の性質と原因について告知を受ける権利を有する」と定めて，刑事陪審を憲法上保障している．実際の陪審裁判では，一般市民から無作為抽出で選任された12人の陪審員が事実認定に基づいて有罪・無罪の評決を下し，有罪の場合には裁判官が量刑に関する証拠調べをした上で刑の宣告を行っている．

日本でも，大日本帝国憲法下で1923年に陪審法が制定され5年後に施行されたが，うまく機能しないまま1943年に施行が停止された経緯がある．その理由は，大日本帝国憲法下の天皇主権と非民主的な統治制度のもとで，民主的な陪審制度が根づく条件がもともとなかったこと，国民の多くは「お上」によって裁かれることを望んだこと(国民の意識の未成熟)などが指摘される．日本国憲法は陪審制について何も規定していないが，憲法制定時の議論を反映して，裁判所法第3条第3項に「刑事について，別に法律で陪審の制度を設けることを妨げない」という規定が置かれ，陪審制の採用は可能とされている．

1999年に発足した司法制度改革審議会が2001年6月に提出した意見書の提言を受けて，2004年5月21日に「裁判員の参加する刑事裁判に関する法律」が成立し，2009年5月21日から実施された．

この裁判員制度は，地方裁判所に係属する刑事裁判(第1審)のうち，殺人罪，傷害致死罪，強盗致死傷罪，現住建造物等放火罪，身代金目的誘拐罪など一定の重大な犯罪についての裁判に裁判員が参加する制度であり，例外として，裁判員やその親族に危害が加えられるおそれがあり，裁判員の関与が困難な事件は裁判官のみで審理・裁判する(法第3条)．これらの犯罪について，職業裁判官3人と裁判員6人が基本的に対等の立場でともに評議し，有罪・無罪の決定および量刑を行う(但し，被告人が事実関係を争わない事件については，裁判員4人，裁判官1人で審理することが可能で，裁判員の関与が困難な事件は除外される)．この点で，参審制に近い．一方，裁判員を選挙人名簿に基づいて無作為抽出で事件ごとに選び，対象を重大刑事事件に限る点などは陪審制に近い要素ももっている．この点ではフランスの制度に近いともいえるが，フランスでは，重罪事件を扱う重罪裁判所にのみ参審制を導入しており，裁判官3人と参審員9人で協働している．ドイツでは，重罪事件について，裁判官3人と参審員2人，軽罪

について裁判官 1 人と参審員 2 人で実施している．

　日本の裁判員制度の実施状況は最高裁ウェブサイトで公表されており(http://www.saibanin.courts.go.jp)，2017 年 6 月末までに選任された裁判員数が 576,604 人(候補者総数 984,048 人，辞任が認められた候補者総数 606,763 人)に及んだこと，裁判員として裁判手続に参加した日数の平均は約 7.6 日，判決の内容を決めるための評議時間の平均は約 628 分であったことなどが明らかになった．全体として，辞任申出者の多さや有罪率の高さが特徴的であり，裁判員への強制(出頭拒否権なし)や守秘義務，性犯罪の評議方法とプライバシー保護の問題，量刑の拡散・厳罰化の危険など，多くの課題が指摘されている．

2　違憲審査制

(1)　違憲審査制の意義と類型

1)　意　義

　違憲審査制(司法審査制)とは，法律・命令や国家行為が憲法に適合するかどうかを，特定の国家機関とくに裁判所が審査し，憲法違反の国家行為を無効としてそれを除去する制度である．その目的には，人権保障と憲法保障(憲法の最高法規性の保障)の 2 面がある．

　違憲審査制(司法審査制)は，19 世紀初頭のアメリカで，1803 年のマーベリー対マディソン事件(Marbury v. Madison, 5 U. S.(1 Cranch)137, 1803)におけるマーシャル判決を契機に憲法慣習として確立された．以後アメリカでは，とりわけ合衆国最高裁判所が人種差別や表現の自由，政教分離等の問題について，この制度を積極的に行使して判例理論を積み重ねてきた(本書 193 頁以下参照)．

　この制度は，本来，議会が制定した法律を違憲無効としうる点で，議会が国の最高機関であるとする議会主権や議会中心主義の考えに抵触する．そこで，議会中心主義が確立されていた 19 世紀のヨーロッパ諸国では，違憲立法審査制は容易には受け入れられなかった．例えばフランスでは，法律を主権者の一般意思の表明とみなすルソー的な人民主権論のもとで議会中心主義が確立されていた第 3 共和制期には明確にこれが否定されていた．

ところが，20世紀の行政国家現象に伴う議会制の危機やファシズムによる人権侵害の経験を経て，第2次世界大戦後から，ヨーロッパでも多くの国で違憲審査制が採用されるようになった．裁判所を中心とする違憲審査機関が，人権保障の機能を担うようになったのである．ドイツでは，1949年の連邦共和国基本法で憲法秩序の保持を任務とする連邦憲法裁判所が設置され，重要な判例を蓄積してきた．またフランスでも，第5共和制憲法下で設置された憲法院（Conseil constitutionnel）が，1970年代以降，当初の政治的機関としての性格を脱し，裁判機関・人権擁護機関として積極的に違憲審査権を行使してきた．

近年では，欧米のみならずアジア・アフリカ諸国でも憲法裁判所が重要な機能を果たしており，「違憲審査制革命」と呼ばれるような違憲審査権行使の積極化傾向が認められる．

2) 2類型と合一化傾向

以上のような違憲審査の方式は，大きく2つに分けることができる．

第一は，付随的違憲審査制（付随的審査制）と呼ばれるもので，民事・刑事・行政の裁判を扱う通常の司法裁判所が，係属した訴訟事件の審理判断に付随して，事件解決のための前提として適用法令の合憲性を審査する方式であり，アメリカ，カナダ，日本，インドなどで採用されている．この付随的審査制型（いわゆるアメリカ型・非集中型・前提問題型）は，通常の司法裁判所が主体となることで，司法裁判所型と呼ばれることもある．この類型では，原告適格や訴えの利益など後述のような訴訟要件が必要とされ，違憲判決の効力も当該争訟についての個別的効力にとどまるが，その範囲内で遡及的効力も認められる．

第二は，抽象的違憲審査制（抽象的審査制）と呼ばれ，特別に設置された憲法裁判所が，法定された提訴権者の申立てに基づいて，具体的事件と関係なく法令そのものの合憲性を審査する方式であり，ドイツ，オーストリア，スペインなど欧州諸国や中南米諸国等で採用されている．1990年代以降，東欧諸国や旧ソ連邦諸国で憲法裁判所が設置されたため，この方式を採用する国家の数が飛躍的に増大した．抽象的審査制型（いわゆるドイツ型・集中型・主要問題型）では，特別の憲法裁判所が違憲審査を行うため憲法裁判所型とも呼ばれる．この類型では，原告適格等の訴訟要件が厳しく制限されず，抽象的な形で違憲審査を請

求できる．さらに違憲判決の効力も違憲と認定された当該法律等が当然に無効とされ，一般的効力をもつことが特徴となるが，一般的効力をもつかわりにその効力は遡及せず，将来的な効力(将来効)のみが認められる(後述)．

　実際には，以上のアメリカ型・ドイツ型の双方で，おのおのの欠点を補うべく制度を修正しており，両者の合一化傾向が認められる．例えば，アメリカ型では，個々の権利救済が違憲審査制の一義的な機能とされ訴訟要件が制限されていたことが改められ，しだいに当事者適格等を緩和するような運用が認められてきた．それによってドイツ型のような客観的な憲法秩序保障に近いものが導入されつつあるといえる．他方，ドイツ型でも，もともとは法律上の制度であった「憲法訴願(憲法異議，Verfassungsbeschwerde)」の制度が，1969年の基本法改正後，憲法上の制度となり(第93条第1項4a)，国民が憲法裁判所に個別的な基本権侵害の排除を申し立てることが認められて，個別的権利救済の機能が重視されている．

　なお，諸国の制度がすべて以上の2類型にあてはまるわけではなく，イタリア，スイス，韓国のように折衷的な類型も存在する．

　例えばスイスでは，連邦の司法裁判所である連邦裁判所のなかに特別の部門を設置して違憲審査を行ってきた．実際には，裁判構成法によって，民事部門・犯罪部門・国法＝行政部門など数種の部門が設置され，国法＝行政部門に，国法訴願(Staatsgerichtliche Beschwerde)と行政裁判を担当する国法部を設けてきた．このような連邦裁判所の権限は，全面改正された1999年スイス連邦憲法においても第189条で定められ，連邦と州の間の争訟や憲法上の権利侵害，国際法等の侵害に関する争訟がその権限とされた．もっとも，司法改革を内容とする憲法改正が早くも2000年3月の国民投票によって実施され，第189条にも修正が施されたほか連邦裁判所への提訴に関する規定等が追加された(初宿・辻村編『新解説 世界憲法集(第4版)』294頁以下〔関根照彦執筆〕参照)．

　また，韓国では，1987年に設立された憲法裁判所が，通常の司法裁判所(法院)とは異なる特別の憲法裁判所として法律の違憲審査や弾劾の審判等を行っている(韓国憲法第111条第1項第1―4号)．この点では，上記のドイツ型(集中型・憲法裁判所型)に分類される．憲法第111条第1項第5号に基づいて，法律の定める範囲で(憲法裁判所法第68条第1項)，個人が憲法訴願の形で基本権侵害

等について憲法裁判所に提訴できる「憲法訴願審判」制度を実施している点でも，ドイツの憲法裁判所の現代的運用に類似している．しかしながら，反面，法律についての違憲立法審査は，具体的事件のなかで法院の違憲審判請求に基づいて法律の違憲審査を行う「具体的規範統制」制度を採用しており，ドイツのような「抽象的規範統制」制度はもっていない(憲法第111条第1項第1号)．この意味では，韓国の法律の合憲性審査についてはアメリカ型(付随的審査型)であるといえ，全体としてみれば，両者の折衷形態ということができる(初宿・辻村編『新解説 世界憲法集(第4版)』409頁以下〔岡克彦執筆〕参照)．

さらに，上記の諸類型とは異なって，違憲審査が法律制定後施行前に行われる事前審査型も存在する．フランスの憲法院による違憲審査制がそれである．フランスでは，1970年代から事前審査型の抽象的審査制による違憲立法審査を積極的に行ってきた．ところが，2008年7月23日憲法改正によって，抗弁による事後審査制(部分的な具体的規範統制)を導入した．これによって独特の折衷形態をとることになった．

すなわち，憲法院という特定の機関が法律の違憲審査等を行う点では，上記のドイツ型(集中型・憲法裁判所型)に属するといえるが，抽象的規範統制が事前審査型である点でこれとは全く異なる．また，部分的に付随的・具体的事後審査を導入した点でアメリカ型(付随的審査型)に近づいたが，憲法院のみが憲法解釈権を持つ集中型である点でこれとは根本的に異なるものである．この制度は，「新機軸の，現実的で実効性のある制度(un système audaciex, réaliste et efficace)」であり，上記2類型の間にあって「第三の道」をゆくものであるとも称されている(辻村『フランス憲法と現代立憲主義の挑戦』144頁以下，本書200頁以下参照)．

以下では，アメリカ型，ドイツ型，フランス型の司法審査の動向を概観した上で，日本の状況を考えることにしよう(高橋和之『体系 憲法訴訟』8頁以下参照)．

(2) 付随的審査制——アメリカ型

1) 司法審査制度の確立と運用

(a) 形成期

合衆国憲法には違憲審査制の規定はないが，前記マーベリー対マディソン事件でこの制度が確立された(本書189頁参照)．この事件自体は，憲法制定直後の連邦派(フェデラリスト)と共和派(リパブリカン)の対立のなかで，前者のアダムス大統領が任命した複数の裁判官の辞令交付を，後者のジェファーソン大統領下のマディソン国務長官が拒否したことから起こった．辞令交付を拒否された裁判官であるマーベリーが合衆国最高裁に職務執行令状を請求したところ，マーシャル最高裁長官は，最高裁に職務執行令状発布権限を認めている裁判所法自体が憲法第3条に反していると判断し，憲法に反する法律を無効にすることは司法府の権限であることを明らかにした．こうして憲法の最高法規性を裁判所が担保する司法審査制が確立されたが，選挙に基礎をもつ議会が制定した法律を民主的正統性をもたない裁判所が無効にすることについて，疑問がないわけではない．そこで，司法審査の正統性の問題，および立憲主義と民主主義との対抗の問題がその後も議論され続けることになった．

1835年まで続いたマーシャル・コートでは，連邦憲法に対する連邦法の合憲性審査だけではなく，連邦憲法に対する州法の合憲性にも審査が及ぶこと，さらに，合衆国最高裁判所が州裁判所の判決に対しても管轄権をもつことを承認し，司法審査の射程を拡大した．ついで，1829年にジャクソン大統領が就任してジャクソニアン・デモクラシーと呼ばれる政治が展開された．1857年にドレッド・スコット対サンフォード事件判決(Dred Scott v. Sanford, 60 U. S.(19 How.)393, 1857)で，合衆国最高裁判所が奴隷を個人の財産権の対象と解する判決を下したことから国論を二分する議論となった．南北戦争によって政治的に決着し，同判決は，憲法の第14修正によって覆された．

さらにここで定められたデュー・プロセスの法理が，1920年代まで強い影響を与えることになった．

(b) ニュー・ディールと司法積極主義・消極主義

その間，アメリカでは産業革命が進行し，企業の独占や集中が進んだ．大恐慌後のニュー・ディール期には，消極的自由主義国家から積極国家・福祉国家へと転換した．これに対して，合衆国最高裁が厳格な審査を試みて多くの法律を違憲としたことから，1936年のルーズヴェルト大統領再選をピークに，政治部門との対決が生じた．合衆国最高裁では，1937年のウエスト・コースト・ホテル対パリッシュ事件判決(West Coast Hotel Co. v. Parrishe, 300 U. S. 379, 1937)で判例変更を行い，従来の保守的な司法積極主義からリベラルな司法消極主義への転換が図られた．この時期には，権力分立に関する憲法解釈が変更されて実質的な憲法の変革が行われたため，「憲法革命」と呼ばれることになった．

合衆国最高裁判所では，このような司法消極主義の傾向が，1953年のウォーレン・コート開始前まで継続した．憲法判断回避原則で有名なブランダイス・ルールが1936年のアシュワンダー事件判決(Ashwander v. TVA, 297 U. S. 288, 1936)のブランダイス補足意見の中で提示されたのも，その一環である．ここではその第4準則で「裁判所は，憲法問題が適切に提示されていても……事件を処理することができる他の理由が存する場合には，その憲法問題には判断を下さない」とする憲法判断回避のルールを示した．同時に，第7準則で「連邦議会の法律の合憲性について重大な疑義が提起されても，裁判所がその憲法問題を避けるような法律の解釈が可能かどうかを最初に確かめることが基本原則である」として，(第4準則と同様に憲法判断を回避するだけでなく)合憲性について重大な疑義がある場合にも憲法判断を避けることで，違憲判断の回避の結果をももたらす，いわば「より適切な憲法判断の方法」が提起された．

さらに，この時期には，1938年のカロリーン・プロダクツ社事件判決(United States v. Carolene Products Co., 304 U. S. 144, 1938)のストーン判事の判決傍論の脚注において，精神的自由権と経済的自由権とを区別して後者を規制する立法については合憲性を推定するといういわゆる「二重の基準論」が展開され，その後の判例動向に大きな影響を与えた(本書89頁以下参照)．公立学校生徒への国旗敬礼の強制を違憲とした1943年のバーネット事件判決(West Virginia State Board of Education v. Barenette, 319 U. S. 624, 1943)は，戦時下にもかかわらず，

国家の安全を優先した判例を変更して思想・表現の自由を守った判決として，その後も高い評価を得ることとなった．

(c) ウォーレン・コート期からロバーツ・コート期への展開

1953年から1969年までのウォーレン・コート期には，権利保護のために司法積極主義が復活し，権利保護のための手続的デュー・プロセス，人種差別禁止などの権利保護のルール，表現の自由をめぐる厳格審査基準などの判例理論が発展した．なかでも黒人に対する分離教育を違憲としたブラウン判決やデモ行進の規制を漠然不明確の故に違憲としたコックス判決，議員定数不均衡に関するベイカー事件判決(Baker v. Carr, 369 U. S. 186, 1962)など，重要な違憲判決が相次いだ．もっとも，1969年からのバーガー・コート期(1969—86年)では，それに対する反動が進行し，厳格審査基準にかえて合理性の基準によって合憲判断を下す例が増大した．

その後は，レンキスト・コート期(1986—2004年)に人権のみならず政治部門に関連する問題について積極的なチェックがなされてきた．まず第1修正の言論の自由について，人種差別的な象徴的言論を形成する市条例を違憲とした判決(R. A. V. v. City of St. Paul, Minnesota, 505 U. S. 377, 1992)，信教の自由について，1993年の連邦法である「宗教的自由回復法」を違憲とした判決(City of Boerne v. Flores, 521 U. S. 507, 1997)，平等原則について，人種差別撤廃のためのアファーマティブ・アクションに対して否定的判断を下した判決(Adarand Constructors, Inc. v. Pena, 515 U. S. 200, 1995)などが重要である．

さらに2005年からのロバーツ・コートでは，表現の自由重視の点やアファーマティブ・アクション，さらに同性婚判決(Obergefell v. Hodges, 135 S. Ct. 2584, 2015)，原意主義と生ける憲法の関係論(生ける原意主義)などに関して進展がみられた(大林啓吾・溜箭将之編『ロバーツコートの立憲主義』89頁以下，大沢秀介・大林啓吾編著『アメリカの憲法問題と司法審査』37, 267頁以下，本書108頁参照).

2) 司法審査の要件

付随型審査制の場合には，司法権行使の要件である事件性・争訟性が第一に重要となる．合衆国憲法第3条第2節第1項は，司法権が及ぶ範囲について，

9項目を列挙してこの点を定めている．そこには，憲法・法律・条約に由来するすべてのコモン・ローおよびエクイティ上の事件等のほか，合衆国が当事者である争訟，2州以上の州間の争訟，州と他州の市民との間の争訟，異なる州の市民間の争訟等が含まれる．この規定のもとで，提訴された事案が，上記の事件(cases)・争訟(controversies)に該当するかどうかが問題とされてきた．

実際，合衆国最高裁判所は，1911年の判決以降，①一定の権利・利益に関して，②訴訟当事者間に，③実際の紛争が存在し，④裁判所がそれについて判決・執行ができる，という要件を提示してきた．これがいわゆる「司法判断適合性(justiciability)」の問題であり，上記の①—④の要件について，当事者適格(①，②)，成熟性・ムートネス(③)，政治問題(④)などの理論を確立してきた．

当事者適格(standing)とは，訴訟当事者として司法的救済を得るために有していなければならない利益ないし資格のことであり，合衆国最高裁判例は，非経済的利益や非法律的(事実上の)損害を争う場合にも拡大してきた．また，当事者間の紛争が，仮想的ないし抽象的なものではなく，十分に具体的で成熟したものでなければならないというのが，成熟性の要件であり，制度改革等の差止請求のなかで問題とされてきた．さらに，提訴の時点で訴えの利益があるだけでなく，訴訟の全過程でこれが存在しなければならないという発想から，判決までに訴えの利益がなくなったときには事件はムートになったとして訴訟が却下される，とする理論がムートネスの法理である．判例では，当該法律の執行や当事者の死亡などがムートになる事由とされてきた．

このほか，事件の性格が裁判所による解決になじまない場合として，裁判所は政治部門の行為について判断しえないと解する「政治問題(political questions)の法理」がある．これには，憲法自体が司法権以外に決定権を委ねている問題のほか，①基準の欠如の故に司法判断しえないと解されるもの，②司法判断の結果が引き起こす政治的重大性によって司法判断を拒否しうるとされるものが含まれる．合衆国最高裁判所は，当初，議員定数不均衡について，①・②の理由で司法審査が及ばないと解していたが，ベイカー事件判決で変更した．

3) 司法審査の限界と課題

以上のように，司法審査の要件がしだいに緩和され，違憲審査制の重要度が

一段と増してきた．反面，その限界や課題も明らかになってきたといえる．第一は，先にもふれたように違憲審査制の正統性および民主主義との関係である．第二は，憲法上の人権規定の不完全性に由来する憲法解釈上の困難，それによる憲法解釈のあり方をめぐる課題である．当初は条文に含まれるルールを発見し宣言することが問題とされていたのに対して，20世紀初頭以降の司法積極主義の動向，とりわけ裁判は価値選択による法創造であるとする社会学的法学の影響等によって，一層，憲法判断の限界が問題となった．

1970年代のバーガー・コート以後は，とくに何を基準にして憲法解釈するかという問題が議論され，憲法構造からの推論に限るべきとする解釈主義と，憲法条文や起草者意思に限定されないとする非解釈主義が対立した．さらに，この対立は，起草者の意思を重視した解釈を主張する原意主義(始源主義)と，起草者の意思や憲法条文に拘束されず基本的な価値を擁護すべきであるという非原意主義(非始源主義)の対立として論じられた(松井茂記『アメリカ憲法入門(第7版)』104頁参照)．

加えて，第三に，マイノリティ出身のトーマス判事の任命等をめぐって議論されたように，裁判官の党派性や政治的色彩の問題が深刻になっている．女性裁判官が全女性の代表ではないのと同様に，裁判官がマイノリティの代表として裁判を行うわけではないにもかかわらず，多文化主義やフェミニズム等の影響で文化や人種等の多様性をいかに司法に反映させるかという問題が深刻化している現状がある．

(3) 抽象的審査制——ドイツ型

1) 連邦憲法裁判所の構成と管轄

ドイツ連邦共和国基本法は，第9章の第93条と第94条に連邦憲法裁判所に関する規定を置いた．第94条第1項は，同裁判所の裁判官は連邦裁判官とその他の構成員からなり，連邦議会と連邦参議院から選出されるとする．実際には法律により，それぞれ8人の裁判官からなる2つの部からなり，裁判官は12年任期で，連邦議会と連邦参議院によって半数ずつ選出される(詳細は，杉原泰雄編集代表『新版 体系憲法事典』248頁以下〔畑尻剛執筆〕参照)．

IX 司法制度と違憲審査

　連邦憲法裁判所の管轄は，第93条第1項に定める以下の4項目が基本法制定当初からの内容である．それは，①連邦最高機関の権利・義務の範囲に関する紛争(機関訴訟)，②連邦法またはラントの法律と基本法との適合性(抽象的規範統制)，③連邦とラント間の権利・義務に関する紛争(連邦とラント間の憲法紛争)，④その他の公法上の紛争，である．ここでは，②の抽象的規範統制が主要な位置を占めるが，1969年1月29日の基本法改正で⑤憲法訴願が追加された(第93条第1項4a)．それは，「各人が，公権力によって自己の基本権または基本法第20条第4項(抵抗権)，第33条(公職就任権等公民の権利)，第38条(選挙権・被選挙権)，第101条(裁判を受ける権利)，第103・104条(人身の自由)に含まれる権利を侵害されたと主張することができる憲法訴願(憲法異議，Verfassungsbeschwerde)」および，「法律によって，第28条の自治権を侵害されたと主張する市町村および市町村組合の憲法訴願(ラントの裁判所に提訴できない場合に限る)」である(第93条第1項4b)．

　また，1994年10月27日の改正で，⑥法律が第72条第2項(連邦の競合的立法)の要件に合致するか否かの紛争が追加された(2a)．他にも，⑦第100条第1項に定める具体的規範統制(連邦憲法裁判所以外の裁判所が，決定に際して法律が基本法に反すると考えるときは，連邦憲法裁判所の決定を求める)，⑧大統領弾劾(第61条)，⑨基本権喪失の宣告(第18条)，⑩政党の禁止(第21条)，⑪裁判官の弾劾(第98条)など，多くの権限があり，連邦憲法裁判所が非常に大きな権限を持つことになった(憲法裁判権の成立と運用につき，宍戸常寿『憲法裁判権の動態』117頁以下，ドイツ憲法判例研究会編『ドイツの憲法判例Ⅲ』参照)．

　これらの権限の中で，圧倒的多数を占めるのが，⑤の第93条第1項4aに基づく憲法訴願であり，2016年12月末までに連邦憲法裁判所に係属した22万6107件のうち，憲法訴願は96％強を占め，21万8400件である．但し，請求が認められたのは，2.5％にすぎない(初宿・辻村編『新解説 世界憲法集(第4版)』176頁〔初宿正典執筆〕参照)．この憲法訴願の要件は，連邦憲法裁判所法で定められる．それによれば，「何人も」自己の基本権を侵害されたと主張する時に提訴できるとして当事者能力と当事者適格を広く認めているが，自己の基本権侵害に限定しているため，民衆訴訟は除外される．また，一定期間内(通常は1ヵ月)に書面で提起しなければならず，同一の提訴者による同一の訴えについて

は既判力が働いて提訴が阻止される(工藤達朗編『ドイツの憲法裁判』236頁以下参照).

2) 連邦憲法裁判所の運用

1951年の設立以降，連邦憲法裁判所は数多くの重要判決を下してきた．1950年代には，東西の緊張が続くなかで政党禁止に関連する2つの判決が出された．1952年10月23日のネオナチ政党と目された社会主義ライヒ党を違憲とする判決，および，1956年8月17日のドイツ共産党を違憲とする判決である．この2つの判決は，左右両極に位置する政党を「闘う民主制」の名の下に排斥することを認めた基本法の規定に則して，国家の基本体制を整備しようとしたものとして，その歴史的意義を理解することができる．ついで1960年代前半までは，連邦議会の議員定数不均衡を違憲としつつ，選挙を無効としない判決(BVerfGE 16, 130(142))などがある．

その後，1969年に社会民主党(SPD)と自由民主党(FDP)の連合政権が誕生し，野党が連邦憲法裁判所を舞台に政争を展開すると，違憲判決が飛躍的に増大した．なかには，受胎後3カ月以内の人工妊娠中絶を不可能とする刑法規定を違憲とする1975年2月25日判決などが含まれる．ついで1982年の政権交代で，キリスト教民主・社会同盟(CDU/CSU)が与党となり，コール首相のもとで1998年まで16年間の長期政権が維持された．その時期は，1990年の東西ドイツ統一と欧州連合条約の批准に関する基本法改正などにより，連邦憲法裁判所にとっても多忙な時期となった．ドイツ統一条約による基本法改正の合意と議事手続を基本法違反とする申立てを却下した1990年9月18日の決定(BVerfGE 82, 316)，マーストリヒト条約に対する同意法律と基本法改正法律に対する憲法訴願を棄却・却下した1993年10月13日判決(BVerfGE 89, 155)，1993年5月28日の第2次堕胎判決(BVerfGE 88, 203)などがある．

ところが，1994年前後から，連邦憲法裁判所の諸判決に対する批判論が高まった．具体的には，「兵士は殺人者だ」という表現に対する有罪判決を違憲として差戻して，表現の自由を優先させた1995年10月10日決定(BVerfGE 93, 266)，義務教育学校の教室にキリスト像のついた十字架を架けることを命じたバイエルン州の学校規則の合憲性が争われた事件でキリスト教徒以外の信教の

自由を侵害すると判断した1995年5月16日決定(BVerfGE 93, 1)などが，世論の激しい攻撃にさらされた(本書84頁)．背景には，裁判権および立法権との関係における連邦憲法裁判所の役割，少数者保護と基本権保護のあり方等の重要な課題が含まれていた．とりわけ，基本権保護義務論が，国家による積極的な人権保障を容認する理論として日本にも影響を与えた．

　また，違憲審査の基準として，基本権制限の三段階審査が確立されたことも，アメリカなどの審査基準論との対比において，注目すべきものである．三段階審査とは，ある国家行為が基本権を侵害したか否かの判断は，①その国家行為の規制対象が「保護領域」に該当するか否か，②その国家行為が「介入」に該当するか否か，③その介入が憲法上「正当化」されるか否かを三段階で審査する枠組みのことである(判例の詳細は，ドイツ憲法判例研究会編『ドイツの憲法判例Ⅱ・Ⅲ』，三段階審査につき，松本和彦『基本権保障の憲法理論』，小山剛『「憲法上の権利」の作法(第3版)』参照)．

(4) 事前審査制・抗弁による事後審査制——フランス型

1) 憲法院の構成と職務権限

　フランス憲法院は，1958年憲法第7章にもとづいて，フランス憲法史上はじめて創設され，司法裁判所や行政裁判所の機構からは独立した機関である．

　憲法院は，9人の構成員から成り，各構成員の任期は9年で再任されえず，3年ごとに3人ずつ改選される．構成員9人のうち3人は共和国大統領により，3人は元老院(上院)議長により，3人は国民議会(下院)議長によって任命される(憲法第56条第1項．2008年7月23日憲法改正により，憲法第13条第5項の大統領の任命権制約規定が適用された．本書179頁参照)．このほか，元大統領が，職権により終身の憲法院構成員となる(同条第2項)．兼職禁止規定により，大臣または国会議員の職を兼ねることができない(第57条)が，現実にジスカール・デスタン元大統領(2004年以降)が憲法院に籍を置いている(2017年11月現在)．

　憲法院の職務権限は，裁判的職務権限(A)と諮問的職務権限(B)の2つに区分される．裁判的職務権限(A)としては，①通常の審査(法律等の合憲性審査)が最も重要である．組織法律(lois organiques)はその審署(promulgation)前に，議院

規則はその施行前に，必要的に憲法院の審査に付され，憲法院はそれらの憲法適合性について裁定する(第61条第1項)．通常法律(lois ordinaires)は，その審署前に，共和国大統領，首相，国民議会議長，元老院議長，60人以上の国民議会議員または元老院議員によって(任意的に)憲法院の審査に付されることができる(第61条第2項)．国際協約については，その批准または承認の前に，共和国大統領，首相，国民議会議長，元老院議長，60人以上の国民議会議員または元老院議員によって(任意的に)憲法院の審査に付されることができる(第54条)．これらの場合に，憲法院は1カ月以内に裁定しなければならない．但し，緊急の場合には政府の請求によってこの期間は8日間に短縮される．

また，②選挙および人民投票に関する審査として，憲法院は，共和国大統領選挙および人民投票の適法性を監視し，その結果を公表する(第58・60条)．国会議員選挙についても，選挙資格，被選挙資格，兼職禁止規定抵触問題等について争訟がある場合には，その選挙の適法性を裁定する(第59条)．

次に，諮問的職務権限(B)としては，憲法院は，憲法第16条の非常事態措置が共和国大統領によって採られる場合に，必要的に諮問され，職権により裁定する(第16条第3項)．また，憲法院は，共和国大統領の障碍事由の認定や選挙の実施に関して，政府により付託される(第7条第4—10項)．

憲法院の判決は，すべての公権力に及んで，行政機関や司法機関を拘束し，判決への不服申立ては認められない(第62条)．既判力(autorité de la chose jugée)は，判決主文(dispositif)のみならず，その必要な支柱を構成する判決理由(motif)にまで及ぶ．また，全体または一部について違憲と判断された規定は，審署も施行もされない(同条第1項)が，それは審署・施行前であるため，規定の無効を意味するものではない．

2) 憲法院の展開と諸課題

憲法院は，憲法制定当初は大統領選挙の裁定等を主な任務とする政治的機関と解されていたが，しだいに政治的な最高裁判機関ないし権力分立維持を目的とする憲法裁判機関として捉えられるようになった．さらに1971年判決以降，違憲審査機関・人権保障機関としての役割を演じはじめた．すなわち，結社の自由に関する1971年7月16日の違憲判決(n° 71-44 DC)の後，憲法院は，職能

課税に関する1973年12月27日判決(n° 73-51 DC),市町村議会選挙候補者の性差別に関する1982年11月18日判決(n° 82-146 DC)など,自由権や平等原則に関する注目すべき違憲判決を出した.とりわけ1974年の憲法改正によって,憲法院への付託(提訴)権者が,60人以上の議員に拡大されて以後は,審査件数が飛躍的に増大し,人権原理に関する多くの違憲判断を提示してきた.

こうして憲法院は人権保障に仕える憲法裁判所としての機能を強めてきたが,その違憲審査権行使時期が,法律の審署前ないし組織法律の施行前に限られるため,立法過程において重要な役割を果たすことになる.そこで,有力な学説は,憲法院を「消極的立法者」と位置づけ,裁判作用でなく立法作用を行う立法的性格を重視した.さらに,憲法院構成員の任命手続からしても,憲法院の立法機能参与の民主的正統性が問題にならざるをえない.とくに,革命期以来の「法律(一般意思)優位の原則」から違憲審査制を否認してきたフランスの憲法伝統と対立するため,違憲審査制と民主制の両立可能性をどう根拠づけるかが憲法学上の課題として存在し続けることになる.人権保障目的をもつ法治国家(État de droit)の正統化によって憲法院の機能を容認する論調が定着し,その後も,違憲審査の正統性をめぐる議論が続いてきた.

さらに,フランス型の違憲審査制には,一般市民の提訴が認められない等の制度的な限界があり,とくに,憲法典のなかに人権規定をもたないため,次のような多くの難題が伴ってきた.

まず第一に,根拠規範としての「憲法ブロック」(bloc de constitutionnalité)の拡大の問題がある.1971年7月16日判決で,①1958年憲法前文を根拠規範に挙げて以来,②1789年人権宣言,③1946年憲法前文,④共和国の諸法律によって承認された基本原理の4つが,まず憲法ブロックを構成する憲法的規範として認められてきた.④では,結社の自由や教育の自由等のほか,新たに,国籍についての権利と刑罰からの復権等の権利が認められた.その他,「憲法的価値をもつ一般原理」を憲法ブロックに加えることが一般化した.また,生命倫理法に関する1994年7月27日の判決は「あらゆる形態の隷従と侵害に対する人格の尊厳の救済」という原理にも憲法的価値を認めた.

第二に,憲法院の審査の困難な課題として,憲法ブロック内の諸規範の間の序列や,相互の矛盾・抵触の問題がある.前者については「超憲法的性格

(supra-constitutionnalité)」の認定をめぐって議論があるが，憲法学の通説では，憲法ブロック内では序列化を認めないことを原則と解している．後者の憲法規範内の抵触については，1789年人権宣言の財産権規定と1946年憲法前文との対抗などが不可避的な課題として一般に指摘されてきた．実際にも国有化法や新聞法の合憲性審査においては，これらの規範のいずれを重視するかで正反対の結論が得られることになり，憲法解釈のあり方が重要な論点となった．憲法院は，根拠規範の衝突や諸権力機関の権限対立の調整をはかりつつ，人権保障機関として機能することをめざしたが，その憲法解釈の困難さは否定できない．そこで，人権規範同士が衝突する場合の人権保障の限界について，憲法院は「憲法的価値をもつ目的(objectifs à valeur constitutionnelle)」の原則を確立した．例えば，1982年7月27日判決(n° 82-141 DC)は，1789年人権宣言第11条の情報伝達の自由と対比すべき原理として「憲法的価値をもつ目的」をあげ，その具体的な内容として，①公の秩序の保護，②他人の自由の尊重，③社会的・文化的表現の多元性，を列挙した．

　第三に，憲法院の政治的傾向や裁判官政治の危険なども問題となる．これは，9人の構成員の任命方法からして，憲法院の判断が政治的色彩を帯びるという危惧に由来する．実際に，政権交代やコアビタシオンによって議会内多数派の意思が大きく変わる場合には，その限界と困難さが一層明らかになった．

　例えば，新聞法の展開過程で，意思の多元性を重視して与党社会党が制定した1984年法が，1986年のコアビタシオンの後に新たに多数派を形成した共和国連合(RPR)・フランス民主主義連合(UDF)によって廃止された．これに対して，憲法院は，1984年法を廃止した1986年法の一部を違憲としたため，コアビタシオン前の左翼政権を支持したと考えられた．また，1993年の第2次コアビタシオンの時期にも，移民の制限に関するパスクワ法について憲法院が同年8月13日に違憲判決を下したことで，政府が公然と憲法院を批判する場面があった．実際には，憲法院を構成する9人の賢人(ヌフ・サージュ)への一般的な信頼が厚く，また彼らが憲法裁判官としての職業倫理に基づいて行動していることで，現実の批判論はさほど大きくない．しかしなお，裁判官政治への警戒が不要になったわけではないといえる．

3) 抗弁による事後審査制の導入

　以上のように，多くの課題を抱えながら，憲法院と憲法判例は，フランス憲法史上きわめて重要な機能を果たし続けてきたが，ついに，2008年7月23日の憲法大改正によって，1990年代からの憲法院改革が実現した(フランス憲法改正については，辻村『フランス憲法と現代立憲主義の挑戦』第5章参照，憲法院判例と運用については，フランス憲法判例研究会編『フランスの憲法判例II』参照).

　2008年7月23日憲法改正によって，「抗弁による事後的な違憲審査制(contrôle de constituttionnalité a posteriori et par voie d'exception)」が新たに導入された．これによって，従来は採択された法案に対する事前の抽象的審査制に限られていたのに対して，①一定の事項について事後の具体的な付随的審査を認めた．さらに，提訴(付託)権者も大統領，首相，両院議長，60人以上の国会議員に限定されていたのに対して，②権利・自由を侵害された一般市民もコンセイユ・デタないし破毀院からの移送により間接的に請求ができるようになった点で，画期的な改革であった．

　具体的には，第61条の1が新設され，第1項では「裁判所で係争中の事件の審理に際して，憲法で保障される権利と自由が法律によって侵害されていることが主張された場合は，憲法院は，所定の期間内に見解を表明するコンセイユ・デタないし破毀院からの移送によって，この「合憲性優先問題(QPC: Qestions prioritaires de constitutionnalité)」について付託をうけることができる」ことが定められた．第2項では，「前項の施行条件は，組織法律が定める」旨が明記され，組織法律等制定後に施行されることになった．その後，2009年12月3日の憲法院合憲判決(Décision n° 2009-595 DC)を経て，同年12月10日に組織法律n° 2009-15235が制定され，2010年3月1日に施行された．

　また，判決の効力に関する第62条が修正され，第1項(「第61条に基づいて違憲と宣言された規定は，審署されることも施行されることもできない」)に続く第2項で，「第61条の1に基づいて違憲と宣言された規定は，憲法院判決の公表以後，あるいは，この判決が定める期日以降，廃棄される．憲法院は，当該規定により生じた効力を再検討するための要件と範囲を決定する」と定められた．ここでは，すでに施行されている法律が違憲となった場合にこれを無効とすること

を定めた．また，この判決の効果が非常に大きいことを考慮して，法的安定性を維持するために，憲法院自身が，その判決のなかでその規定が生み出した効果を再検討できるように範囲や要件を定めておくという意味が含まれている．

こうして2010年3月1日から憲法第61条の1が施行され，新しい違憲審査制度が実際に運用される運びとなった．この制度では，裁判所における市民の違憲主張についての当該裁判所の移送決定から，コンセイユ・デタもしくは破毀院での憲法院への移送に関する判決を経て，憲法院における判決までの3段階の手続が含まれている．各々の期間が3カ月と定められたことで，市民の請求から約6カ月余を経て，憲法院での法律の合憲性審査の結論を得られることになった．現実には，施行5年後の2015年3月1日時点で，QPCとして憲法院に送付された件数は465件であった．送付率は19.7％(破毀院から258件，1504件中17％，コンセイユ・デタから207件，856件中24％)，判決は395件出された．QPC判決のうち合憲判決(décision de conformité)56.2％，留保付合憲判決(conformité sous réserve)14.1％，および全部違憲判決(non-conformité totale)14.6％，一部違憲判決(non-conformité partielle)9.3％，請求棄却等5.8％が含まれ，違憲判決比率の高さ(23.9％)が注目される(初宿・辻村編『新解説 世界憲法集(第4版)』245頁以下参照)．

反面，この制度に対しては，市民からの直接的な付託ができないこと，国際諸条約に含まれている基本権保障には適用されないこと，憲法院への移送は裁判官に対して請求されなければならず，裁判機関が職権で憲法適合性問題を解決できないこと，移送自体が刑事裁判所もしくは行政裁判所の最高裁判機関によってフィルターにかけられていることなど多くの課題が指摘されている．このほかに，以前から指摘されてきた諸課題——①憲法院がコンセイユ・デタや破毀院との関係でどのように位置づけられるのか(最高裁判所的な地位を得ることに対する批判)，②憲法院への移送件数次第では，憲法院が機能麻痺に陥る危険はないか(運用上の問題)，③憲法上の権利・自由の侵害を対象とする場合も，憲法ブロックの内容次第で範囲が不明確にならないか(憲法規範の問題)，④憲法院の政治的色彩や裁判官政治が強まる危険はないか(政治学的課題)，⑤違憲審査基準論や権利制約の根拠としての「公益」論などの一層の具体化が必要ではないか(違憲審査基準論など憲法理論的課題)——などの多面的諸課題を加えれ

ば，今後の運用は多難であるといわざるを得ないだろう（辻村編集代表・糠塚康江ほか編『政治・社会の変動と憲法（第Ⅱ巻）　社会変動と人権の現代的保障』第11章〔池田晴奈執筆〕参照）．

(5)　日本の違憲審査制と課題

　日本国憲法は，「最高裁判所は，一切の法律，命令，規則又は処分が憲法に適合するかしないかを決定する権限を有する終審裁判所である」(第81条)と定める．この規定が，どのような類型に属する違憲審査制を採用しているかについては，憲法制定当初から議論があった．しかし，自衛隊の前身である警察予備隊の違憲性確認を求めた警察予備隊違憲訴訟で，最高裁判所は，「わが現行の制度においては，特定の者の具体的な法律関係につき紛争の存する場合においてのみ裁判所にその判断を求めることができる」という判断を下した（最大判1952〈昭和27〉年10月8日，民集6巻9号783頁）．以後，日本の違憲審査制は付随的審査制であるとする通説・判例が確立した．

　学説では，通説の付随的審査制説（司法裁判所説）が，日本の制度はアメリカにならったものであり，抽象的審査を認めるためには憲法上の明記が必要であると解する．これに対して，抽象的審査制説（独立審査権説・憲法裁判所併存説）も存在し，憲法第81条は最高裁判所に特別に抽象的違憲審査権をも付与するものであると解している．さらに，法律事項説は，憲法第81条が最高裁判所に憲法裁判所的性格を与えているとはいえないにせよ，法律等で手続を定めることにより最高裁判所が憲法裁判所的機能を果たすことも可能であるとする．

　1990年代以降の憲法改正論議のなかでも憲法裁判所創設による抽象的違憲審査制の採用が提案されているが，憲法改正論と法制度改革論議，さらに現行憲法の解釈論とを十分区別して論じなければならない．憲法第81条の解釈論としては，通説・判例のように付随的審査制と解するのが妥当であるが，そのような枠組を前提としつつも，その運用とりわけ訴訟要件や適格性の扱いにおいて憲法適合性審査の場をどれだけ広く設定するか（どれだけ積極的に違憲審査権を行使するか）が問題となる（樋口陽一『憲法Ⅰ』517頁参照）．

　この点で，憲法施行後2017年11月3日までの70年半の間に，法令の違憲

を最高裁が宣言したものが9種10件しかないという運用の状況——違憲判断消極主義——は，批判的に再検討されるべきものである．このような状況は，一般には司法消極主義として説明されてきたが，厳密には，合憲判断積極主義・違憲判断消極主義であるといわざるをえない．

現に，2017年までの法令違憲の判決は，尊属殺重罰規定違憲判決(最大判1973〈昭和48〉年4月4日)，薬事法距離制限違憲判決(最大判1975〈昭和50〉年4月30日)，衆議院議員定数不均衡違憲判決(最大判1976〈昭和51〉年4月14日，最大判1985〈昭和60〉年7月17日)，森林法違憲判決(最大判1987〈昭和62〉年4月22日)，郵便法違憲判決(最大判2002〈平成14〉年9月11日)，在外国民選挙権制限違憲判決(最大判2005〈平成17〉年9月14日)，国籍法違憲判決(最大判2008〈平成20〉年6月4日)，婚外子相続差別規定違憲決定(最大決2013〈平成25〉年9月4日)，再婚禁止期間規定一部違憲判決(最大判2015〈平成27〉年12月16日)のみで，他国とは比較にもならないほど少数である．

さらに違憲判決の内容からしても，尊属殺違憲判決では，法廷意見は尊属殺重罰の目的自体を合憲とする手段違憲論であり，また，薬事法判決と森林法判決はともに経済的自由を拡大する方向での違憲判決である．判決の効力の点でも，議員定数判決では事情判決の法理を採用するなど，違憲判断における消極的な側面を否定することは難しい．

反面，1997年の愛媛玉串料訴訟判決や2010年の砂川政教分離訴訟判決(本書81頁参照)などで，精神的自由に関する領域についても最高裁の違憲判断が示された．また2005年の在外国民の選挙権訴訟最高裁判決でも公職選挙法の違憲を認定し，国家賠償責任を認めて有権者1人当たり5000円の支払いを命じた．これらの事件では，法令違憲判決と国家賠償法適用について極めて消極的であった従来の最高裁判所の判断に照らしてみると，画期的なものといえる．2008年の国籍法違憲判決でも，単に違憲を宣言するだけでなく，当該国籍法の違憲部分を除いて解釈した結果，上告人ら10人の日本国籍を認めて救済した．このように，救済という観点から違憲審査手続が積極的に行われたことで，今後の日本の違憲審査の積極化が期待された．

2015〈平成27〉年12月16日最高裁大法廷判決は，女性のみに6カ月の再婚禁止期間を課す民法733条につき，100日を超える部分を違憲とした．その後

IX 司法制度と違憲審査

2016年6月に法改正が行われ，判決の内容を超えて100日以内でも妊娠していないことの証明がある場合には再婚できるとされた．

このように最高裁判決が立法的解決に重要な影響を与えることは，本来，望ましいことであり，立法裁量を重視して合憲判決を繰り返していた従来の傾向とは異なってきたことが歓迎される．

今後の違憲審査制のあり方としても，最高裁の違憲判決を契機に立法的解決を促進してゆくことが，望ましい形といえる．同時にまた，下級審の積極的な憲法判断に期待することで，アメリカ型とドイツ型とも異なる第三の類型としての日本の違憲審査制の独自性を追求してゆくことも期待される（樋口陽一・辻村みよ子・山内敏弘・蟻川恒正『新版 憲法判例を読みなおす』第1章〔樋口執筆〕参照）．この観点からすれば，憲法改正によって憲法裁判所を導入しようとする主張には，にわかに賛成しがたいものがある．少数派の権利を保護するための裁判所の機能やその憲法解釈の限界の問題も含めて，今後も検討を継続しなければならない課題であるといえよう．

X
地方自治・住民投票と国民投票

1 地方自治・地方行政制度

　各国の行政制度はそれぞれ異なるが，とりわけ地方行政制度は，歴史的・伝統的に形成された特徴をもっている．統治構造の点では，単一国家の場合と，連邦国家において州政府が存在する場合とに，まず区分される．いずれの場合も，一定の限定区域内の公共的事務権能を有する機構と一定の人口の存在が要件となり，地方公共団体を主体とする団体自治と，区域内住民の直接・間接の意思決定を保障する住民自治が，地方自治の要素となる．地方自治・地方行政制度は，一般に，段階構造の態様，中央政府との関係，地方議会の有無，直接民主制(住民投票等)の採否等によって比較することができる．

(a) アメリカ

　連邦制を採用しているアメリカでは，国土は 50 の州(State)および州に属さない地域(首都ワシントンがあるコロンビア特別区，南太平洋の諸島など)に分割され，地方制度の形成・確立の権限は州に留保されている．地方行政単位は，州の憲章によって法人格を与えられた地方自治体(Municipality)としての市(City)，町(Town)，村(Village)と，州の立法部によって創設される準地方自治体(Quasi-municipality)としての郡(County)，中西部の州にあるタウンシップ(Township)，ニュー・イングランド 6 州だけにあるタウン(Town)に分かれる．日本の 2 段階制とはちがって，いかなる階層制をとるかは，州に委ねられている．

　連邦と州の関係について，合衆国憲法は，各州に共和政体を保障するとともに(第 4 条第 4 節)，連邦議会への代表選出(第 1 条)や大統領選挙時の選挙人選出

(第2条)などの権限を定め,第10修正は「この憲法によって合衆国に委任されず,また州に対して禁止されていない権限は,それぞれの州または人民に留保される」としている.これは,連邦政府には憲法に列挙された権限のみを認め,州政府に他のすべての権限(いわゆる州主権)を留保するという原則を示している.同時に,州の権限を制約する規定を置き,第6条第2項で連邦憲法・連邦法の最高法規性を明示して,連邦の優位を明らかにしている.そこでアメリカでは,連邦制下の地方分権と中央集権の整合性が絶えず議論になってきた.各州では,2年任期で選出される州議会と州知事を中心とする州政府との間で権力分立原則が確立されているが,実際には知事の権限強化と議会の地位の低下が指摘されている.

(b) ドイツ

ドイツでは,1990年に旧東ドイツの諸州(邦)が旧西ドイツに加盟する形で統一が実現したため,現行のドイツ連邦共和国基本法のもとに16州(Land, ラント)からなる連邦国家が誕生した.1999年に首都がベルリンに移されたが,その後もボンに第2首都的な機能が残されている.

基本法では,連邦に明示的に付与されてない立法権は州に属するとされ(第70条),地方制度の決定は州に属する.16州のうち3州(ベルリン,ブレーメン,ハンブルク)は都市邦であり,市議会と市の行政部から成るが,他の13州は,州議会と州政府から成っている.基本法第28条では,「ラント(州)における憲法的秩序はこの基本法の趣旨に即した共和制的・民主的および社会的法治国家の諸原則に適合していなければならない」としたうえで,ラント・郡(クライス)および市町村(ゲマインデ)においては,民選の代表機関を設けるべきこと,市町村ではゲマインデ総会によって代表機関に代えることができることなどを定めている(第1項).また,「市町村に対しては,法律の範囲内において,地域的共同体のすべての事項を,自己の責任において規律する権利が保障されていなければならない」(第2項)とする一方で,「連邦は,ラントの憲法的秩序が基本権ならびに第1項・第2項の規定に適合することを保障する」と定める(第3項).総じて,ドイツでは,歴史的にラントに強い自治権が保障されており,市町村等にもその監督権が広く認められているといえる.

なお，ドイツは，脱一極集中のモデル，多極分散型のモデルとして注目されており，ラント憲法によって各州のアイデンティティ形成が行われている．連邦の官庁や司法・行政機関がドイツ全体に分散していることにも，分権化の特徴が示されている（竹下譲監修・著『世界の地方自治制度（新版）』138頁以下参照）．

(c) イギリス

イギリスは，国名を「大ブリテン・北アイルランド連合王国」と称するように，連合国家の形態をとった単一国家であり，大ブリテンはイングランド，ウェールズ，スコットランドの地域に分かれている．地方行政を担当する知事など直接公選の首長は存在せず，議会（カウンシル）・委員会を中心に自治権限を行使してきた（議会議長が市長等と呼ばれる）．

イングランドは，19世紀の地方自治法以来，伝統的に，ロンドン（シティおよびロンドン・バラ・カウンシル）と地方圏（大都市区域ではメトロポリタン・ディストリクト・カウンシルの1層制，非都市区域では2層制）からなり，1層制と2層制の混在型がとられてきた．しかし，1972年に画一的な2層制が導入された．その後，1997年に労働党のブレア政権下でスリム化が図られ，2層制の一部を廃止して46のユニタリー・カウンシルが設置された．

ウェールズとスコットランドは，中央政府のウェールズ省とスコットランド省のもとで自治が認められ，ブレア政権下で自治権が一層拡大された．スコットランドでは1973年法による2層制導入の後，1993年に1層制の方針が定められ，1996年の改革後に29のユニタリー・カウンシルが設置された．ウェールズでも同年に22のユニタリー・カウンシルが設置された．さらに，1997年に住民投票を経てスコットランド議会とウェールズ議会の創設が決定され，1999年には，実際に選挙が行われて，外交・防衛・課税権以外の教育・社会保障・経済開発等の権限が両議会に移譲された．

また，ブレア政権の地方改革の一環として，1998年に「大ロンドン庁（レファレンダム）法（Greater London Authorities (Referendum) Act）」が制定され，2000年に地方政府法（Local Government Act）が制定されて，地方機関権限の強化，執行部制度の創設などが定められた．また2000年に大ロンドン市長選挙と大ロンドン庁議会議員選挙が実施された．直接公選制でロンドン市長が選出された

のは史上初であり，これらの改革の成果が注目された．

その後 2014 年 9 月 18 日にはスコットランドの独立を問う住民投票が実施されたが，結果は，独立反対が 55.25％，独立賛成が 44.65％ であった．これによって連合王国に残留することが決まったが，自治権の拡大が約束されたことで一定の成果が得られたといえる．

なお，EU 離脱(ブレグジット，Brexit)の賛否を問う 2016 年 6 月 23 日の国民投票で離脱派が勝利した(本書 216 頁参照)．それを主導したのが，ボリス・ジョンソン前ロンドン市長(メイ内閣で外相に就任)であったことは記憶に新しい．

(d) フランス

単一国家の代表格であるフランスでは，ナポレオンが 1800 年に設置した県知事が，中央の政府の役人として地方政治に君臨して以来，地方政府は強力な集権国家の出先機関として機能してきた．

第 5 共和制憲法のもとでも，「単一国主義」の原則のもとに中央集権的な国民国家を構築することがめざされたが，他方で憲法第 12 章には地方公共団体に関する規定が置かれた．そこでは，市町村(コミューン)・県・海外領土を憲法上の地方公共団体とし，法律によってその他の地方公共団体を創設することを認めた(第 72 条第 1 項)．

その後，2003 年 3 月 28 日の憲法改正によって，「共和国の地方公共団体は，市町村，県，州(région)，特別の地位を有する公共団体および第 74 条の定める海外公共団体である」(第 72 条第 1 項)と定め，レジオン(州または地域圏)がはじめて憲法上の地方公共団体として認められた．2015 年 8 月 7 日の地方組織法等で改革を実行しており，憲法上，レジオン(13，海外 5)，県(101，海外 5)，市町村(3 万 5885，2016 年末現在)の 3 層制を採用している．各地方公共団体は，公選の議会を設置して，法律の定めるところに従って「自由に自治を行う」ことができる(同条第 2 項)．また，同条 3 項で，「法律の定める要件にしたがって，これらの公共団体は，選出される議会により自由に自己の行政を行い，自らの権限行使のために命令〔条例〕を制定する権限をもつ」として条例制定権が明示された．これらのことを前提としたうえで，第 72 条の 1 が新設され，住民発案・住民投票権についても規定が置かれた(本書 223 頁参照)．

このように，憲法では「単一国主義」の範囲内での地方自治が定められているといえるが，社会党など左翼政党によって地方分権改革が進められ，1981年のミッテラン大統領就任後，1982年3月2日法により改革が実現された．この法律は，中央集権主義の象徴でもあった中央任命制の県知事を廃止して「共和国委員」とし，知事の後見監督を廃止するとともに，従来から憲法上の地方公共団体の地位を認められていなかったレジオン（州）を地方公共団体に昇格させるなどの内容をもっていた．反面，国家の統制が維持され後見機能が部分的に残存したことなどの限界があり，コアビタシオン下の1988年2月には，デクレによって一旦廃止された「知事」の呼称が復活した．

「多文化主義」からの挑戦

他方で，地域特有の文化や制度・慣行等を重視するいわば「多文化主義」の面からの挑戦が進められている．例えば，イタリア文化の影響が残るコルシカ・レジオンについて，特別の地位を与える法律が1991年に制定され，コルシカの文化的・地域的なアイデンティティを認めることが法定された．憲法院は1991年5月9日の判決(n° 91-290 DC)で，法文の「コルシカ人民」の語は共和国の単一不可分性を定める憲法前文や第2条(現行第1条)等に反するとして一部違憲の判決を下したが，従来のレジオン1県1市町村とは異なる特別の地位をコルシカに与えることを許容した．その後も，憲法院の一部違憲判決にもとづく修正を経て2002年1月22日法が制定され，コルシカに関連する立法に際してコルシカ議会への諮問を要すること等が定められた（大津浩「地方自治・地方分権」フランス憲法判例研究会編『フランスの憲法判例』323頁以下参照）．

また，憲法第74条に規定する海外領土の地位が1992年6月25日の憲法改正によって高められ，特別の地位と制度が保障された．ニュー・カレドニアについては，1998年5月のヌメア協定によって定められた独立のための住民投票と自治権の強化を認めるため，1998年7月20日に憲法改正が実施された（第13章：第76・77条の新設）．1999年3月に組織法律が制定され，同年6月には仏領ポリネシアの自治に関する憲法改正案も採択された．

こうして海外領土の独立や連邦制的な制度への動向を許容しつつ地方自治改革がすすめられ，前記2003年3月28日に地方分権化のための憲法改正が実施

された.これによって,憲法前文に国家の地方分権的性格が明示され,地方公共団体に関する第72条以下に大幅な追加修正が施された.そこでは,国の権限委譲と補完性の原則,地方公共団体の自主立法権,住民投票・住民発案,財政自主権,海外公共団体の地位の整備などについて,詳細な規定が置かれた.その後,2008年7月23日の憲法改正で海外県等に関する第73条以下にも修正が加えられ,「地域言語はフランスの資産である」ことを明示する第73条の1も新設された.さらに2014年から2017年まで,オランド大統領のもとで大幅な地方制度改革が実施された.

2　国民投票と住民投票

(1)　レファレンダムの態様

　直接民主制の一形態としてのレファレンダム(国民投票ないし住民投票)は,今日では世界各国で実施されている.しかし,その形態は多様であり,分類の仕方も下記のように多岐にわたる.

　① 実施の範囲・基盤について,国レベルの国民投票(ないし人民投票)と地方レベルの住民投票に区別され,後者はさらに連邦制をとる場合の州民投票や,その他の県・市町村等での住民投票に細分される.

　② 根拠規定には,憲法,法律,条例,その他(事実上のもの)が存在する.

　③ 対象となる事項は,憲法の制定・改正,法律の制定・改廃,条約・国際協約の承認等,条例等の制定・改廃,その他の諸問題に区別することができる.

　④ 法的効力については,(a)投票結果が拘束的効力をもちうる裁可型(決定型)と,(b)助言的効果に止まる諮問型(助言型)に区別できる.

　⑤ 実施条件・手続については,(a)憲法・法律等の規定によって当然かつ自動的に実施される必要型・義務型と,(b)一定の手続・要件に従って任意に実施される任意型に区別できる.

　⑥ 発案者については,(a)国の行政担当者(大統領・首相),(b)国の議会・議員,(c)地方行政担当者(知事・市長等),(d)地方議会・議員,(e)一定数の国民(有権者),(f)一定数の住民(有権者)などがある.

これらの分類をふくめて，今日では，概ね次の4つの類型が存在するとされている．①発案者が排他的に議会に帰属する型(スウェーデン，ポルトガルなど)，②発案者は一定数の住民だが，レファレンダム実施の決定権は議会に帰属する型(フィンランド，スペイン，ブルガリア，フランスなど)，③一定数の住民の請求があれば自動的・義務的にレファレンダムを実施する型(ルクセンブルク，チェコ，オーストリアなど)，④レファレンダムが義務的に実施される条件や事項を法律が規定している型(イタリア，ドイツ，スイスの一部のカントンなど)であり，③④の方が①②よりも直接民主制の実現度は高いとされる．

このうち，住民投票は，住民の意思を問うために実施される地方レベルのレファレンダムであり，以上の類型中の根拠規定・法的効力・実施条件・発案者等の選択肢の組み合わせ次第でさまざまな類型が成立しうる．一般には，法律や条例を根拠に，議会や住民を発案者として義務型ないし任意型で実施されるものが多く，県や市町村を単位とする場合には，その性格上，対象から憲法改正や条約承認等は除外される．

(2) 諸国の国民投票制度

全国レベルのレファレンダム(国民投票ないし人民投票)を認めている国で注目すべきものとして，イギリス，スイス，フランスについてみておこう．

(a) イギリス

イギリスでは，議会主権原理のもとで議会制民主主義が発達したため，直接民主制を重視する伝統は弱かったといえる．しかし，1970年代になると，1975年5月にレファレンダム法が制定され，同年6月にヨーロッパ共同体(EC)加盟の正式決定をめぐる国民投票が実施された．「イギリスはECにとどまるべきか」についての投票結果は，投票率64.5％，賛成67.2％でEC加盟が正式決定された．しかし，議会主権原理との関係上諮問型にとどまったほか，議会主権や代表民主制との関係がその後も議論され続けた．

最近では，2015年に欧州連合国民投票法が制定され，2016年6月23日にEUからの離脱の賛否を問う国民投票が実施された．その結果，離脱派が

51.9%，残留派が48.1%（投票率72%）となり、約100万票の僅差で離脱派が勝利した。このためキャメロン首相が辞任し、保守党の党首選挙では内閣の一員で残留派であったメイ内務大臣が首相に就任した。この離脱問題（ブレグジット）は、イングランド（離脱派対残留派は、53.4%対46.6%）とスコットランド（同38.0%対62.0%）、さらに若者（18―24歳では残留派が73%）と45歳以上（多数が離脱支持）のように社会の分断をもたらし、離脱派が重視した主権回復問題、移民規制問題、残留派が重視した経済的損失問題など、いずれも大きな政治課題を残すことになった（初宿・辻村編『新解説 世界憲法集（第4版）』25頁〔江島晶子執筆〕参照）。同時に、国民投票のデメリット（ポピュリズムの影響や意思形成の不安定性など）が明らかになることになった。

(b) スイス

スイスは、1848年以来、連邦制国家であり、23の州（実際には、20の州と6の半州）に分かれている。憲法第70条で、公用語としてドイツ語・イタリア語・フランス語およびレートロマン（ロマンシュ）語を明記することに示されるように、多文化・多言語の分権国家である。1999年に全面改定されたスイスの新連邦憲法は、連邦と州（邦、カントン）との関係を定めるとともに（第3編第1章第1・2節）、ゲマインデ（市町村、コミューン）の自治を保障している（第50条）。また、連邦・州・市町村の各レベルで直接民主制が実施されている。

まず連邦レベルでは、1848年連邦憲法以来、憲法によってレファレンダムが規定されてきた。1999年新連邦憲法では、旧憲法の規定をまとめて、第4編第2章に、連邦憲法改正のイニシアティブ（第138条）、連邦憲法改正・集団的安全保障機構への加盟等の義務的レファレンダム（第140条）、連邦法律・連邦決議・一定の国際条約等の任意的レファレンダム（第141条）を定めている。

第138条の連邦憲法全面改正の発案については、10万人の有権者の請求が要件とされ、請求があれば、義務的に国民と州の両方で投票に付される。部分改定の場合も10万人の請求で義務的にレファレンダムに付されるが、その形式や連邦議会の同意要件について第139条で定められる。

第141条の任意的レファレンダムの要件は5万人の有権者または8州の請求であり、連邦法律や国際機構への加入に関連する条約などが対象となる。これ

らの請求は，投票者の過半数の賛成があるときは採択される．とくに憲法改正や集団的安全保障などのように，国民と州の投票が義務付けられている場合は，国民の過半数と州の過半数の賛成を要するとされ，各州の国民投票の結果が州の投票とみなされる(第 142 条第 1—3 項)．いずれにせよ，これらが裁可型である点で，世界で最も徹底した直接民主主義の採用例として注目される．

最近では，2008 年 11 月に実施された国民投票で，「児童ポルノ犯罪の時効廃止」のための国民発議が可決された(坪郷實編著『比較・政治参加』97 頁以下〔岡本三彦執筆〕参照)．また，人口 842 万人(2016 年)のスイスで 40 万人以上(約 5%)のイスラム教徒が暮らしており，イスラム寺院の尖塔(ミナレット)の建設計画が進んだところ，2 つの右派政党(スイス国民党とスイス民主連邦同盟)がリーダーシップを取って建設反対の国民投票が組織された．2009 年 11 月 29 日の国民投票の結果，57% がミナレット建設反対に賛成した．これに対しては，国連人権高等弁務官や国連自由権規約委員会が，建設禁止は国際規約違反になるとして批判をして注目された (Human Rights Watchs: https://www.hrw.org/ja/news/2009/12/04/238460 参照)．

(c) フランス

フランスでは，1958 年憲法第 11 条で，大統領の人民投票への付託権を認めている．当初は，「大統領は，官報に登載された，会期中の政府の提案または両議院の共同の提案に基づいて，公権力の組織に関する法律案，あるいは憲法には反しないが諸制度の運営に影響を及ぼすであろう条約の批准を承認することを目的とする法律案を，すべて，人民投票に付託することができる」と定められていたが，シラク大統領のもとで 1995 年 8 月 4 日に憲法改正が実施された．この改正により，人民投票の対象に「経済・社会政策およびそれにかかわる公役務をめぐる諸改革に関する法律案」が追加された．また，人民投票が政府の提案に基づいて組織されるときは，政府は，各議院において審議に先だって声明を発するものとし，人民投票によって法律案の採択が確定したときは，共和国大統領は，諮問結果の発表から 15 日以内にそれを審署する，と定められて，大統領の権限が一層強化された．

実際には，1958 年制定後から 2017 年 12 月までに憲法第 11 条にもとづく人

民投票は8回実施された．ド・ゴール大統領が付託した1962年の大統領直接公選制に関する憲法改正や1969年の元老院改革案など，本来は憲法第89条の改正手続を援用すべきだったと思われる人民投票が2回，アルジェリアやニュー・カレドニアなどの地位に関するものが3回(1961・1962・1988年)，欧州統合のための条約批准に関するものが3回(1972年のEC拡大と，1992年のマーストリヒト条約批准，2005年の欧州憲法条約批准)である．このほか，さらに憲法第89条に基づくものとして，大統領任期の短縮についての2000年9月24日の人民投票がある．

これらの9回の人民投票のうち，ド・ゴール大統領が実施した1961―1969年の4回は，いずれも投票率が75％を超え(1961年76％，1962年の2回は75％，77％，1969年の元老院改革に関するものは81％)，大統領に対する信任投票の機能を果たした(1961・1962年の3回では，賛成票の比率はそれぞれ75・91・61％であった)．このため，大統領の独裁的権力を追認するためのプレビシット(plébiscite)であるという批判を生んだ．実際，ド・ゴールは，1969年元老院改革の人民投票に進退をかけ，投票率81％にも及んだが，投票結果は賛成47％で反対票が多数となり，ド・ゴールは辞職を余儀なくされた．その後の人民投票では，投票率が下落の一途をたどり，2000年の大統領任期短縮のための人民投票では30％になった．賛成票は73％で信任されたが，賛成票を投じた人が有権者総数のわずか18.6％という状況で重要な憲法改正が実現したことになり，その民主的機能に対して疑問が投げかけられることになった(2005年の欧州憲法条約に関する人民投票でも投票率は31％，賛成票は45％にとどまった)．

このように，フランスの事例には，プレビシットの危険と棄権主義という，直接民主制の問題点が如実に示されることになった．

これに対して，人民主権と政治的リベラリズム，デモクラシーと法治国家との間の対抗が長期に及んだのち，憲法院による調整などの期間を経て，憲法第11条の拡充による民主主義の強化が試みられた．サルコジ大統領のもとで実施された2008年憲法改正によって人民発案制が導入され，憲法第11条について，人民投票の対象にすることのできる事項が拡大されて「環境政策およびそれに貢献する公役務にかかわる」の文言が追加された．

また，第3項(「第1項に掲げる対象に関する人民投票は，選挙人名簿に登載された

選挙人の 10 分の 1 の支持を得て国会議員の 5 分の 1 によって発案される場合に，組織される．この発案は，議員提出法律案の形式をとるが，過去 1 年以内に審署された法規の廃止を対象とすることはできない」)を新設して，国会議員の 5 分の 1 が，有権者の 10 分の 1 の支持を得た場合，人民発案による人民投票に付託する制度が新設された．これは，一定数の人民の賛成によって国会議員が発案する点で，合同発案制度 (initiative conjointe) といえるものである．2015 年 1 月の施行により，国会議員の 5 分の 1 (920 名の国会議員中 184 名) による発案と，フランス人有権者の 10 分の 1 (有権者約 440 万人) の支持によって，人民投票が組織できることになった．発案権を大統領だけでなく国民と国会議員にも拡大したことは，大統領による独裁的な運用 (プレビシット) の危険を軽減する効果が期待できる．但し，この人民投票は，最低 2 年間の間隔をあけて実施され，法規の成立後 1 年以上経過しなければ法規の廃止を対象とすることはできない．さらに，対象が公権力の組織と公共政策に関連する法律案および欧州連合の条約に関するものに限られるため，回数はあまり多くならないと予想されている．

(3) 諸国の住民投票制度

(a) イギリス

イギリスでは，1972 年に北アイルランドの境界線に関するレファレンダムが実施され，北アイルランドの全有権者の 57.4% がイギリス側に帰属することを望んだ．1978 年には，スコットランドとウェールズの地方分権に関する Scotland Act と Wales Act が制定された．議会を通過した両法律は，それぞれの地域の住民投票で，有権者 40% 以上の賛成を要するという条件を定めていたが，住民投票の結果，スコットランドでは 32.5%，ウェールズでは 11.9% の支持しか得られず，両法律は結局廃案になった．

しかし，その後，1997 年に労働党政権が誕生して分権化の方針が示されると，同年 4 月に北アイルランドとの和平同意が，住民の圧倒的多数で承認された．また，「レファレンダム (スコットランド・ウェールズ) 法」が議会に提出され，住民投票の結果，スコットランドでは 74.3%，ウェールズでは 50.3% の賛成を得て，スコットランド議会とウェールズ議会が設置された (本書 211 頁参照)．

2000年には地方政府法(Local Government Act)が制定され，住民投票に関する規定(第34—36条，第45条)が整備された(5年間に1度しか実施しえないこと等が定められている)．その後は，2007年スコットランド議会選挙における独立推進派の勝利によって，2009年3月に，独立のためのレファレンダム法案が提出され否決される一幕があった(坪郷實編著『比較・政治参加』54頁以下〔小堀真裕執筆〕参照)．さらに2014年9月の住民投票で再度独立が否決された．

(b) ドイツ

ドイツでは，ワイマール憲法下で国民投票がヒトラー独裁の道具になった．その経験から，ドイツ連邦共和国基本法に国民投票を認める規定はなく，実際に連邦レベルのレファレンダム制度は存在しない．但し基本法では，第29条で連邦領域の新編成について，住民の直接的な意思決定を認めている．そこでは，連邦領域を新たに編成するための措置に関する連邦法律は，住民表決(Volksentscheid)によって追認されることを要するとし(第2項)，以下のように定められている．

新たなラントを形成する場合の住民表決において，当該ラントの住民の多数が拒絶する場合には成立しない．但し関連領域の住民全体の3分の2以上の同意があるときには考慮されない(第3項)．複数のラントに属し，人口100万人を超える住宅・経済地域で，連邦議会選挙の有権者のうち，10分の1以上の住民が，統一的なラントに属することを希望する住民請願(Volksbegehren)に同意するときは，連邦法律によって，2年以内に，第2項の手続によるか，または当該ラントにおいて住民投票(Volksbefragung)が実施されることを規定しなければならない(第4項)．この住民投票は，法律で提案されるべきラントへの所属変更が同意を得られるかどうかを確認するために実施され，賛成多数のときは第2項の手続に移る(第5項)．住民表決および住民投票では有権者の4分の1を含む過半数が多数とされ，5年以内に住民投票等を繰り返すことができない旨を連邦法律が規定することができる(第6項)．

さらに，第29条第2—7項の諸規定にかかわらず，ラント間の協定によって新編成を規律することができ，その場合には関係ラントの住民表決による承認を要すること等を定める第8項が，1994年の第42回基本法改正で追加された．

以上のように，基本法では，住民請願・住民投票・住民表決の3種類の概念が用いられている．これらは，それぞれイニシアティブ，諮問型レファレンダム，裁可型レファレンダムに対応するものと考えてよいが，いずれにしても，対象がラントの再編に関する問題に限られている．

　これに対して，州のレベルでは州憲法で州民投票制度等が定められ，広い範囲で頻繁に実施されている．歴史的には，ワイマール憲法の伝統を受けついで旧西ドイツ各州憲法(ハンブルク，ニーダーザクセン，シュレスヴィヒ＝ホルシュタインの3州を除く)では基本法以前から州民投票制度をもっていたが，1970年代以降は，上記3州を含めて全州で導入した．

　さらに，東西統一後の1990年代以降，旧東ドイツの5州も，州民請願と州民投票の手続を導入した．こうして，2000年には16の州がすべて州民投票制を採用することとなった．このなかで州民請願と州民投票の2段階制の諸州(2000年3月現在で5州)と，州民請願の前に州民発案(Volksinitiative)手続をおく3段階制の多数の州が存在する(この分類・訳語は，村上英明『ドイツ州民投票制度の研究』1頁以下による)．

　ドイツでは，州民投票のほか市町村の住民投票も活発に実施されている．根拠規定は，州憲法である場合と州法である場合とがあるが，多くの州では，住民集会の制度が導入され，首長解職等を目的とした住民請願や住民投票が一般的に行われている．これらの直接請求手続は，日本の地方自治法における首長解職請求と類似のものであることがわかる(稲葉馨「ドイツにおける住民(市民)投票制度の概要(3)―(6・完)」自治研究72巻9号，73巻2・5・8号参照)．

　その後16州のすべてに「市民発案，市民表決」の制度が完備され，2007年末までの市民発案総数は3721件，市民表決総数は2226件に及んだ(自治体数1万3157)ことが知られている(坪郷實編著『比較・政治参加』121頁以下〔坪郷執筆〕参照)．

(c) アメリカ

　アメリカでは，連邦レベルのレファレンダム制度は存在しないが，州レベルではほとんどの州で導入され，直接民主主義が地方自治体で実践されている．その根拠法も，州憲法，州法，自治体憲章など多様であり，さまざまな問題について，住民投票が実施されている．

アメリカでは，スイスにならってイニシアティブ，レファレンダム，リコールの3つが，直接民主制(direct democracy)を実施する手段として導入され，これらを結合した手続が採用される例が多い．歴史的には，1890年代から1914年までの革新主義の時代に導入され，以後，順次各州で採用された．

例えば，1994年までに全米の半数以上(西海岸諸州では90%)の自治体がイニシアティブを制度化し，州レベルでも24州が憲法改正等にイニシアティブを導入した．レファレンダムについては，州法対象が25州，憲法改正を含めれば49州が導入した(統計は，横田清「アメリカ合衆国における住民投票(住民立法)制度の運用」都市問題87巻1号25頁以下参照)．ここでは議会に対して住民が法律の改廃を提案し，立法措置がされなかった場合はレファレンダムに移行するという例が多い．

レファレンダムには，州憲法が改正等に関して住民投票を義務付けている義務的レファレンダム，議会が住民投票の可否を決する選択的レファレンダム，議会が可決した法案等に対して住民が住民投票を求める請願的レファレンダムなどの類型がある．実際には，ほとんどの州で州憲法改正について義務的レファレンダムを導入するほか，公債発行の是非を問う義務的レファレンダムや，都市問題・環境問題，公選職の任期制等に関する選択的・請願的レファレンダムを実施している．それとともに，市民参加や人民主権の強化といった長所の反面で，住民投票の抱える問題点や短所もしだいに明らかにされてきた．無責任な提案の横行，議会制民主主義の弱体化，少数者の無視，キャンペーンの出費と大企業の有利，有権者の疲弊などである．これらは諸外国でも同様であるが，これらの短所をカバーする制度上の工夫が注目される(小池治「アメリカにおける住民投票」月刊自治研448号34頁以下参照)．

(d) フランス

フランスでは，2003年の憲法改正までは地方レベルのレファレンダムについては，憲法上直接的な規定を置いていなかった．わずかに，第53条第3項で「領土のいかなる割譲も，いかなる交換も，いかなる併合も，関係する住民の同意がなければ有効ではない」と定めているにすぎず，ニュー・カレドニアなどの海外領土について住民投票を認めたもので，実際に数回実施されてきた．

しかし，実際には，第3共和制期に事実上の住民投票が実施されていたのと同様に，現行憲法下でも，原子力発電所の建設や予算案などをめぐって，住民投票が実施されていたため，1971年7月16日の市町村合併に関する法律で，まず，これを「暫定的措置」として制度化した．ついで1982年からの地方分権化改革を総括し進展させるための1992年2月6日法によって，住民投票が制度化された．さらに，国土の整備・発展に関する1995年2月4日法によって住民投票の対象が拡大され，市町村長と市町村会のほか，有権者の5分の1以上の住民の発案権も認められた．また法律上で，種々の制限も定められた．例えば，時期的にも，市町村会選挙の前年や，選挙後2年以内と4年目終了後の実施は禁止され，回数も，年に1回に制限された．同一対象について2年以内に再度住民投票にかけることもできない．対象となる事項は市町村および市町村の公的施設の権限に属する問題に限られ，国の権限に属する事項等については認められない．また，住民投票はあくまで諮問型にとどまり，投票結果には法的な拘束力がないことも明示された．

その後，2003年3月28日の憲法改正によって，第72条の1が新設され，下記のように住民投票が憲法上に明記された．

①各地方公共団体の選挙人が請願権の行使により当該地方公共団体の権限に属する問題を議会の議事日程に載せることを要求できる要件は，法律で定める．②組織法律の定める要件に従って，地方公共団体の権限に属する議決もしくは行為の提案を，地方公共団体の発案に基づき，住民投票の方法で，当該地方公共団体の選挙人の決定に付託することができる．③特別の地位を付与された地方公共団体の創設，あるいは，その地位の変更の際は，法律により，関係する公共団体に登録された選挙人に諮問することを決定できる．地方公共団体の境界の変更についても同様に，法律の定める要件に従って，選挙人に諮問することができる．さらに，この第72条の1を具体化するために制定された組織法律は，地方自治統一法典の多くの条項を修正し新設する形で住民投票の施行手続を定め，2003年8月2日に施行された（組織法律はその後も2005年に改正されている）．フランスの住民投票の憲法化の過程は，その活性化にとって重要であり，日本にとっても，参考になる点が多い．

3　日本における住民投票

　日本国憲法は，団体自治とならんで「地方自治の本旨」の内容をなす住民自治を保障するため，地方議会の議員や地方公共団体の長などの住民による直接選挙(第93条)，および，地方自治特別法に関する住民投票(第95条)に関する規定を置いている．

　憲法第95条は，「一の地方公共団体のみに適用される特別法」についての住民投票制を定めている．実際に，横須賀・呉・佐世保・舞鶴の4市に適用された旧軍港市転換法が第95条の地方自治特別法(ないし地方特別法)に該当するとして住民投票にかけられた先例があるが，その他には1949―51年に広島平和記念都市建設法等の15件18都市について制定されただけで，国際観光都市宣言等の観光目当てと思われるものも含まれ，あまり有効に機能していない．

　このほか，地方自治法で住民の直接請求権につき以下の規定を置いている．
(a)議員・長・役員の解職請求(地方自治法第80―88条)
(b)議会の解散請求(第76―79条)
(c)条例制定・改廃請求(第74―74条の4)
(d)事務監査請求(第75条)

これらのうち(a)と(b)は原則として有権者の3分の1以上の署名による発案で住民投票が義務的に組織され，その過半数で決定する(但し，地方自治法76条以下では，有権者数が40万人を超える場合に特別規定がある．また，(a)の役員解職手続はこれと異なり議会で決する．(c)と(d)は，有権者の50分の1以上の署名による発案が可能とされる．(c)の場合，住民が条例制定・改廃を請求しうるとしても，最終的な条例制定権は議会にあり，住民投票は必要な要件とされない)．

　ここでは条例にもとづく住民投票が重要な位置づけを与えられており，実際にも活発に実施されるようになった．1996年8月新潟県巻町で原発をめぐる住民投票が実施され，投票率88%，原発反対61%，賛成39%の結果となった．同年9月には日米地位協定見直しと米軍基地整理縮小の賛否を問う初の県民投票が沖縄で実施され，投票率は59%であったものの投票者の89%が基地の整理・縮小に賛成した．1997年6月の産業廃棄物処理施設をめぐる岐阜県御嵩

町の住民投票や，2000年1月の吉野川可動堰(ぜき)計画をめぐる徳島市の住民投票など，1990年代後半以降は，公共事業等をめぐる住民投票の制度化が注目されるようになった．

　この傾向は，住民自治を強め，市民の直接的な政治参加による「人民主権(ないし市民主権)」実現の方向に歩を進める点で評価される．しかし反面，住民投票の憲法上の根拠や理論的な位置づけが必ずしも明確でないだけでなく，制度の運用や実態にまで目を向けた場合には，さまざまな欠陥や危険性が指摘される．とくに，プレビシットとして機能する危険，情報不足や有権者の分析能力欠如等による世論操作・誘導の危険，住民投票の投票資格(16歳以上の投票を認める条例の合憲性等)と対象事項(少数者の人権侵害の危険)，諮問型住民投票における法的拘束力等の問題がある(辻村『憲法(第5版)』519頁以下参照)．

日本国憲法下の国民投票

　日本国憲法では，第96条で憲法改正についての国民投票を定めるほかは，一般的な政策課題等について国民投票を実施する規定を置いていない．このため，本書では，第96条の国民投票について，後にⅫ章で検討する(本書249頁以下参照)．

XI
「人権としての平和」と戦争放棄

1 世界の平和主義の流れ

　人類の歴史は，戦争の歴史でもあった．長い戦争の歴史の中から，戦争を制限して平和を実現するための平和主義思想が生み出された．17世紀のグロチウス(Grotius, H.)『戦争と平和の法』，18世紀のサン・ピエール(Saint-Pierre, A. de)『永久平和の計画』やカント(Kant, I.)『永遠平和のために』などは，永久平和のための諸条件を示して今日にも通ずる問題点を指摘していた．

　憲法の歴史の中でも，フランス1791年憲法では，「フランス国民は，征服の目的でいかなる戦争を企てることも放棄し，いかなる人民の自由に対してもその武力を決して行使しない」(第6篇第1条)と定めた．当時は，このような立憲平和主義の立場は侵略不正戦争のみを放棄するにとどまったが，その後のフランス1848年憲法，ブラジル1891年憲法，スペイン1931年憲法，フランス1946年憲法，イタリア1947年憲法，1949年ドイツ連邦共和国基本法などに引き継がれていった．

　また，国際法の領域でも，18世紀後半に，ヴァッテル(Vattel, E. de)が，正戦か否かを問わず戦争を国際法の手続に従わせる理論を提示し，20世紀前半のハーグ陸戦法規(1907年)や不戦条約(1928年)によって，国際法による規制と戦争の違法化の方向が示された．核兵器・生物兵器等による地球規模の破壊が危惧される今日では，部分的な軍縮では足りず，全面的な非軍備平和主義の実現が求められてきた．

　このような流れを受けて，また，人類初の原子爆弾の使用を招いた第2次世界大戦への反省から，日本国憲法は，世界に先んじて平和主義の現代的あり方

を先取りする形で，戦争放棄・戦力不保持と平和的生存権を保障したのである．アメリカのオーヴァービー(Overby, Ch.)(オハイオ大学)らの「9条の会」のような運動の広がりも，日本国憲法第9条の現代的意義を如実に物語っている．

2 平和と人権の相互依存性

　21世紀を真に「人権の世紀」にするためには，戦争という最大の人権侵害行為を廃絶し，世界の平和を実現するための課題を検討しなければならない．それは，今日の国際社会において，人権を謳歌しようと思っても戦争状態では人権は享受できないからである．また，戦争が最大の人権侵害であるという認識が一般化してきたように思われる反面，憲法学その他の人権理論のなかで，人権と平和の関係が必ずしも理論的に明らかにされていないからである．

　第2次大戦後には，国連を中心とする国際的な人権条約のもとで，人権が国際的に保障されてきた．その過程で，平和の問題が人権論の展開のなかに位置づけられるようになった．

　例えば，1945年の国連憲章は，国際平和の維持を課題とする国際連合の目的の1つとして，「すべての者のために人権及び基本的自由を尊重するように助長奨励することについて，国際協力を達成すること」(第1条第3項)を掲げて人権問題をその目的のなかにとり入れた．続いて，1948年の世界人権宣言は，前文で「人類社会のすべての構成員の固有の尊厳と平等で譲ることのできない権利とを承認することは，世界における自由，正義及平和の基礎である」と宣言して，人権が平和の基礎であることを明らかにした．1966年に採択された国際人権規約のA規約・B規約も，ともにこの世界人権宣言の前文を確認した．一方，国際人権年であった1968年にテヘランで開催された国際人権会議では，「平和は人類の普遍的な熱望であり，平和と正義は人権及び基本的自由の完全な実現にとって不可欠である」(前文)ことが示され，平和が人権の実現にとって不可欠であることが明らかにされた．

　このように人権と平和の相互依存性に基づいて「人権なければ平和なし」，「平和なければ人権なし」の原則を掲げることは，その後，1979年の女性差別撤廃条約や1985年の「ナイロビ将来戦略」等の女性の地位に関する諸文書に

継承されていった．

例えば，女性差別撤廃条約前文の第10パラグラフ以下では，アパルトヘイトや植民地主義等の根絶が男女の権利の完全な享有に不可欠であり，国際平和の強化・軍縮等が男女の完全な平等の達成に貢献することを確認することによって，「平和なければ平等・人権なし」の原則に到達した．また，「ナイロビ将来戦略」では反対に，「平和は……すべての基本的人権の享受により……促進される」と述べて「人権なければ平和なし」の原則を再度明らかにし，平和の概念について重要な示唆を与えた．

さらに，この流れに呼応して，一方では，平和に関する人権として，「平和への権利」の議論も出現した．1978年12月15日に国連総会で採択された「平和的生存のための社会の準備に関する宣言」は，「すべての国民とすべての人間は，人種，信条，言語または性のいかんにかかわりなく，平和のうちに生存する固有の権利をもっている」ことを明らかにした．ついで1984年11月12日に国連総会は「人民の平和への権利についての宣言」を発し，これを受けて翌年11月11日には「人民の平和への権利」に関する決議を採択した．

こうして，「平和への権利」は，国際人権規約の「生命に対する権利」や，日本国憲法の「平和的生存権」の観念とも重なりあいをもちながら，多くの国際文書のなかで言及されるようになった．

平和的生存権の意義

日本国憲法前文の「平和的生存権」は，それが依拠したとされるルーズヴェルトの「4つの自由」の教書や大西洋憲章(1941年)が欠乏・恐怖からの自由と平和的生存を掲げるにとどまったのに比して，これを権利として確立したことに大きな意義があった．人権の発展段階論において，平和的生存権が「21世紀的人権」として評価される所以である．また，それは，国際条約における「平和への権利」論の先取りとしての意味をもった．

反面，憲法前文では，平和的生存権の主体が「全世界の国民」とされているため，実定憲法下の裁判規範性を消極に解させる傾向にもつながり，その主体や権利内容をめぐって多くの理論的課題が残っていることも事実である．しかし，国際条約上の「平和への権利」が自衛戦争の放棄をも含めた戦争の全面否

定に基づいていないのと異なって，日本国憲法では，第9条で戦争の全面放棄と非武装を掲げたことによってその意味内容が具体化されている．そして，前文と第9条が結合することによって，日本国民の戦争拒否の権利，政府に対する平和請求権としての（いわば狭義の）「平和的生存権」が保障されていると解することができる．

また，前文のいう，恐怖と欠乏から免れて平和のうちに生存する権利が，憲法第13条の生命・自由・幸福追求への個人の権利の保障という形で具体化されたことにより，日本国憲法下の「平和的生存権」の主体を個人として捉えることができ，戦争の全面的放棄を前提とする生命・自由への侵害の排除と平和的環境の維持，平和的環境での生存を請求する権利等を主たる内容とする権利（自由権的性格と請求権的性格をあわせもつもの）と解することができるであろう．

同時に，憲法第13条の解釈にあたっても，前文の「平和的生存権」と第9条の戦争否定の内容とを整合的に解釈することが要請され，「公共の福祉」の内容に国防・有事への対応等を含ませることで人権制約を正当化することは許されないと解することが可能となる．

いずれにせよ，「平和的生存権」は，それ自体，人権として定立されているゆえに，平和の問題を人権論に組み込むための重要な概念であり，世界の平和主義に理論的基礎を与えるものとして今後も重要なポイントであり続けると思われる．これらの人権は，国家が戦争を開始した場合の国民の差止請求権としての「平和確保に対する国民の権利」や，国家のために他国の人民の生命や身体を傷つけさせられない権利，すなわち国家によって人殺しを強制させられない権利，あるいは，思想・良心の自由にもとづく良心的兵役拒否の権利などとして構成することができるからである．

「戦争こそが最大の人権侵害である」ことを念頭に置いて，今後も，「人権としての平和」，「人権を確保するための安全保障と戦争放棄」の問題を追究し，理論化してゆく必要があろう．

3　諸国の憲法における平和条項

1946年の日本国憲法制定時には，諸国の憲法は，侵略戦争の放棄を掲げて

いたにすぎない．これに対して，日本国憲法は，戦力不保持と完全な戦争放棄を明示した点で，「世界に名誉ある地位を占める」画期的意味をもっていたといえる．しかし，その後，新たに独立したアジア・アフリカ・中南米諸国の憲法のなかに平和主義条項をもつものが増え，成文憲法を有する約190カ国のうち，戦争と平和に関連する憲法規定をもつ国が大半である．ここには，核戦争や科学兵器の恐怖のなかで，武力によって平和を維持することが困難であるという認識にたって，世界の軍備を憲法によって抑制しようとする軍縮への意思と期待が込められているということができる．軍隊を放棄したコスタリカ憲法や永世中立国の憲法など，種々の平和条項をもつ憲法が存在するが，概ね以下の7つに分類することが可能であろう．

(a) 抽象的な平和条項を置く国
——フィンランド，インド，パキスタンなど

1999年6月制定(2000年3月施行)のフィンランド憲法第1章第1節では「フィンランドは，平和と人権保障，および社会の発展のために国際協力に参加する」と定めるとともに，国防軍について定める第12章で大統領が軍の動員を決定する旨を明記する(第129条)．

また，インド共和国憲法(1949年制定・現行)では，第4編の国家政策の基本原則に関する第51条で，国の責務の1つとして，「国際平和および安全を促進すること」，「諸国民との，正当にして名誉ある関係を維持すること」，「国際間の紛争を仲裁により解決するように努めること」等を定める．もっとも，第51a条では，公民の義務として「国を防衛し，要請されたときは軍務に従事すること」を定めるとともに，第18編第352条以下で非常事態に関する規定を置いている．パキスタンでも，1973年憲法第40条で「国際的平和と安全を促進する」努力を宣言しており，インドやパキスタンのように核兵器を保有する国でも，抽象的な文言で平和を原則としていることがわかる．このことは，中国やロシアも同様である．

中華人民共和国憲法(1982年制定・現行)は，前文で，堅持すべき5原則のなかに「主権と領土保全の相互尊重，相互不可侵，相互内政不干渉，平等互恵および平和共存」を含めている．また，ロシア連邦憲法(1993年制定・現行)でも，

前文で「人の権利および自由，普遍的平和および調和を尊重し」と記したうえで，祖国防衛の義務・兵役の義務(第59条)，非常事態体制下の人権制限(第56条)について定めている．

(b) 侵略戦争・征服戦争の放棄を明示する国
──フランス，ドイツ，大韓民国など

　侵略戦争・征服戦争の放棄を規定した憲法には，1791年のフランス憲法をはじめ，多くの憲法が存在する．なかでも第2次大戦後に制定された憲法では，フランス第4共和制憲法前文で「フランス共和国は，征服を目的とするいかなる戦争も企図せず，かつ，いかなる人民の自由に対しても，決して武力を行使しない」と規定したように，征服戦争を放棄した憲法が多い．フランスでは，現行1958年憲法前文で，1946年憲法前文を尊重すると宣言し，さらに憲法院がこれらに憲法規範性を認めたことで，征服戦争放棄規定は現行の憲法規範として存在している．

　ドイツでは，1949年制定のドイツ連邦共和国基本法第26条第1項で，「諸国民の平和的共生を妨げ，特に侵略戦争の遂行を準備するのに役立ち，かつそのような意図をもってなされる行為は違憲である．これらの行為は処罰される」と定め，刑法典では第80条に侵略戦争準備罪を置いて，終身もしくは10年以下の自由刑を科している．また，兵役義務等に関する詳細な規定を基本法第12a条(1968年改正で追加)で定めており，男子については18歳から軍隊等の役務を負うのに対して，女子については，18歳から55歳まで医療施設等で徴用できることのほか「女子にはいかなる場合にも，武器をもってする役務を給付してはならない」として戦闘部署での勤務を禁じていた．これに対して，女性電気技師から提訴があり，欧州裁判所がEUの職業平等法違反を認定したため，2000年12月に基本法が改正され，「女子は武器をもってする役務を義務づけられない」とされた経緯がある．

　大韓民国では，現行1987年憲法第5条で「大韓民国は，国際平和の維持に努め，侵略的戦争を放棄する．国軍は，国家の安全保障と国土防衛の神聖なる義務を遂行することを使命とし，その政治的中立性は遵守される」と規定し，大統領の軍の統帥権(第74条)や兵役義務(第39条)に関する規定を置いている．

(c) 国際紛争を解決する手段としての戦争を放棄し，国際協調を明示する国――イタリアなど

イタリアでは，1947年憲法の第11条で「イタリアは，他の人民の自由を侵害する手段および国際紛争を解決する方法としての戦争を否認する」と規定し，さらに「イタリアは，他国と等しい条件のもとで，各国の間に平和と正義を確保する制度に必要な主権の制限に同意する．イタリアは，この目的を目指す国際組織を推進し，助成する」として国際機関への主権移譲等を認めている．このように，「国際紛争を解決する手段として」戦争を放棄したイタリア憲法には，自衛戦争等を想定した規定があることから，日本の第9条も，イタリア，ハンガリー，エクアドルと同分類にする見解が散見される（西修『よくわかる平成憲法講座』193頁）．しかし，イタリア憲法では，兵役義務（第52条）や戦争状態の決定（第78条）等の規定が明示されているのに対して，日本国憲法では，戦争を前提としたこれらの規定が置かれていないという点に，質的差異を認めざるをえないであろう（但し，イタリアでは法律によって徴兵制の段階的廃止が定められた）．

なお，旧ハンガリー共和国憲法（1949年制定―1989年改正―2011年廃止，ハンガリー基本法に移行）でも旧第6条第1項で，「ハンガリー共和国は，諸国間の紛争解決の手段としての戦争を否定し，他国の独立または領土保全に対する武力の使用および武力による威嚇を行わない」とし，第2項で「ハンガリー共和国は，世界のすべての人々およびすべての国家との協調に努める」と宣言していた（他方，第29条第2項では，大統領に軍隊の指揮権を認め，第8章に「軍隊および警察」についての規定を置いていた）．しかしこれらの規定は，2011年のハンガリー基本法で変更され，ハンガリー防衛軍に関する新第45条が定められた．

(d) 中立政策を明示する国――スイス，オーストリアなど

オーストリアでは1920年憲法を改正した1929年憲法が基本的に現行憲法として機能しているが，1975年に第9a条に総合的国防目標規定が追加され，国防の任務のなかに「永世中立を擁護し防衛することである」と明記された．永世中立の政策自体は，1955年に憲法と同等な憲法法律として「オーストリア

の中立に関する連邦法律」が制定され，第1条に「オーストリアは，その対外的独立を永続的に維持するため，および自国領域の不可侵のために，自由意思により，自国の永世中立を宣言する」，「オーストリアは，将来にわたりこの目的を確保するため，いかなる軍事同盟にも参加せず，また自国領域内に外国の軍事基地の設置を認めない」と定められた．同時に，この憲法法律の承認を，外交関係を有する諸国に求め，永世中立国として国際法上承認された（澤野義一『永世中立と非武装平和憲法』73頁参照）．

一方，代表的な永世中立国であるスイスでは，オーストリアのように憲法上独立した規定のなかで永世中立が明記されているわけではない．1999年まで120年以上続いた1874年憲法では，「連邦参事会は，スイスの対外的安全ならびに独立および中立の保持のための措置を講じる」（第102条第9号）と政府の権限・責務を明示し，さらに，連邦議会の管轄事項のなかに「スイスの対外的安全と独立・中立の保持のための措置，宣戦の布告および講和の締結」（第85条第6号）を含める形で中立の原則を確認していた．反面，1999年制定の現行憲法（2000年1月から施行）では，憲法前文に「独立および平和を強化するために」という文言はあっても中立の言葉は使用されていない．但し，旧憲法と同様に，「連邦議会は，スイスの対外的安全，独立および中立の保持のための措置を講じる」（第173条第1項a），「連邦参事会は，スイスの対外的安全，独立および中立の保持のための措置を講じる」（第185条第1項）等の規定を維持した．反面，軍の規定については，旧憲法では「連邦は，常備軍を保持することができない」（第13条）としたうえで兵役義務に基づく邦の軍団等の組織を第19条以下で定めていたのに対して，新憲法では，「スイスは，軍をもつ．軍は，基本的に，非専業原則に基づいてこれを組織する」（第58条第1項）として，軍隊の保持を憲法上明示した．

さらに第59条で，「スイス人男性はすべて軍事役務を遂行する義務を負う．市民的代替役務については，法律でこれを定める」「スイス人女性については，軍事役務は自由意思に委ねる」として，性別により，扱いを異にしている．男性については，例外的にであれ，良心的兵役拒否者に対して代替役務を承認していることからしても，また，前述（本書232頁）のドイツ2000年基本法改正にも関連して，兵役とジェンダーの問題は今後も検討を要するテーマとなろう．

なお，中立政策を採用して憲法上に中立が示される国には，ほかにカンボジア，マルタ，モルドバなどがあり，外国軍の駐留の禁止も明示されている．

(e) 核兵器等の禁止を明示する国
　　　──パラオ，フィリピン，コロンビアなど

核兵器の恐怖をふまえ，核軍縮の国際的機運が生じた 1980 年代以降に制定された太平洋諸国，中南米諸国等の憲法には，核・生物・化学兵器の禁止を明記したものが登場した．

南太平洋のパラオでは 1981 年施行の憲法第Ⅱ3 条で非核条項を規定した．1987 年制定・施行のフィリピン共和国憲法は，国策としての戦争の放棄と「核兵器からの自由」を宣言した（第 2 条第 2・8 節）．また南米のパラグアイでは 1992 年の憲法第 8 条第 2 項で，コロンビアでは 380 カ条からなる 1991 年憲法の第 81 条第 1 項で，「化学兵器，生物兵器または核兵器の製造・搬入，所有・使用は，核と有毒廃棄物の国内持ち込みと同様に，禁止される」という規定を置いた．さらに同第 79 条では「健康な環境を享受すべき権利（環境権）」を定めており，平和の維持が環境権の観念と結びついていることが注目される．これこそ，21 世紀の世界の憲法課題を示すものといえよう．

(f) 軍隊の不保持を明示する国──コスタリカなど

軍隊をもたない国として注目されているのが，中米の小国コスタリカである．近隣諸国で紛争やクーデターが絶えない地域にあって，コスタリカは，1949 年 11 月 7 日制定の憲法第 12 条で，以下のように規定して常備軍を廃止した（その後の憲法改正後も本条は不変）．「1 常設制度としての軍隊は破棄される．警備および公共秩序の維持のために必要な警察隊が設置される．2 大陸協定によるか，もしくは国の防衛のためにのみ，軍隊を組織できる．いずれの場合においても，軍隊は文民の権力に服する．軍隊は，個別的であると集団的であるとを問わず，評議をし，政見あるいは宣言を発してはならない」．

このように，第 12 条では，大陸協定（米州機構，米州援助条約等）の要請，または自衛の必要があるときは，軍隊の保持も可能とされている．但し，実際には，コスタリカでは 60 年以上も軍隊は設置されず，治安と国境警備にあたる

XI 「人権としての平和」と戦争放棄

市民警察隊(Civil Guard, 警察隊 Police Force の別名)が設置されてきた(人口約 480 万人に対して，警察約 8000 人，うち武装警察約 5500 人といわれている)．憲法上，自衛のための軍隊を保有できるにもかかわらずこれを設置しなかったコスタリカでは，教育・福祉予算の比率を高めることができ，識字率・平均寿命等において途上国では最高水準を維持してきた．さらに，1983 年にモンヘ大統領が非武装・中立宣言を行い，1987 年に中米紛争(ニカラグア・エルサルバドル紛争等)解決と中米和平に貢献したとして，次期のアリアス大統領がノーベル平和賞を受賞した．

以上のように，憲法条文よりもむしろ，その平和主義の実践において，コスタリカが注目を集めている．隣国パナマでも，「パナマ共和国は，軍隊を保有しない」としつつ，「すべてのパナマ人は，国家の独立と領土の保全のために武装することが求められる」(1972 年制定 1994 年改正のパナマ共和国憲法旧第 305 条・現第 310 条)という規定を置いている．なお今日では，軍隊をもたない国が世界に 27 カ国あることが知られており，その平和主義の実践と課題を，今後も学ぶ必要があるといえよう(前田朗『軍隊のない国家』参照)．

(g) 戦争放棄・戦力不保持を明示する国——日本

日本国憲法は第 9 条第 1 項で「日本国民は，正義と秩序を基調とする国際平和を誠実に希求し，国権の発動たる戦争と，武力による威嚇又は武力の行使は，国際紛争を解決する手段としては，永久にこれを放棄する」と戦争放棄を明示し，第 2 項で「前項の目的を達するため，陸海空軍その他の戦力は，これを保持しない．国の交戦権は，これを認めない」として戦力不保持と交戦権の否認を明示した．さらに前文で平和的生存権を掲げたことからしても，日本の憲法の平和主義の規定が他国とは異なる位置にあることが理解されよう．諸国の憲法の平和条項と比較しても，徴兵や宣戦布告等についての規定を全くもたない日本国憲法が徹底した平和主義を採用するものであることは明らかであろう．

しかし，いうまでもなく，実態は憲法規定から大きくかけ離れている．2016 年度防衛費の額では世界第 8 位にあり，アメリカ，中国，ロシア，サウジアラビア，インド，フランス，イギリス，日本の順となっている(ストックホルムの国際研究所(SIPRI)の調査結果参照．https://www.sipri.org/sites/default/files/Trendsworld-military-expenditure-2016.pdf）．このような憲法規範と現実の乖離，「解釈改憲」による第9条の運用について，別途考察しておくことが必要となる．

4　憲法第9条の政府解釈と運用

　1946年の日本国憲法制定過程では，「平和愛好国の先頭にたって」戦争放棄を表明したことが極めて重要な意味をもっていた．帝国議会の審議では，吉田首相自身が，「国家正当防衛権による戦争は正当なりとせらるるようであるが，私はかくのごときことを認むることが有害であると思う」と述べて自衛権も自衛戦争も認めない全面放棄の考えを明らかにしていた（1946年6月28日）．
　しかし日本政府は，憲法制定直後の解釈を変更して，警察予備隊（1950年）・保安隊（1952年）・自衛隊（1954年）の設立を正当化するため，自衛のための最小限度の実力は保持できると解すようになり，自衛隊の拡大強化に努めてきた．第9条第2項の解釈については，自衛戦争も含めてすべての戦争と軍備を放棄したと解したうえで（9条2項全面放棄説），戦力に至らない自衛力を認め，必要最小限度の個別的自衛力を行使することを認めてきた．
　さらに政府解釈では次のように説明してきた．①「性能上専ら他国の国土の潰滅的破壊のためにのみ用いられる兵器（例えばICBM，長距離戦略爆撃機等）については，いかなる場合においても，これを保持することが許されない」（1978年2月14日衆議院予算委員会・福田赳夫内閣・金丸信防衛庁長官），②「自衛のため必要最小限のものである場合には，……それが細菌兵器であろうがあるいは核兵器であろうが差別はない．これを持ち得る」（1978年3月24日衆議院外務委員会・福田内閣総理大臣答弁），③「我が憲法の下で，武力行使を行うことが許されるのは，我が国に対する急迫，不正の侵害に対処する場合に限られるのであって，他国に加えられた武力攻撃を阻止することをその内容とする集団的自衛権の行使は，憲法上許されない」（第69回国会参議院決算委員会提出資料，政府見解「集団的自衛権と憲法との関係」1972年10月14日）．このように，従来は集団的自衛権行使が違憲であることを明確にしていた．
　ところが，第1次安倍晋三政権下の2006年に設置された「安全保障の法的基盤の再構築に関する懇談会」報告書を踏まえて，第2次安倍内閣では，2014

237

XI 「人権としての平和」と戦争放棄

年7月1日の閣議決定によって集団的自衛権を容認する解釈変更を行い，2015年9月に集団的自衛権を前提とした安保法制を成立させた(翌年9月施行)．

2012年の自民党憲法改正草案では，現行の第9条第2項を削除して新たに国防軍を設置する旨を明記していたが，2017年5月3日に自民党総裁(首相)の見解として第9条第1・2項を維持したままで第3項を追加して自衛隊を明記する提案(9条3項追加論)が突如示された．同年10月22日総選挙での与党大勝を受けて，この案を含めて改憲発議するための検討が自民党憲法改正推進本部を中心に開始された(2017年12月1日に衆議院憲法審査会が再開)．

以上のような状況に対して，憲法学説の大多数は，9条1項全面放棄説もしくは9条2項全面放棄説の立場にたって，日本国憲法では自衛戦争も含めてすべての戦争と軍備を放棄したと解してきた．とくに後者の9条2項全面放棄説は，第9条第1項の解釈については部分的放棄説にたちつつ，第2項で一切の戦力の不保持と交戦権が否認された結果，自衛戦争・制裁戦争を含めてすべての戦争が放棄されたと解するものである(芦部信喜『憲法学Ⅰ 憲法総論』261頁，樋口陽一『憲法Ⅰ』416頁以下，辻村『憲法(第5版)』65頁以下参照)．さらに2015年の集団的自衛権を容認した安保法制について，圧倒的多数の憲法研究者が憲法違反とする判断を示した(2015年7月11日朝日新聞等参照)．

ちなみに裁判所は，長沼事件第1審札幌地裁判決(いわゆる福島判決，1973〈昭和48〉年9月7日，判例時報712号24頁)が上記9条2項全面放棄説を支持したほかは，最高裁判決(砂川事件判決，1959〈昭和34〉年12月16日，刑集13巻13号3225頁)も，高度に政治的な問題について司法府は判断できないとする統治行為論等を用いて，第9条の解釈を明らかにしていない．

しかし，日本国憲法が，前文で平和主義の先駆的意義と平和的生存権を明記し，第9条で戦争の放棄と戦力の不保持を定めたことを直視するならば，仮に第9条第3項の追加による自衛隊明記にとどめたとしても，第2項との関係を整合的に説明するのは困難であろう．第9条第2項との矛盾は完全には払拭されず，結局は第2項の戦争放棄や交戦権の否認という規定をすべて空文化することにつながる恐れがある．さらに，第9条第3項を追加して自衛隊を明記して集団的自衛権をも行使する自衛隊を合憲化した場合には，今日まで多く提起されてきた自衛隊違憲訴訟や，(2017年8月現在，原告数が7000人に及んでいる)

安保法制違憲訴訟のような違憲訴訟なども今後は事実上提訴しえなくなり，自衛隊や軍備費の拡大について歯止めをかけることが困難になることも予想される．自衛官強制徴集制の導入まで可能になるかという問題などを含め，第9条第3項追加の法的効果は計り知れないものがあるといわざるをえない．このように考えると，憲法改正の発議や国民投票への展開はよほど慎重であることが必要であり，国会・政党内だけでなく，社会全体でのコンセンサスの形成が求められよう．

実際に，世界第8位の装備を持った自衛隊が存在し，日米軍事同盟下の集団的自衛権行使が認められている状況で海外派遣されている現状がある．また，新安保法制や北朝鮮のミサイル防衛のために，2018年予算では防衛費が5.3兆円を超えることになった．これらの現実を加味すれば前述(本書236頁)でみた類型論(日本が世界で唯一の類型に属するという位置づけ)は空しいものとなるが，他方で，比較憲法上の意義の大きさも忘れることはできない．少なくとも，世界の多数の国が平和条項を憲法に明記し，国連等も非核や軍縮の方向で努力を続けている現状にあるからこそ，日本国憲法がその最も徹底した理想型を世界に示していることの意味を重視すべきであろう．例えば国連では，2017年7月7日，核兵器禁止条約が国連加盟国193カ国の過半数(122の国と地域)の賛成で採択された(50カ国が批准して90日後に発効する．但し，核保有国や核の傘の下にある日本などは参加していない)．また，同年のノーベル平和賞は，広島・長崎の被爆者を中心とした核兵器廃絶国際キャンペーン(ICAN・本部ジュネーブ)に授与された．

日本国憲法の「理想」を現実にするための世界の地方自治体の試みである「平和首長会議(Mayors for Peace)」も，その加盟都市数が拡大し，2017年9月1日現在，162カ国，7439都市，日本国内の加盟都市数1683に及んでいる(http://www.mayorsforpeace.org/jp/ 参照)．

最近では，憲法規範と実態がかけ離れてしまったから憲法を改正して実態にあわせるべきだという議論が強まっているが，立憲主義と「硬性憲法」の観点から再検討することが重要である．このため本書では，最終章で憲法改正についてみておくことにしよう．

XII 憲法改正手続

1 憲法改正をめぐる論点——改正限界説と改正無限界説

「憲法改正」の意義

憲法改正とは，成文憲法の内容について，憲法典の定める所定の手続に従って意識的に変更を加えることである．この「明文改憲」は，個別の憲法条項に修正・削除・追加を行う部分改正(狭義の改正)や，新しい条項を設ける追加修正などが通常の形であるが，成文憲法を全面的に書き改める全面改正が行われることもある(日本では，明文改憲によらず，政府解釈の変更による「解釈改憲」が繰り返されてきた．本書 vi 頁，237 頁参照)．

憲法は国の統治や組織の原理を定める最高法規であり，社会の変化に抗してその法的な安定性を維持するために，最高法規性の保障や公務員の憲法尊重擁護義務などを定めている．「立憲主義(constitutionalism)」(憲法を制定して権力者の権力濫用を抑える)という考え方によって，安易な憲法改正を避けるとともに，憲法改正が主権者国民(憲法制定権者)の意思に従い，憲法に定められた手続によってなされることが求められている．

硬性憲法と軟性憲法

憲法改正手続を一般の法改正よりも厳格にすることで憲法保障を高めようとする「硬性憲法(rigid constitution)」に対して，一般の法改正と同程度の改正要件を定めるものを「軟性憲法」という．世界のほとんどの国では，硬性憲法の手法を採用し，憲法で改正手続を規定しつつ，その改正要件を厳しくすることで憲法の安定性と可変性の両方の要請に応えようとしている．

XII　憲法改正手続

　日本では，ドイツやフランスと違って，憲法改正規定(第96条)のなかに改正の限界が明示されていない．しかし，憲法改正規定で改正の内容的な限界を明示していなくとも，改正後にはその条文を「この憲法と一体を成すものとして……公布する」(同条第2項)という文言からすれば，一体性を保てないような異なる憲法原理に改変することはできないと考えられる．また，この文言は，部分改定された憲法の公布だけを念頭に置いたもので，全面改正を否定していると読み取ることもできる．

　さらに，改憲手続を規定する第96条自体が改正される場合には，「この憲法との一体性」を欠くため，第96条の改正はできないという指摘もある．ここでは，「憲法前文で，「人類普遍の原理」である民主・自由・平和からなる民主制原理に「反する一切の憲法」を「排除する」(第1段)として，将来における憲法「改正」の限界を指示していること，しかもその指示は第96条にもとづく行為(改憲)をも制約していることからして，第96条が強い制約下にあることは明らか」である(奥平康弘ほか編『改憲の何が問題か』85頁〔髙見勝利執筆〕)と指摘される．

　但し，憲法の「改正の限界」をめぐる議論は，理論的にも複雑であり，学説も一致していない(詳細は，辻村『憲法(第5版)』519頁以下，同『比較のなかの改憲論』62―63頁参照)．

憲法改正限界説と憲法改正無限界説

　憲法学の学説は，(A)憲法改正限界説と(B)憲法改正無限界説に分かれ，通説は前者である．A説は，最高法規である憲法の改正にはそもそも法的な限界があるとする見解で，憲法の基本原理に属する内容を変更することは許されないとする．もっとも，この立場も，その根拠と限界の内容については見解が分かれている．

　憲法改正には限界があるとする根拠について，第一の見解は，根本規範(ないし自然法)の存在を根拠とする説(A_1：根本規範説ないし自然法論的改正限界説)がある．この説は，憲法制定に先行する一定の歴史的社会的状況のもと，明文化される以前の(不文の)「根本規範」が決定され，それが憲法制定権によって実定憲法として創出され，憲法の原理として確認的に明文規定される，と考える．

したがって，憲法規定の上位に位置する「根本規範の定める原理に触れるような憲法の改変」は憲法の破壊であり，「憲法の自殺にほかならない」．このため憲法改正には限界が伴う，と解する見解である(清宮四郎説，芦部信喜説)．

　もう1つの改正限界説は，憲法改正権は実定憲法によって事後的に設けられた権力にすぎないために，憲法制定権の基本的な決定を変更することまではできない，と解する法論理的な限界説である(A_2：法実証主義的改正限界説など)．この説は，憲法制定権力の法的全能を肯定しつつ，これと憲法改正権力を区別する見解である．

　これらはいずれも，日本国憲法の前文の趣旨や，人権の根本規範性等を根拠に，人権保障や国民主権，平和主義という基本原理は変えられない(限界内容)と解する点では一致している．憲法の平和主義については，多くの学説がこれを改正の限界として指摘するが，戦力不保持を定めた第9条第2項を修正しえないかどうかについては議論がある．

　また，第96条の憲法改正手続自体を改正できるか，という論点についても，論理的にみて，「第96条の改正を第96条の定める要件で行うのは背理である」という説明や，国民主権の観点から改正も許されないとするもの，とくに国民投票制は国民の憲法制定権力を具体化したもので，それを廃止することは国民主権原理をゆるがすため認められないと解する見解が多い．

　一方の(B)憲法改正無限界説は，憲法改正手続に従いさえすれば，改憲内容での法的な限界はないとする見解である．この立場も，その論拠は1つではなく，憲法改正限界説が仮定する「根本規範」の存在自体を否定する法実証主義的無限界説と，憲法制定権と憲法改正権を同じものとみなす説などが存在する．現実には，根本規範の存在は立証が不可能であるなどの点で，憲法改正限界説にも理論的な問題がないわけではない．しかし，改正無限界説のように国民主権や人権保障の基本構造をも変更可能だとすると，日本国憲法が国民主権を採用して権力の源泉を国民に求めている構造や，国家権力の存在意義として人権保障をおいてきた近代以降の立憲主義の構造自体を否定することになる．憲法改正が憲法の基本構造そのものを変更することは憲法本来の目的に反することになることから，憲法学界では(A)憲法改正限界説が多数説である．

XII 憲法改正手続

「旧憲法の改正」の限界

　日本国憲法の制定時には，大日本帝国憲法第73条の定める改憲手続に従って旧憲法を「改正」し，天皇主権から国民主権への変更を行った．このことから「改正の限界」が問題となった．当時の憲法学の通説では，憲法改正限界説の立場から，天皇主権原理から国民主権原理への改正は改憲の限界を超えていると解釈し，法律上の革命（「八月革命説」＝宮沢説）として理解した．

　実際，憲法改正限界説の立場に立てば，ポツダム宣言受諾時（1945年8月）にこの宣言の内容（人類普遍の原理としての民主制原理）に反する大日本帝国憲法はいったん失効したが，その憲法第73条の改正手続を便宜上借用して，「改正」の形式をとって日本国憲法が制定されたと解する以外になかったといえる．この考え方を支持した憲法学界の通説（芦部説・樋口説等）は，「憲法改正には限界が存在する」と解したうえで，国民主権，平和主義（第9条第1項），人権保障については，基本構造を変更することはできないとする．

　第96条については，国民投票制の廃止は国民主権原則に反する（改憲の限界）とする反面，発議（議決）要件の緩和については必ずしも明確にしていない．改憲の発議に特別多数を要求することが世界の多数の動向であることを考えれば，硬性憲法性を現憲法よりも緩める変更（過半数要件に緩める改正等）は，憲法の根本原理を変えることになるため，これは認められないとする見解が多い．

憲法制定権力と憲法改正権

　18世紀のフランス革命前夜に，シイエス（シェイエス）が，「憲法制定権力（pouvoir constituant）」と「憲法によって設けられた権力（pouvoir constitué）」としての憲法改正権という2つの観念を区別したことが知られている．前者の憲法制定権力とは，始源的に新たな憲法を制定する権力のことであり，国民主権の国家であれば，この権力は主権者である国民に属する．これに対して，後者の憲法改正権は，成文憲法の場合には憲法に定められた手続に従って，国民もしくはその代表者等が行使する．

　但し，憲法制定権力の考え方は多様であり，日本では，国民主権における主権の意味を憲法制定権力と解する立場が有力であった．最近では，この概念は不要であるという見解も提示されている（長谷部恭男「憲法制定権力の消去可能性

について」長谷部ほか編『岩波講座 憲法6 憲法と時間』51頁参照).

　ドイツでは，カール・シュミットが，(成文憲法としての)「憲法律」の上位に(不文憲法としての)「憲法」を位置づけ，これを憲法改正手続によっても変更できないとしたが，同時に，ひとたび「大衆の喝采」などによって憲法制定権が発動されれば，どんな憲法変更もなしうるという議論を展開した．

　フランスでは，憲法制定権力を主権者人民の権力と解し，憲法改正行為も憲法制定権力の発動に他ならないとする憲法改正無限界説が説かれてきた．しかし近年では，フランスが欧州連合加盟と欧州連合条約批准の過程で憲法改正を繰り返したことから，憲法改正権力に対する制約が確認されるようになってきた．これは，1992年9月2日の憲法院判決の中で示された．マーストリヒト第2判決と呼ばれるこの判決では，(i)憲法改正作用は憲法制定権力の発動である，(ii)憲法制定権力は主権的な権力であるため，適切と評価する形式の範囲で，憲法的価値をもつ規定を廃止・修正することは許される，(iii)憲法制定権力には，憲法上の手続的・時期的・内容的制約が存在する，という3点を確認した．このような経緯で，憲法制定権力者である人民自身の投票による憲法改正等を幅広く認めてきたフランスでも，憲法改正の限界についての議論が高まっている．

　フランス憲法では，改正規定自体に，「共和政体は，これを改正の対象にすることはできない」という規定があり(第89条第5項)，この規定をめぐって，「まず1回目にこの第5項の改正禁止規定を廃止してしまえば，2回目に君主政体に変えることも可能になる(2回以上の改正を繰り返せば何でも改正できる)」という考え方が提示され，憲法学界での議論が生じた．これでは憲法上に限界規定をおいたことが無意味になるため，憲法改正無限界説を基本とする学説も，この改正規定の廃止は憲法改正の限界内であることを認めている．日本で議論されている「96条改正先行論」も，まずは改正手続規定を改正して次回以降の改正で本来的な改正に向かおうとする点で，フランスの議論と通底する．

内閣の発案権と憲法尊重擁護義務

　憲法第99条は「天皇又は摂政及び国務大臣，国会議員，裁判官その他の公務員は，この憲法を尊重し擁護する義務を負ふ」と定める．他方，議院内閣制

のもとで与党自由民主党の総裁が内閣総理大臣(首相)になっているため，同じ人物が首相の立場でも憲法改正を強く主張している現実がある．このことは，第99条の憲法尊重擁護義務に反しないのかという疑問が生じる．

また第96条は国会議員による改憲発議しか明示しておらず，内閣に発案権があるかどうかについて，憲法学上でも議論がある．

内閣の発議権を肯定する説は，議院内閣制下の内閣と国会との協働関係に注目し，内閣に発案権を認めても国会の自主性が失われるわけではないことを理由に，発案権を認める．他方，内閣の改憲発議権を否定する説は，憲法改正は主権者である国民の憲法制定権力の行使であり，国民に最終決定を委ねる憲法第96条の趣旨からして，国民代表たる国会議員に独占的に発案権があることが当然の理であるとする(法律および憲法改正の両者とも内閣の法案提出権を否定する見解もあるが，多くは，憲法改正のみについて否定している)．

実際には，議院内閣制を採用していることから議会内の多数派が内閣を構成する．憲法改正の発議においても，国会議員の資格をもつ国務大臣その他の内閣構成員が(議員として)原案を提出することができるため，「内閣の発案権」の有無を議論する実益は乏しいといえよう．このため学説上では，いずれにしても，議会内多数派によって構成される内閣が発議権をもつことは認められる，と解されている．

しかし，主権原理をふまえて厳格に解する必要がある重要な論点であることからすれば，内閣の発議権を否定する説が支持されることになろう．すなわち，憲法の構造上，国民主権原理と代表民主主義のもとで，主権者国民の意思を国会議員が代表して議論して発議し，国民投票で決定するのが憲法の規定する仕組みだからである．実際，1957年からの憲法調査会が内閣に設置されたことに対して，内閣の発議権に関する疑義が存在した．2000年に再び憲法調査会が組織された際に，内閣でなく各議院に設置されたのは，憲法改正の発議権は，内閣ではなく国会にあるとの理解が前提にあったためであると考えられる．

むしろ，内閣総理大臣や閣僚などは第99条の憲法尊重擁護義務と立憲主義の意義を十分理解し，発議の議論は国会議員と政党に任せて，自ら積極的に改憲提案を行うことは控えるべきであろう．

1　憲法改正をめぐる論点

諸外国の憲法尊重擁護義務規定

　アメリカ合衆国憲法では，前文で「われら合衆国の人民は，……この憲法を制定し確立する」として人民主権を明示したうえで，第5条で改正手続と批准要件を定める．第6条第2項では，連邦憲法と連邦の法律，条約が最高法規であり各州の裁判官がこれに拘束されることを定め，さらに第6条第3項では「上院議員および下院議員，州議会の議員，ならびに合衆国および州のすべての行政官および司法官は，宣誓または確約によって，この憲法を支持する義務を負う」ことを定める．憲法尊重擁護義務を負うのは議員・司法官・行政官であって，主権者である人民はここに含まれておらず，先に見た立憲主義の原理を踏まえたものであることが分かる．

　フランス共和国憲法では，「国民の主権は人民に属し，人民は，その代表者を通じて，および人民投票の方法によって，主権を行使する」(第3条第1項)として人民主権を定めたうえで，国家元首である共和国大統領が，「憲法の尊重を監視する」(第5条第1項)と定める．共和国大統領は，公権力の適正な運営と国家の継続性を確保する(同条第1項)とともに，「国の独立，領土の一体性，条約の尊重の保障者」である(同条第2項)．大統領が主権者から直接選ばれ，大統領が任命する首相を頂点におく内閣の存立が国会に依存する議院内閣制を採用するフランスでは，権力の民主的正統性が大統領と国会議員に二分されているといえる．この構造から，憲法改正の発議権が大統領と国会議員とに競合して属することを定めており(第89条第1項)，「改正は，人民投票によって承認された後に確定的になる」(同条第2項)としつつも，憲法尊重擁護の責任を負うのはあくまで大統領である．この構造にも，主権者人民が，大統領を選出して国家の統治や憲法の尊重を委ねる反面，人民自身が，憲法尊重擁護義務の主体に数えられることはないことが示されている．

　ドイツ連邦共和国基本法では，第79条第3項で基本法改正の限界を定める(第1条および第20条にうたわれている基本原則や連邦の州への編入等)．これに関連して，憲法尊重擁護義務を明示してはいないが，連邦大統領の職務就任に際して，ドイツ国民の幸福のために力を捧げ，「連邦の基本法および諸法律を守りかつ擁護する」ことを誓うと定めている(第56条)．このような連邦大統領の宣誓規定の他に，主権者であるドイツ国民が基本法を尊重すべきことを定めた規

XII　憲法改正手続

定などは存在していない.

　大韓民国憲法でも，第130条で憲法改正手続を定めるほか，第66条第2項で，国家元首である大統領が「国家の継続性および憲法を守護する義務を負う」ことを定める．ここでも，「すべての権力は国民より生じる」(第1条)として国民主権を定め，「公務員は全体の奉仕者，国民に対して責任を負う」(第7条)と定める反面，国民の憲法尊重義務を定める規定をおいていない．

　これに対して，イタリア共和国憲法では，第91条で「大統領は，就任に先立ち，国会の合同会議において共和国への忠誠と憲法の遵守を宣誓する」と定めるだけでなく，第54条で「すべての市民は共和国に忠誠をつくし，その憲法および法律を遵守する義務を負う」と定めている．但し，ここでは，憲法だけでなく法律についても明記していることに注意が必要である．一般に，法律を遵守することは国民の義務と考えられる．なお，イタリア憲法では，憲法改正を要する法律の成立については，3カ月以上の間隔をあけて2回以上の審議と議決が必要とされ，2回目の決議は各議院の絶対多数での可決を必要とする(第138条第1項．同条第3項では，3分の2の多数で可決された時は人民投票にかけなくてもよいと定める)．憲法的法律の公布から3カ月以内に，議員の5分の1か50万人の有権者，または5つの州議会からの要求がある場合には人民投票にかけられ，過半数で可決されない限りこの法律は審署されない(同条第2項)．また，共和政体は憲法改正の対象とならないという改正の限界を持つ(第139条)．

　社会主義国では，中華人民共和国の憲法第53条(「中華人民共和国市民は，必ず憲法および法律を遵守し，国家の機密を保守し……公共の秩序を守り，社会公徳を尊重しなければならない」)のように，国民・市民に多くの義務を定めている.

　資本主義国型の主要な憲法を概観しただけでも，それらが憲法尊重擁護義務を国家権力担当者の義務として明確に位置付けていることが明らかである．この点でも，「国民にも義務を」と叫ぶ安直な議論に，憲法の本質への理解がいかに欠如しているかがわかる．立憲主義のもとで憲法が「国家を縛るルール」とされてきたことを逆転させて「国民を支配するための道具」へと転換することにならないよう，注意が必要であろう．

2　日本の憲法改正手続

　日本国憲法も「硬性憲法」に属し，第96条および第7条第1号で改正手続を定めている．それは以下のとおり，(i)国会の発議，(ii)国民の承認，(iii)公布，という3段階で行われる．

1)　国会の発議とその要件

　憲法第96条は，「この憲法の改正は，各議院の総議員の3分の2以上の賛成で，国会が，これを発議し，国民に提案してその承認を経なければならない」(第1項前段)と定める．まず，国会の発議には，各議院の総議員の3分の2以上の賛成が要件となる．

　この場合の総議員数については，公職選挙法で定める法定議員数なのか，現在議員数(法定議員数から欠員を差し引いた在職議員数)なのかは明らかではない．憲法学説も分かれているが，欠員数を反対票に数えるのは不合理であることを理由に，現在議員数と解する見解が多数説といえる．しかし現在議員数を基準にすると基準値が一定にならないことから，帝国議会以来の先例は法定数によっている．これは，少ない議員数での議決を防止でき国民代表制の趣旨に沿うものである．さらに，憲法改正の重大性に鑑みて，あるいは反対派の除名による容易な改正を防ぐ意味で，法定議員数説を支持する見解もある．憲法改正において厳格な手続をめざすのであれば，法定議員数で考えるべきという解釈が妥当となろう．

2)　国民の承認とその要件

　第96条第1項の後段は，「特別の国民投票又は国会の定める選挙の際行はれる投票において，その過半数の賛成を必要とする」と定める．国民の投票結果に基づいて憲法改正の可否が最終的に決せられるのであり，国民の承認を条件として国会の議決で決せられるのではないことが重要である．国民主権原理のもとでは，主権者国民こそが憲法改正権者であり，最終決定権をもつことは当然だからである．この意味でも，最低投票率を定めるか否か，という課題があ

る．また，代表民主制（間接民主制）を原則とする憲法のもとでは，国民代表としての国会議員が自らの責務として熟議を尽くしてから国民に提案することが必要であり，未熟な提案を主権者国民に丸投げするのは筋違いである（後述）．

「国民投票の過半数」について，有権者総数，投票者総数，有効投票総数のいずれを基準にした過半数かについても，条文上は明らかではない．2007年に制定された憲法改正手続法（国民投票法）第98条第2項では，最も低い数値で憲法改正が承認されうる「有効投票総数」の立場をとっている．これに対して，憲法学説上は，憲法改正の重大性から白票・無効票を反対に数える「投票者総数」基準を支持する見解と，白票・無効票を除く「有効投票総数」とする見解に分かれている．諸外国では棄権を反対に数える「有権者総数」基準を別途明示している国（デンマーク等）もあり，「有効投票総数」基準が当然とされているわけではないことに注意が必要であろう．

3） 憲法改正の公布

国民の憲法改正の承認が得られた場合，その時点で憲法改正が確定する．憲法上は，成立した憲法改正を国民に公示するために天皇の公布行為が必要とされ，国民の承認が得られた時は，「天皇は，国民の名で，この憲法と一体を成すものとして，直ちにこれを公布する」（第96条第2項）とされる．天皇の公布行為は形式行為であり，第7条第1号に基づいて，内閣の助言と承認のもとで天皇は，「国民の名で」これを公布する．「国民の名で」と記されたのは，憲法改正権の主体が国民であることをあえて明示する趣旨であり，「直ちに」と記されたのも，公布を恣意的に遅らせてはならないことを定めたものである．また，施行時期はこれとは別に定められる．

なお，「この憲法と一体を成すものとして」とは，部分改正された内容が，改正されなかった部分と同一の最高法規としての形式的効力をもつことを示し，部分改正と相いれない従来の法律や命令等はすべて効力を失うものと解される（第98条第1項）．この規定は，憲法の部分改正を念頭においたものであり，全面改正を前提としていないことが読み取れる．

第96条制定の経緯

憲法第96条がなぜ「3分の2」という発議要件や国民投票制を定めているのかを考えるために，この規定の成立経緯を概観しておこう．

まず，国民主権原則を持たない外見的立憲主義憲法だった大日本帝国憲法には，国民投票の制度は存在しなかった．それでも，憲法改正の規定は第73条で「1 将来此ノ憲法ノ条項ヲ改正スルノ必要アルトキハ勅命ヲ以テ議案ヲ帝国議会ノ議ニ付スヘシ　2 此ノ場合ニ於テ両議院ハ各々其ノ総員三分ノ二以上出席スルニ非サレハ議事ヲ開クコトヲ得ス出席議員三分ノ二以上ノ多数ヲ得ルニ非サレハ改正ノ議決ヲ為スコトヲ得ス」と定められていた．すなわち，改正の発議は天皇が大権によって勅命で議会に命ずるが，議会では，両議院の総議員の3分の2の出席と，出席議員の3分の2の多数で改正を決定するという硬性憲法の特徴を示していた．

日本国憲法第96条は，連合国軍最高司令官マッカーサー(MacArthur, D.)の指示によって起草された「マッカーサー草案(総司令部案)」第89条がもとになっている．マッカーサー草案が1946年2月13日に日本政府に手交された時も，「国会議員総議員の3分の2の発議と国民の過半数の承認」が必要であるとされていた(1946年2月26日臨時閣議配布，外務省仮訳参照)．

「3分の2」の背景

マッカーサー草案のなかで，すでに，国会の3分の2の賛成で発議し，国民投票の過半数で決せられることが定められていた経緯をさらに遡ると，その第1次案では，「10年間の改正禁止とその後10年ごとの改憲のための特別国会の召集」，「改正案は国会議員の3分の2で発議し国会の4分の3の賛成で成立する」という案が提示されていた．しかし，運営委員会で「10年ごとの再検討」の規定の削除が決まり，第2次案では，「国会の4分の3の議決」(この場合には原則として国民投票不要)，もしくは，「人権条項に関する場合には国民投票により3分の2以上で賛成」，という厳しい要件が課せられていた．その後，1946年2月13日の総司令部案で「各議院の総議員の3分の2以上の発議と国民投票の過半数による賛成」に緩和されたことが知られている(国立国会図書館調査及び立法考査局「シリーズ憲法の論点⑤　憲法の改正」〔高見勝利執筆〕2頁以下参照)．

より厳しい要件を緩和して「3分の2」に決定された経緯や，大日本帝国憲法の特別多数規定の「3分の2」を見ても，「過半数」というゆるやかな基準はもともと存在しない．さらに，民政局のメンバーが「3分の2」の発議と国民投票の過半数という基準を設定した際に，全般的に参考にされたことが判明している憲法研究会案や1919年のワイマール憲法の影響があったことも推測される．とくに後者では，「ライヒ(州)議会の3分の2と，参議院の3分の2の賛成」，および「国民請願に基づいて国民投票によって改正が行われる場合には，国民投票で有権者の過半数」を求めていた(第76条)．この規定がマッカーサー草案第89条に非常に近いものであったことは記憶に値いしよう．

1946年当時は，憲法改正に直接民主制を(部分的に)導入することが試みられつつあり，例えば同時期に制定されたフランスの第4共和制(1946年制定)憲法第90条では，憲法改正草案は，国民議会の第二読会の3分の2の多数もしくは5分の3の多数で議決された場合を除いて人民投票に付されるとして部分的に直接民主制を導入していた．最先端の現代憲法を志向して制定された日本国憲法において，硬性憲法の性格を明確にするとともに，第96条で国民投票制を導入したことは，時代の要請を先取りしようとした起草者の意思の表れと解することができる．

3　各国の改憲条項

1)　発議の特別議決と国民投票

「軟性憲法」の国はイギリス，ニュージーランド，イスラエルなどごく一部のみで，圧倒的大多数が「硬性憲法」である．これは，恣意的な改憲を制約することで憲法の最高法規性を確保し，ひいては権力による人権侵害を阻止するためである．発議の要件と国民投票との組み合わせ方で改憲手続を比較すると，およそ以下のような類型に分けることができる．

(ⅰ)特別の憲法会議招集または議会の特別の議決による発議と，批准要件を定めるもの(アメリカでは連邦議会両院の3分の2の要求で発議または州議会の3分の2の要求で憲法会議を招集し，改正案につき4分の3州の批准または憲法会議の批准が必要)．

(ii)特別の憲法会議の議決または国民投票による承認を要求するもの(フランスでは，国民投票もしくは両院合同会議の5分の3以上の賛成が必要).

(iii)議会の特別の議決および国民投票の過半数の承認を要求するもの(日本では各議院の総議員の3分の2の賛成で発議し，国民投票での承認が必要．韓国でも一院制の議会の3分の2の賛成による発議と国民投票の過半数による承認が必要であるうえ，選挙権者の過半数の投票〔すなわち最低投票率50％〕が必要).

(iv)議会の特別の議決または国民投票の承認を要求するもの(スペインでは，重要事項以外の部分改正の場合，各議院の5分の3の発議後，いずれかの議院で10分の1以上の要求があれば国民投票に付す．また，重要事項については，両議院の3分の2の賛成後議会を解散し，さらに新議会の各議院の3分の2以上の賛成で発議し，国民投票の過半数による承認をも必要としている(本書258頁)．このほかにも議会の4分の3の議決と国民投票の過半数の承認を必要とするフィリピンや台湾などがあり，特別多数を定めている例が多い．また重要事項の改正と憲法の全面改正については手続をさらに厳格にしている国もあり，ロシアでも，重要規定については両議院の総議員の5分の3の要請があれば憲法制定会議(憲法議会)が招集され，その3分の2もしくは国民投票の過半数の賛成があれば改正できるが，最低投票率50％を要求している).

(v)議会の特別の議決を要求するもの(ドイツでは，連邦議会議員および連邦参議院の票決数の3分の2の同意で成立する).

(vi)その他，議会解散や最低投票率等の要件を付加するもの(対象によって難易度に差をつけたり，最低投票率を要求したり，議会の解散要件を課すなど，オランダ，ベルギー，フィンランド，デンマーク等の多くの国で手続を厳格にするために工夫をしている).

2) 特別議決の要件

上記のように，国民投票や特別の議会招集などとの組み合わせ方によって制度は異なるが，いずれも，議会の発案に関する議決の要件は2分の1以上ではなく，「4分の3」，「3分の2」，「5分の3」以上などと比率を上げて厳しい手続にしている国が多数である．

議会で改正案を発議する際の特別決議の要件(比率)を「4分の3」とする国には，フィリピン(＋必要的国民投票)，台湾(＋必要的国民投票)，モンゴル(＋任

意的国民投票），ブルガリア，シリア，ロシア，南アフリカなど7カ国以上がある．とくにフィリピン憲法(1987年制定，第17条第1・2・4節)は，両議院の「総議員の4分の3」の発議(もしくは人民の12%以上の請願による発議)と，必要的国民投票(国民投票の過半数の承認)とを組み合わせているため大変厳しい手続といえる(ほかに，議会の4分の3以上が発議し，3分の2以上の投票で憲法会議を招集する手続も存在し，国民に憲法会議への招集を諮問しうることも定められる．同条第3節)．

また，国連加盟国ではない台湾の中華民国憲法(2005年第7回憲法改正後，憲法増補条項第12条)では，立法院の議員の4分の3の出席および出席議員の4分の3の決議による発議後，国民投票を実施して過半数の同意を得ることが求められている．一院制ではあるが議会の4分の3の要件に必要的国民投票を加えている点で，これも非常に厳しい手続である．

改正案の発議に日本と同様に議会の3分の2の議決と国民投票を要求する国には，韓国，スペイン，ルーマニアがある．また，一定事項の改正についての発議のみ議会の3分の2の議決と必要的国民投票を要求する国には，ポーランド，バングラデシュ，シンガポール，スリランカ，モザンビーク，スーダン，モロッコ，オーストリア(全部改正)がある．3分の2の議決と任意的国民投票を組み合わせる国には，ベラルーシ(2回の議決＋国民投票)，オーストリア(一部改正)，アルバニアなどがある．

議会解散と国民投票を要件とする国——オランダ，ベルギーなど

解散総選挙を介在させることで一層議論を慎重にし，解散総選挙に国民投票と同様な機能を担わせている国も多い．例えば，オランダでは下院が憲法改正案を過半数で可決した場合に下院が解散され，新議会の両議院の投票総数の3分の2以上で可決されれば改正が成立する(第137条)．ベルギーでは，二院制の連邦議会が憲法改正の発議を行ったのち両議院は解散・総選挙を行い，次の国会で両議院の3分の2以上が出席して，投票総数の3分の2以上の多数で可決されれば改正が成立する(第195条)．

このように，解散要件を課して手続を厳しくしている国には，他にも，アイスランド，フィンランドがある．スウェーデンでは国会が同一の文言による改正案を2回議決することが必要とされ，この間に国会の総選挙が行われなけれ

ばならないとする(第15条).さらにデンマーク,パナマでは,解散の上に必要的国民投票が課されており,憲法改正に対する民意の表明を確実なものにすることがめざされている.例えばデンマークでは,一院制の国会が改正案を発議した場合には,まず国会の総選挙が行われ,総選挙後の新国会で改正案を無修正で再議決したときは国民投票に付する.国民投票数の過半数の賛成かつ全有権者の40%以上の賛成で改正が成立する(第88条).

3) 連邦制国家における州の批准──ロシア,オーストラリア,アメリカ

国民投票を要件としない連邦制の諸国では,国民投票に代わるものとして4分の3州や3分の2州など,大多数の州議会の承認を要件としている.これは厳しい手続であることに変わりはなく,国民投票がないことをもってアメリカやカナダなどが日本よりも要件が緩やかである(ハードルが低い)と即断することはできない.また,ロシア連邦のように,特別の憲法制定会議の3分の2または任意的国民投票を要求している国もある.

例えば,ロシア連邦では,憲法の全部改正および一部改正は,ロシア連邦大統領,連邦会議,ロシア連邦政府,ロシア連邦の構成主体の立法機関,および連邦会議議員または国家会議議員の各5分の1以上の賛成で発案する(第134条)が,憲法の重要規定(憲法体制・人権・憲法改正)については,連邦議会による改正発議ができない(第135条第1項).両院の総議員の5分の3で要請された場合,特別の憲法制定会議が招集され,同会議の3分の2か国民投票の過半数の賛成があれば,これらの規定も改正される(但し最低投票率50%が必要)とする(第135条第2項).上記の重要項目以外の憲法第3─8章の規定については,連邦法律の改正手続にそった議決を経たのちに,ロシア連邦の構成主体の立法機関による3分の2以上の承認によって効力を生じることとしており(第136条),連邦制を採用するアメリカ等に近い,厳しい規定となっている.

オーストラリアでは,各議院の法定数の過半数の賛成で州(州民投票)に提案し,過半数の州で投票者の過半数と全選挙人の過半数が賛成した場合に改正が成立する.さらに州に関連する事項では当該州の過半数の賛成が要件になる.

アメリカでは,上下両院の3分の2の賛成で発議(もしくは全州の3分の2の要求で発議のための憲法会議を招集)し,全州の4分の3以上の州議会で批准される

(もしくは4分の3以上の憲法会議で批准される)ことが要件とされている(合衆国憲法第5条).連邦制のもとでは州によって見解が大きく異なることから州議会の批准は国民投票に相当するほど困難である.とすれば,日本では国民投票が過半数の承認で足りるのに較べ,アメリカの「4分の3州」という要件のほうが,見方によっては,厳しいともいえる(但し,異なる制度間の比較はそれほど容易ではない.議会での発議要件について,日本では「総議員の3分の2」と憲法上に明示されるのに対して,アメリカでは憲法第5条に総議員の3分の2か出席議員のそれかは明示されていない.このため,先例により出席議員の3分の2,定足数2分の1とする場合には,アメリカでは最低が3分の1超となってバーは低いという批判(西修『憲法改正の論点』)もある.但しこの先例は1920年の判例法理によるもので,憲法規定上のものではない.4分の3州の批准についても,日本の47県の4分の3と置き換えれば厳しくないという反論(読売新聞政治部『基礎からわかる憲法改正論争』)があるが,地方分権が十分に確立されてない日本の諸県と,国に匹敵する機構と主権を備えたアメリカの州を置き換えて考えることはできないと思われる).

4) 難易度の比較

制度や手続の異なるアメリカと日本との間の難易度を比較することは困難であるが,アメリカの政治学者ルッツが32カ国を選んで比較した研究(Lutz, D., 1994)では,特定の採点方法を用いて手続の難度を計算した結果,1位はアメリカ(5.1点),2位はスイスとベネズエラ(4.75点),4位はオーストラリア(4.65点),5位はコスタリカ(4.1点)で,日本は9位(3.1点),ドイツは23位(1.6点),平均点は2.5点である.この研究では,アメリカ,オーストラリア,スイスなどの連邦制において州(支邦)の批准をえることの難度を強調している.非連邦制国である日本等との比較は容易ではないといえる.

スイスの制度

スイスでは,国民発案(イニシアティブ)の制度が採用され,有権者10万人以上の賛成で,憲法の全面改正または部分改正を要求できる.さらに全面改正にはその要求についての国民投票,部分改正には連邦議会の同意が必要である.連邦議会が部分改正のイニシアティブに同意すれば,改正草案を作成し国民と

カントンの意見を聞くために国民投票に付する．連邦議会が同意しないときは，国民に憲法改正の作業を続行するかどうかを再度国民投票に付し，国民が続行を希望すれば連邦議会は改正草案を作成し，さらに国民投票にかけることになる．この間，発議について両院が一致しない場合には，全面改正を行うかどうかを国民投票にかけ，さらに，国民が全面改正に同意した時，両院は新たに選挙をし直す，という念の入れ方である．直接民主主義の手法と議会での審議という間接選挙の手法を混ぜ合わせて手間をかけて憲法改正を行うこととされている．

日本の議論の説得力

上記の比較検討からわかることは，各国とも，非常に細かく，場合にわけて改正手続を規定しており，「硬性憲法」として（「競って」とよべるほど）複雑かつ厳格な改正手続を置いていることである．とくに憲法の基本原理などの重要事項（憲法体制，基本的人権，憲法改正等）について厳しくするとともに，他の条項については硬性憲法の枠内で多少とも緩めることを定めている国も多い．

このようにみてくると，「3分の2が厳しすぎるから過半数にする」という日本の議論が，いかに硬性憲法の本質を無視した雑な議論であるかが分かるであろう．3分の2の発議要件に加えて国民投票による承認を求めている点では，確かに日本の手続が厳格であるといえるとしても，日本だけが特に厳しいわけではなく，また「厳しすぎる」と即断することもできない．むしろ，硬性憲法の意義・目的からすれば，特別の議決を必要とする要件は不当ではなく当然であり，3分の2の要件を過半数に緩和すべきという改正案は必然的ではない．

例えば，3分の2を5分の3にする場合や，後述するスペインのように，憲法規定の内容に即して厳格度を変え，基本原理や改正手続については3分の2，細かな事務的な内容変更については過半数とする場合も可能であろう．本来「3分の2に達するまで徹底した熟議を行うこと」を目標とした規定であることを考慮すれば，「3分の2が厳しすぎるから過半数」という議論が説得力に乏しいことは明らかであろう．

XII 憲法改正手続

5) 重要事項の改正——ロシア，スペイン，ポーランド

ロシア連邦憲法が重要規定の改正手続を別途定めていることを紹介したが，スペイン憲法(1978年制定)も，憲法の全面改正または重要事項——憲法の基本原理に関わる序編，基本的権利と公的自由に関する第1編第2章第1節，国王の地位・権限に関する第2編——の改正を発議する場合，両議院の議員の3分の2の賛成後，議会を解散し，再度，新議会の両議院の議員のそれぞれの3分の2の賛成で改正を発議し，必要的国民投票に付して決定する必要があることを定める(第168条)．さらに，上記以外の事項の部分改正の発議は，国民発案の規定(第87条第1・2項)が適用になるほか，両議院議員のそれぞれの5分の3で可決することができる．両院間で合意が得られない場合には，上院の5分の3で可決した後，下院で3分の2の賛成があれば改正を議決することができる．また，国会で可決後，いずれかの議院の10分の1以上の要求があれば国民投票で承認をえなければならない(任意的国民投票)．

ポーランド憲法(1997年制定)も，両議院の出席議員(定足数過半数)の3分の2以上の賛成による発議条項(第235条第4項)とは別に，重要規定——共和国・人権・憲法改正条項——については必要的国民投票が課される(同条6項)．

6) 改正の限界を定める条文

イタリアの憲法改正発議は，各議院で3カ月の間隔をおいて2回の議決(2回目は議員の3分の2以上)を要する．憲法的法律(国家の体制の基本を規定する法律)が採択された場合にも，一議院の議員の5分の1か50万人の有権者，または5つ以上の州議会からの要求があれば国民投票に付され，過半数の賛成がなければ審署されず，憲法改正は有効とはならない(第138条)．しかもイタリアでは，国民投票に付さないことも認めている反面，次節で紹介するフランスやドイツと同様，憲法のなかに憲法改正の限界を定める条文をおいて，憲法の基本原理にかかわる改正ができないようにしている(第139条)．

同様に，ルーマニア憲法(1991年制定)は，両議院の総議員の3分の2以上の賛成による発議と必要的国民投票での承認を定める(第151条)が，国家の単一不可分性や共和政体，司法権の独立，政治的多様性，公用語については，改正

の対象にならないという厳しい改正限界を明示している(第152条).

7) 改憲回数の比較

憲法改正手続の比較ではなく,むしろ憲法改正の回数で諸外国と日本を比較する議論も多くみられる.「ドイツでは60回,フランスでは24回(第2次大戦後では27回),アメリカでは第2次大戦後だけで6回(制定後18回,27カ条),イタリアでは15回」も改正しているのに,「日本だけが改正してない.その理由は,96条が厳しすぎるから」という論調である.

たしかに,諸外国では何度も憲法改正している国が多いのは事実である.しかし,ドイツでは東西統一,フランスでも欧州統合などの重大な国家構造の変更があったし,連邦国家と単一国家の違いによっても改正内容が異なる.むしろ,改正要件が厳しいにもかかわらず諸外国で改正が実現されてきたことに注目すべきであり,「日本の96条が厳しすぎるからこれまで一度も改正できなかった」という解釈には根本的に疑問が生じる.

手続を厳格にして憲法改正を難しくしている硬性憲法のもとでも,実際にはスイスやアメリカなど多くの国で憲法改正が実現されている.手続が厳しくても要件を満たせば改正が実現できる事例を参照すれば,「日本が憲法改正をしてこなかったのは改正手続が厳しすぎるからだ」とはいえないであろう.

4 主要国の憲法改正状況

日本国憲法としばしば比較される主要国での改憲やその背景はどのような状況なのか,概観しておこう.

(1) ドイツ——60回の改正

ドイツ連邦共和国基本法は,基本法(憲法)改正に国民投票を要求していないが,連邦議会構成員の3分の2および連邦参議院の3分の2以上の同意を必要とする(第79条第2項).さらに改正が禁止される内容として,連邦の諸ラント(州)への編成,立法へのラントの協力のほか,第1条および第20条にうたわ

れる人権と統治の基本原則を列挙している(第79条第3項).改正を禁止している条項のうち,第1条は人間の尊厳,不可侵・不可譲の人権,基本権が立法・執行・裁判を拘束することを,第20条は,民主的・社会的連邦国家,国民主権と国家権力の拘束,抵抗権を定めている.憲法改正の限界が明示され,基本原理に抵触する改正を許さない歯止めが存在している.硬性憲法によって憲法原理と人権保障を確保する手法である.

一方,ドイツでは,1949年制定以来2016年までに60回の改正が実施されている.改正手続に国民投票が要求されていないことも,この改正回数の一端を担っていることは否定できないが,60回のうち,第36回改正以降は,1990年の東西ドイツ統一と,1992年マーストリヒト条約以降のEU統合改革に伴う改正が大部分を占める.国家の存亡や統合,欧州での地位といういわば国家の外在的環境に関わる基本的制度改革であり,基本法改正は必然と言える.

東西統一以前には,1954年パリ協定でのNATO加盟決定と再軍備に伴う1956年(第7回)改正,非常事態に関する1968年(第17回)改正など,重要な改正も含まれる.第17回改正も,第7回改正を受けた徴兵制と軍隊の設置(12a条の追加),防衛上の緊急措置(第35条の追加)などに関わるもので,対外的変革に連動したものであった.いわば国家のあり方に関わる変革が,外在的にもたらされた結果であることも忘れてはならない.

(2) フランス——24回の改正

フランスの現行憲法(1958年制定,第5共和制憲法)も,施行後の59年間(2017年まで)で24回の改正を経験しているが,このうちEU統合や国際化に関するものが8回含まれる.その他は,大統領任期や2008年改正のような統治機構の改革であり,国内的な改革に関するものである.付け加えると,フランスもドイツと同様,憲法第89条第5項で,共和政体を改正の対象とできないとする限界を定めている(後述).

憲法改正の際には,首相の提案に基づく共和国大統領による発案,あるいは国会議員による発案が可能である.これら政府提出の改正草案もしくは議員提出改正草案は,両議院によって同一の文言で表決されなければならず,原則と

して，国民投票(人民投票)で承認された後に確定的となる．例外として政府提出改正法案については，大統領が両院合同会議(Congré)という特別の機関の招集を決定し，そこにおいて特別多数(5分の3以上)の賛成が得られれば改正法(憲法的法律 loi constitutionnelle)が成立する(89条)．議員提出改正法案の場合は，必ず国民投票に付さなければならない．

第5共和制憲法の24回の改正のうち，前述の両院合同会議による改正が22回で，国民投票による改正は2回(1962年の大統領直接選挙制への改正，2000年の大統領任期の短縮に関する改正)にとどまっている．

国民投票によらない手続を認めていることで改正回数が増えたことが窺えるが，フランスの場合，憲法第89条が定める改憲手続以外に，大統領の発案による人民投票制度が確立されている(第11条)．第11条では公権力の組織，国の経済・社会政策，環境政策，公役務，条約の批准等については，大統領の発案のもとで国民投票に付託できることを定めている．

さらに条約や国際協約に憲法と抵触する内容が含まれることを憲法院が宣言した場合には，憲法改正の後でなければ批准・承認をなしえないことを定めており(第54条)，憲法改正の回数を増やす重大な要因となってきた．とくに欧州連合関連条約を批准するための法律案を大統領が国民投票に付託する旨も定められていたが(旧第88条の5)，2008年7月23日の憲法大改正の際に，国民投票のほか両院合同会議の5分の3によっても採択できることを追加した(第88条の2第2項)．この要件緩和には，国民投票があまりに頻繁に行われることで投票率が下がり，国民の無関心につながることを避ける狙いがあった．

(3) アメリカ——18回27カ条の改正

1787年に採択され，1788年に成立したアメリカ合衆国憲法の改正は，2017年までに18回，27カ条にわたって実施された．この憲法は，もともと基本的人権規定が欠けていたため，1791年に第1—10修正が追加された．第1修正は，信教の自由と表現の自由(言論・出版・集会の自由)等，第2修正では人民の武器携帯権，第4修正では不合理な捜索・逮捕・押収と令状主義，第5修正では二重処罰の禁止やデュー・プロセス，第8修正では残虐な刑罰の禁止などが

定められ，フランス1789年人権宣言とともに，近代憲法の人権規定のモデルともなっていった．

反面，「普遍的な人権」や法の下の平等を前提としながら，実際には，先住民や人種的マイノリティ，女性などの権利が無視され，人権の主体が白人・ブルジョア・男性に限られていた．合衆国憲法では，各州の議員数を決定する際に基準になる人口の計算について「各州の人口とは……納税義務のないインディアンを除く自由人の総数に，自由人以外のすべての人数の5分の3を加えたものとする」(第1条第2節)と定められ，自由人以外の黒人奴隷等については人口の計算においても一人前に数えず5分の3とするなどの人権無視や人種差別が存在していた(第14修正第2節)．この規定は南北戦争後1868年になってようやく削除され，第13修正(奴隷制の禁止)，第14修正(市民権の平等とデュー・プロセスの保障)，第15修正(人種等による投票権差別の禁止)が加えられて黒人の参政権が認められた(1870年)．女性についても諸権利が認められなかったため，1848年にニューヨーク州のセネカ・フォールズで「女性の権利宣言」(所信宣言)が発表され，1920年の第19修正で女性参政権が実現された．

その他，第18修正(1919年)では禁酒条項が憲法改正で導入されたが，第21修正(1933年)によって廃止された．第20修正(1933年)・第22修正(1951年)では大統領・副大統領の任期修正と大統領の3選禁止，第25修正(1967年)で大統領の地位の承継，第26修正(1971年)で18歳以上の市民の選挙権，第27修正(1992年)で連邦議会議員の歳費の改定に関して定められた(いずれも，カッコ内の年数は，州による批准年を指す)．

これらの憲法改正は，ほとんどすべての改正が両院の3分の2以上の賛成による発議と，全州の4分の3以上の州の批准によって成立している(州の憲法会議の設置によって改正が実現されたのは，1933年の第21修正だけである)．

「男女平等修正案」の不成立

アメリカでは，1788年の憲法制定後18回(27ヵ条)にわたって憲法改正が実現したが，実際には修正案の提案自体は1万1000件以上あったことが知られている．これらの多くは委員会段階で廃案となり，連邦議会で発議されたものは少数である．さらに，憲法改正が議会によって発議されながら州の4分の3

の賛成が得られず批准されなかった例は，全体で6件ある．このうち，批准期限の定めがありながら期限切れで廃案になった例は，1978年発議のコロンビア特別区投票権修正案と，1972年発議の男女平等修正案(ERA: Equal Rights Amendment)の2件である．

男女平等修正案は，1923年に素案が作成されたが議会通過に50年近い歳月を要することになった．1960年代後半に諸団体が性差別撤廃のための憲法修正を要求し，「①法の下の権利の平等は，性別を理由として，合衆国または州により拒否または制限されてはならない．②連邦議会は適切な立法に基づいて本条の諸規定を執行する権限を有する．③この修正は批准から2年後に発効する」という内容で，1972年に連邦憲法第27修正案として議会で採択された．しかし，「家庭の崩壊」に危機感を抱き人工妊娠中絶に反対する宗教団体や保守勢力の運動，レーガン大統領の反対表明等の影響をうけて，10年間の批准期限内に4分の3をこえる州(38州)の批准要件を満たすことができなかった．期限延長もされたが3州の批准が足りず，長期間の議論の末，ERAは実現されずに終わった．

一般にはほとんど異論がないと思われた男女平等規定の追加に関する憲法改正が実現しなかったことをみても，合衆国憲法の「4分の3州の批准」という要件がいかに厳しいものかがわかるであろう．修正提案自体が1万件以上あっても，発議に必要な「両院の3分の2」の議決にまでは至っていない，という厳格な手続を緩めるための憲法改正提案や運動は起こっていない．しかも，実際にこの手続を用いて，実際に第2次大戦後だけでも6回(通算18回)の改正が実施されている．

(4) 韓　国

大韓民国の憲法は，1948年7月12日に制定され(同年7月17日施行)，1987年10月29日に第9回の改正によって現行の1987年憲法(現行第6共和国憲法)が施行された．この1987年憲法は，国民主権(1条)，平和的統一政策の推進(4条)，人間としての尊厳と幸福追求権(10条)，環境権(35条)，犯罪被害者救済(30条)など網羅的な権利保障規定をおいている．さらに，人権保障の実効性を

高めるために憲法裁判所を新設し，実際に，韓国の伝統に由来する民法の同姓同本間の婚姻禁止制度や戸主制をそれぞれ1997年と2005年に違憲と判断するなど，多くの違憲決定を下して積極的な司法審査を行ってきた．そして，違憲判決が出た場合，憲法改正ではなく法律の方を改正して対処してきた．

一般には，韓国では「戦後9回も憲法が改正された」と言われることが多いが，いずれも現行憲法以前のものである．当初の1948年憲法では憲法改正に国民投票は必要ではなく，一院制国会の3分の2の議決で決定できた．軍事クーデターに端を発した1962年の第5回憲法改正は国民投票で確定され，国民投票法が新設された．度重なる政変のもと第9回改正(1978年)まで実施されており，現行1987年憲法の改正規定(議会の3分の2以上で発議＋必要的国民投票＋最低投票率50％以上)のもとでは，一度も改正されていない(2009年には李明博政権下で憲法改正のための国民投票法が改正され，国会議長の諮問機関である憲法研究諮問委員会が憲法改正の最終報告書を提出して注目されたが，改正には至らなかった)．

(5) 日　本

日本国憲法は，1947年5月3日に施行されて70余年が経過する．いわゆる「解釈改憲」によって憲法第9条や第28条など多くの条文の解釈に大幅な変更が加えられ，自衛隊法等の諸法律が制定されてきたが，憲法第96条の手続に依拠した「明文改憲」はまだ一度も実施されていない．そこで，近年では，1955年の綱領によって憲法改正ないし自主憲法制定を党是と定めた自由民主党の政権下で，具体的な改憲提案や改憲日程の提案がなされている．とくに与党が国会の発議要件(両議院の総議員の3分の2以上)を充足した2014年衆議院総選挙，2016年参議院議員選挙以降はこの傾向が強まり，2017年10月22日総選挙時の自民党公約では，憲法改正の具体的項目(①憲法第9条第3項追加による自衛隊の明記，②教育の無償化・充実強化，③緊急事態対応，④参議院の合区解消の4項目)が明示された(①は本書238頁，④は本書166頁参照)．

また，これに先立って，2012年12月の総選挙で自由民主党が政権に復帰した直後から，日本は「3分の2の要件が厳しすぎるために憲法改正ができなかった」という説明が繰り返され，憲法第96条を改正して発議要件を過半数に

改めるという改正論が自民党から提案された．しかしこの議論が妥当でないことは，本書で検討した諸外国の事例からも容易に理解できる．実際，もし日本で，(2012年の自民党改憲草案のように)国会の発議要件を過半数に引き下げたら，政権交代のたびに，各時代の多数派(政府与党)による改憲発案が極めて容易になり，硬性憲法性が担保されないことになる．このことを考えれば，安易にこのような議論を支持することはできないであろう．

「硬性憲法」は，各時代の権力だけではなく次世代にもわたって，憲法が権力を抑制するという立憲主義を補強し，時代超越的に最良の憲法を得るための熟慮を尽くすために，憲法改正を困難にしているのである．日本国憲法第97条が「これらの権利は，……現在及び将来の国民に対し，侵すことのできない永久の権利として信託されたものである」と定めるように，人権を保障するために制定される憲法には，各時代の国民だけでなく「将来の国民」に対しても人権保障を行うよう権力者を拘束することが求められている．

発議要件を過半数に置き換えるなら，国会での決議(2分の1以上の賛成)に加えて住民投票による過半数の同意を課している地方自治特別法制定の要件(憲法第95条)と同じとなり，憲法の最高法規性や硬性憲法性が保障されているとは言えなくなる．このほか，現行憲法では，①法律についての衆議院での再議決(第59条第2項)，②秘密会の開催(第57条第1項)，③議員の資格争訟裁判(第55条)，④議員の除名(第58条第2項)，⑤憲法改正の発議(第96条)の5件に関して，国会の議決要件を，3分の2以上の特別多数としている．このうち①—④が出席議員の3分の2以上であるのに対して，⑤の憲法の改正発議のみ，総議員の3分の2以上にハードルを上げている．このような形で硬性憲法性を確保しているにもかかわらず，⑤を2分の1に引き下げるならば，議会の発議要件について①—④の要件より緩い基準になる．

間接民主制と国民主権

最近では「発議要件を緩めて容易に国民投票に委ねることこそ，国民主権原理にかなう」とする主張がなされているが，この議論も大いに問題がある．発議される原案が熟議のうえに作成される必要があることと，国民投票に委ねることとは，いったんは切り離して論ずべき事柄である．

XII 憲法改正手続

　日本国憲法は，国民発案の制度や議員リコール制度などを認めておらず，スイスなどに比べても直接民主制の要素は例外的なものにとどまっている．これはフランスでいう「半直接制」にあたり，決して「直接制」ではない．間接民主制（国民代表制）の原則をふまえるならば，国民代表である議員たちは，主権者国民に対し，徹底した議論により特別多数の賛成を得るような説得的な提案をする義務がある．国民主権の原理から広く国民投票や住民投票の直接民主制の制度を活用すべきとの議論に対しては，従来から消極的態度をとってきた日本の政府与党が，憲法改正の場合だけ直接民主制を強調することは奇異でもある．制度的にも理論的にも，矛盾した主張であると言えよう．

国民投票の陥穽

　国民投票を多用することが，必然的に国民主権に適合的であるかどうかも問題であろう．国民主権原理に適合するように見える国民投票（レファレンダム）が，実際には，ヒトラーやナポレオン，ド・ゴールなど，国民主権や民主主義を破壊する独裁を正当化するプレビシットとしても機能する危険をはらんでいるからである．憲法改正のための国民投票でも，発案の仕方によっては多数を得やすい安易な手続が国会法改正によって可能となりうるのである．

　現在の国民投票法では，一括発案による国民投票への提案は認められていない（国会法第68条の3「前条の憲法改正原案の発議に当たつては，内容において関連する事項ごとに区分して行う」）．例えば，「憲法9条の改正」と「環境権規定の創設」という異なった事項を一括して投票に付することは好ましくない，という配慮によるものであるが，実際に発議がどのように行われるかは不明である．今後は，国会法の改正によって，憲法の全面改正案や，一括でないまでも「抱き合わせ」の発案もありうることに注意が必要である．日本の場合は，ドイツ，フランス，イタリアが持つような，憲法改正規定のなかに改正の限界を明示する条項を持たない．そのため，憲法改正に限界があるか否かも問題となる．国民主権・平和主義・基本的人権保障など重要な基本原理に対する憲法改正であっても，限界なく可能なのか，憲法改正規定自体も改正できるのかなど，多くの検討課題があることはすでにみたとおりである．

主要参考文献一覧

* 本文中に特記したもののほか，おもな参考文献は以下のとおりである．雑誌論文はあまりに膨大な数があるため一部を除き省略した．下記の基本書に引用されているものを参照していただければ幸いである．

* 本文中に逐一引用を明記していない個所についても，以下の主要文献をふくむ多くの先行業績から多大なご教示をいただいている．また，本文中の条文の訳文は，原則として初宿正典・辻村みよ子編『新解説 世界憲法集(第4版)』(三省堂，2017年)に依拠しているが，独自の訳文を記したものも多い．

(I・II章関係および全般)比較憲法・方法論

阿部照哉編『比較憲法入門』有斐閣，1994年

阿部照哉・畑博行編『世界の憲法集(第4版)』有信堂高文社，2009年

五十嵐清『現代比較法学の諸相』信山社，2002年

稲正樹・孝忠延夫・國分典子編著『アジアの憲法入門』日本評論社，2010年

大石憲法研究所編『世界各国の憲法集』嵯峨野書院，1973年

大石眞・石川健治編『憲法の争点』有斐閣，2008年

大須賀明ほか編『憲法辞典』三省堂，2001年

大西邦敏「比較憲法学の任務，方法および意義」早稲田政治経済学雑誌69号，1940年

大西邦敏『比較憲法論――比較政治制度論』広文堂書店，1950年

大西邦敏『比較憲法の基本問題』成文堂，1968年

岡田信弘『二院制の比較研究』日本評論社，2014年

木下太郎編『世界諸国の憲法集(第2巻)』暁印書館，1985年

君塚正臣編著『比較憲法』ミネルヴァ書房，2012年

小林昭三『比較憲法学・序説』成文堂，1999年

酒井吉栄・大林文敏『比較憲法学』評論社，1999年

佐藤功『君主制の研究――比較憲法的考察』日本評論社，1957年

塩津徹『比較憲法学』成文堂，2005年

清水望編『比較憲法講義』青林書院新社，1972年

初宿正典編『レクチャー比較憲法』法律文化社，2014年

初宿正典・辻村みよ子編『新解説 世界憲法集(第4版)』三省堂，2017年

杉原泰雄『憲法I 憲法総論』有斐閣，1987年

杉原泰雄「比較憲法史をどう描くか」法律時報67巻1号，1995年〔比較憲法史研究会編『憲法の歴史と比較』日本評論社，1998年所収〕

主要参考文献一覧

杉原泰雄『憲法の歴史——新たな比較憲法学のすすめ』岩波書店，1996 年
杉原泰雄編集代表『新版 体系憲法事典』青林書院，2008 年
鈴木安蔵『比較憲法史』三笠書房，1936 年
田上穣治『比較憲法』中大出版社，1950 年
辻村みよ子『人権の普遍性と歴史性——フランス人権宣言と現代憲法』創文社，1992 年（重版 1999 年）
辻村みよ子「比較女性人権史の試み」比較憲法史研究会編『憲法の歴史と比較』日本評論社，1998 年
辻村みよ子『フランス憲法と現代立憲主義の挑戦』有信堂高文社，2010 年
辻村みよ子・長谷部恭男編『憲法理論の再創造』日本評論社，2011 年
辻村みよ子『比較のなかの改憲論——日本国憲法の位置』岩波新書，2014 年
辻村みよ子『憲法(第 5 版)』日本評論社，2016 年，同・第 6 版，2018 年
辻村みよ子編『最新 憲法資料集——年表・史料・判例解説』信山社，2018 年
中嶋一麿監修『世界の憲法・日本の憲法』オーエス出版，1990 年
中村睦男・佐々木雅寿・寺島壽一編著『世界の人権保障』三省堂，2017 年
西修『現代世界の憲法制度』成文堂，1974 年
西修ほか『各国憲法論』学陽書房，1982 年
西修『各国憲法制度の比較研究』成文堂，1984 年
西修『憲法体系の類型的研究』成文堂，1997 年
長谷川正安「比較憲法論の一考察」法政論集 2 巻 1 号〔同『憲法学の方法』日本評論社，1957 年所収〕
比較憲法史研究会編『憲法の歴史と比較』日本評論社，1998 年
樋口陽一『比較憲法(全訂第 3 版)』青林書院，1992 年
樋口陽一・吉田善明編『解説 世界憲法集』三省堂，1988 年，同・第 4 版，2001 年
広渡清吾『比較法社会論——日本とドイツを中心に』放送大学教育振興会，2007 年
水木惣太郎『比較憲法論』有信堂，1963 年
水木惣太郎『比較憲法史』有信堂，1965 年
美濃部達吉『国法学資料第二冊・憲法及憲法史研究』有斐閣，1908 年
弓家七郎『比較憲法講義要綱(上巻)』三和書房，1951 年
吉田善明『現代比較憲法論(改訂版)』敬文堂，1996 年
イエリネック『人および公民の権利の宣言』(原著 1885 年，美濃部達吉訳『国法学資料第一冊・人権宣言論』有斐閣，1906 年)
イエリネック(木村鋭一・立花俊吉訳)『公権論』中央大学出版会，1906 年
イエリネック(芦部信喜ほか訳)『一般国家学』学陽書房，1974 年

M. ゲツェヴィチ(小田滋・樋口陽一訳)『比較憲法の方法』有信堂高文社，1964 年
M. デュヴェルジェ(深瀬忠一・樋口陽一訳)『社会科学の諸方法』勁草書房，1968 年
J. W. バージェス(高田早苗・吉田己之助訳)『比較憲法論』早稲田大学出版部，1908 年
ブーミー(深井英五訳)『英米佛比較憲法論』信山社，2010 年
C. J. フリードリヒ(清水望ほか訳)『比較立憲主義』早稲田大学出版部，1979 年
K. レーヴェンシュタイン(阿部照哉ほか訳)『現代憲法論』有信堂高文社，1986 年
Burgess, John W., *Political Sciences and Comparative Constitutional Law*, 2 vols., 1891
Central Intelligence Agency, The World Factbook, 2017
Carpentier, E., *La résolution juridictionnelle des conflits entre organs constitutionnels*, 2006
Das Basu, Durg, *A Compartive Constitutional Law*, 1984, 2nd ed., 2007
Dorsen, Norman, Michel Rosenfeld, András Sajó, and Susanne Baer, *Comparative Constitutionnalism: Cases and Materials*, 2nd ed., WEST, 2010
Gupta, B. B., *Comparative study of six living constitutions*, 1977
Jackson, Vickie C. and Mark Tushnet, *Comparative Constitutional Law*, 2nd ed., 2006
Jellinek, Georg, *System der subjektiven öffentlichen Recht*, 1892
Ponthoreau, Marie-Claire, *Droit(s) constitutionnel(s) comparé(s)*, Economica, 2010
Rosenfeld, Michel and András Sajó(eds.), *The Oxford Handbook of Conparative Constitutionalism*, Oxford, 2012
Starck, Ch.(ed.), *Constitutionalism, Universalism and Democracy—a comparative analysis*, 1999
Tushnet, M., *Advanced Introduction to Comparative Constitutional Law*, Elgar, 2014

(Ⅲ・Ⅳ章関係)各国憲法・憲法史

愛敬浩二『近代立憲主義の原像——ジョン・ロック政治思想と現代憲法学』法律文化社，2003 年
鮎京正訓『ベトナム憲法史』日本評論社，1993 年
鮎京正訓編『アジア法ガイドブック』名古屋大学出版会，2009 年
阿川尚之『憲法で読むアメリカ史(上・下)』PHP 研究所，2004 年
阿部浩己『国際法の人権化』信山社，2014 年
阿部竹松『アメリカ憲法』成文堂，2008 年
安藤高行『近代イギリス憲法思想史研究』御茶の水書房，1983 年
井口文男『イタリア憲法史』有信堂高文社，1998 年
一倉重美津『アメリカ憲法要説(第 2 版)』成文堂，1999 年

主要参考文献一覧

伊藤満『中南欧諸国の憲法』信山社，1997 年
稲正樹『インド憲法の研究』信山社，1993 年
稲正樹・孝忠延夫・國分典子編著『アジアの憲法入門』日本評論社，2010 年
今井弘道・森際康友・井上達夫編『変容するアジアの法と哲学』有斐閣，1999 年
江島晶子『人権保障の新局面――ヨーロッパ人権条約とイギリス憲法の共生』日本評論社，2002 年
NMP 研究会・山崎公士編著『国内人権機関の国際比較』現代人文社，2001 年
大江泰一郎『ロシア・社会主義・法文化』日本評論社，1992 年
大沢秀介・大林啓吾編著『アメリカ憲法判例の物語』成文堂，2014 年
大沢秀介・小山剛編著『東アジアにおけるアメリカ憲法――憲法判例の影響を中心に』慶應義塾大学出版会，2006 年
大村泰樹・小林昌之編『東アジアの憲法制度』日本貿易振興会アジア経済研究所，1999 年
戒能通厚・広渡清吾『外国法――イギリス・ドイツの社会と法』岩波書店，1991 年
戒能通厚『イギリス憲法』信山社，2017 年
加藤紘捷『概説イギリス憲法』勁草書房，2002 年
川畑博昭「ラテンアメリカ――大統領中心主義の「合理化」から「民主化」へ」法律時報 81 巻 9 号，2009 年
韓国憲法裁判所(訳者代表・徐元宇)『韓国憲法裁判所 10 年史』信山社，2000 年
季衛東「違憲審査をめぐる法と政治――中国の制度変遷に関する事例研究」ジュリスト 1258 号，2003 年
木田純一編『社会主義国憲法集(第 1 巻)』中央大学生活協同組合出版局，1975 年
金哲洙『韓国憲法の 50 年』敬文堂，1998 年
倉持孝司・小松浩編著『憲法のいま――日本・イギリス』敬文堂，2015 年
栗城寿夫『19 世紀ドイツ憲法理論の研究』信山社，1997 年
胡錦光・韓大元『中国憲法の理論と実際』成文堂，1996 年
孝忠延夫『インド憲法』関西大学出版部，1992 年
孝忠延夫『インド憲法とマイノリティ』法律文化社，2005 年
孝忠延夫・浅野宜之『インドの憲法――21 世紀「国民国家」の将来像』関西大学出版部，2006 年
国際女性の地位協会編『コンメンタール　女性差別撤廃条約』尚学社，2010 年
国際法学会編『日本と国際法の 100 年(第 4 巻)人権』三省堂，2001 年
小林公司『ドイツ統一の歴史的位相』有信堂高文社，1999 年
小林孝輔『ドイツ憲法小史(新訂版)』学陽書房，1992 年
近藤敦『外国人参政権と国籍(新版)』明石書店，2001 年

近藤敦『外国人の人権と市民権』明石書店, 2001 年
齋藤正彰『国法体系における憲法と条約』信山社, 2002 年
齋藤正彰『憲法と国際規律』信山社, 2012 年
酒井吉栄『アメリカ憲法成立史研究(第 2 巻)』評論社, 1988 年
酒井吉栄『アメリカにおける新しい平等の創造』評論社, 2005 年
作本直行編『アジア諸国の憲法制度』アジア経済研究所, 1997 年
作本直行編『アジア諸国の民主化と法』アジア経済研究所, 1998 年
佐藤美由紀『ブラジルにおける違憲審査制の展開』東京大学出版会, 2006 年
参議院憲法調査会事務局(大沢秀介)『アメリカ合衆国憲法概要』参憲資料第 1 号, 2001 年
参議院憲法調査会事務局(原田一明)『イギリス憲法概要』参憲資料第 2 号, 2001 年
参議院憲法調査会事務局(大石眞)『フランス共和国憲法概要』参憲資料第 3 号, 2001 年
参議院憲法調査会事務局(初宿正典)『ドイツ連邦共和国憲法概要』参憲資料第 4 号, 2001 年
参議院憲法調査会事務局(井口文男)『イタリア共和国憲法概要』参憲資料第 5 号, 2001 年
社会主義法研究会編『現代社会主義憲法論』法律文化社, 1977 年
初宿正典『日独比較憲法学研究の論点』成文堂, 2015 年
初宿正典・辻村みよ子編『新解説 世界憲法集(第 4 版)』三省堂, 2017 年
杉原泰雄『国民主権の研究』岩波書店, 1971 年
杉原泰雄『人民主権の史的展開』岩波書店, 1978 年
杉原泰雄『国民主権の史的展開』岩波書店, 1985 年
杉原泰雄『憲法と国家論』有斐閣, 2006 年
杉原泰雄編集代表『新版 体系憲法事典』青林書院, 2008 年
芹田健太郎『国際人権法Ⅰ』信山社, 2011 年
芹田健太郎ほか『ブリッジブック 国際人権法(第 2 版)』信山社, 2017 年
全国憲法研究会編『憲法問題 11(特集・アジアの憲法問題)』三省堂, 2000 年
全国憲法研究会・大須賀明編『アジア立憲主義の展望——アジア・オセアニア立憲主義シンポジウム』信山社, 2003 年
高田敏・初宿正典『ドイツ憲法集(第 7 版)』信山社, 2016 年
高見沢磨・鈴木賢・宇田川幸則『現代中国法入門(第 7 版)』有斐閣, 2016 年
滝沢正『フランス法(第 5 版)』三省堂, 2010 年
種谷春洋『アメリカ人権宣言史論』有斐閣, 1971 年
塚本重頼・長内了『註解アメリカ憲法(全訂新版)』酒井書店, 1983 年
辻村みよ子『フランス革命の憲法原理——近代憲法とジャコバン主義』日本評論社, 1989 年

主要参考文献一覧

辻村みよ子『人権の普遍性と歴史性――フランス人権宣言と現代憲法』創文社，1992 年
辻村みよ子『女性と人権――歴史と理論から学ぶ』日本評論社，1997 年
辻村みよ子『市民主権の可能性――21 世紀の憲法・デモクラシー・ジェンダー』有信堂高文社，2002 年
辻村みよ子『ジェンダーと人権――歴史と理論から学ぶ』日本評論社，2008 年
辻村みよ子『憲法とジェンダー』有斐閣，2009 年
辻村みよ子『フランス憲法と現代立憲主義の挑戦』有信堂高文社，2010 年
辻村みよ子・糠塚康江『フランス憲法入門』三省堂，2012 年
辻村みよ子『概説 ジェンダーと法(第 2 版)』信山社，2016 年
辻村みよ子編集代表『政治・社会の変動と憲法――フランス憲法からの展望(全 2 巻)』信山社，2017 年
土屋英雄編著『中国の人権と法』明石書店，1998 年
土屋英雄編著『現代中国の人権――研究と資料』信山社，1996 年
ドイツ憲法判例研究会編『ドイツの憲法判例Ⅱ』信山社，2006 年
ドイツ憲法判例研究会編『ドイツの憲法判例Ⅲ』信山社，2008 年
戸波江二・北村泰三・建石真公子・小畑郁・江島晶子編『ヨーロッパ人権裁判所の判例』信山社，2008 年
中原精一『アフリカ憲法の研究』成文堂，1996 年
中村民雄『イギリス憲法と EC 法』東京大学出版会，1993 年
中村睦男・高橋和之・辻村みよ子編『欧州統合とフランス憲法の変容』有斐閣，2003 年
中村睦男・佐々木雅寿・寺島壽一編著『世界の人権保障』三省堂，2017 年
名雪健二『ドイツ憲法入門』八千代出版，2008 年
西村幸次郎『中国憲法の基本問題』成文堂，1989 年
初川満訳著『ヨーロッパ人権裁判所の判例』信山社，2002 年
萩野芳夫『フィリピンの社会・歴史・政治制度』明石書店，2002 年
萩野芳夫・畑博行・畑中和夫編『アジア憲法集(第 2 版)』明石書店，2007 年
畑尻剛・工藤達朗編『ドイツの憲法裁判(第 2 版)』中央大学出版部，2013 年
樋口範雄『アメリカ憲法』弘文堂，2011 年
広渡清吾『統一ドイツの法変動』有信堂高文社，1996 年
フランス憲法判例研究会編(編集代表辻村みよ子)『フランスの憲法判例』信山社，2002 年
フランス憲法判例研究会編(編集代表辻村みよ子)『フランスの憲法判例Ⅱ』信山社，2013 年
松井茂記『アメリカ憲法入門(第 7 版)』有斐閣，2012 年
松井茂記『カナダの憲法』岩波書店，2012 年

水田洋編『イギリス革命(増補版)』御茶の水書房, 1976 年
牟憲魁『中国における違憲審査制の歴史と課題——大法官憲法解釈制度を中心として』成文堂, 2009 年
村上淳一『ドイツ市民法史』東京大学出版会, 1985 年
元山健『イギリス憲法の原理』法律文化社, 1999 年
元山健・倉持孝司編『現代憲法——日本とイギリス(新版)』敬文堂, 2000 年
元山健／キース・D. ユーイング『イギリス憲法概説』法律文化社, 1999 年
安田信之『東南アジア法』日本評論社, 2000 年
山岸喜久治『ドイツの憲法忠誠』信山社, 1998 年
山口俊夫『概説フランス法(上)』東京大学出版会, 1978 年
山口俊夫編『フランス法辞典』東京大学出版会, 2002 年
山下健次・中村義孝・北村和生編『フランスの人権保障』法律文化社, 2001 年
山元一『現代フランス憲法理論』信山社, 2014 年
渡邊昭夫編『アジアの人権——国際政治の視点から』日本国際問題研究所, 1997 年
T. I. エスマン・木下毅『現代アメリカ憲法』東京大学出版会, 1978 年
K. シュテルン(赤坂正浩ほか編訳)『ドイツ憲法 I』信山社, 2009 年
K. シュテルン(井上典之ほか編訳)『ドイツ憲法 II』信山社, 2009 年
リチャード・H. ファロ(平地秀哉ほか訳)『アメリカ憲法への招待』三省堂, 2010 年
オリヴィエ・ブラン(辻村みよ子訳)『女の人権宣言——フランス革命とオランプ・ドゥ・グージュの生涯』岩波書店, 1995 年
オリヴィエ・ブラン(辻村みよ子監訳・解説)『オランプ・ドゥ・グージュ——フランス革命と女性の権利宣言』信山社, 2010 年
M. L. ベネディクト(常本照樹訳)『アメリカ憲法史』北海道大学図書刊行会, 1994 年
J. C. ホゥルト(森岡敬一郎訳)『マグナ・カルタ』慶応義塾大学出版会, 2000 年
Evans, Malcolm and Rachel Murray, *The African Charter on Human and Peoples' Rights*, 2nd ed., Cambridge University Press, 2008
Sindjoun, Luc, *Les grandes décisions de la justice constitutionnelle africaine*, Bruylant, 2009

(V—VII 章関係) 人権
吾郷眞一『国際労働基準法』三省堂, 1997 年
浅倉むつ子・西原博史編著『平等権と社会的排除』成文堂, 2017 年
芦部信喜『現代人権論』有斐閣, 1974 年
芦部信喜『憲法判例を読む』岩波書店, 1987 年

主要参考文献一覧

芦部信喜『人権と憲法訴訟』有斐閣, 1994 年
芦部信喜『憲法学Ⅱ 人権総論』有斐閣, 1994 年
芦部信喜『憲法学Ⅲ 人権各論(1)〔増補版〕』有斐閣, 2000 年
芦部信喜(高橋和之補訂)『憲法(第 6 版)』岩波書店, 2015 年
石井美智子『人工生殖の法律学』有斐閣, 1994 年
上野千鶴子『ナショナリズムとジェンダー』青土社, 1998 年
上村貞美『現代フランス人権論』成文堂, 2005 年
榎原猛編『プライバシー権の総合的研究』法律文化社, 1991 年
大沢秀介・大林啓吾編著『アメリカ憲法判例の物語』成文堂, 2014 年
大野和基『代理出産――生殖ビジネスと命の尊厳』集英社, 2009 年
大林啓吾・溜箭将之編『ロバーツコートの立憲主義』成文堂, 2017 年
奥平康弘『なぜ「表現の自由」か』東京大学出版会, 1988 年
奥平康弘『「表現の自由」を求めて――アメリカにおける権利獲得の軌跡』岩波書店, 1999 年
外国公務員制度研究会編『欧米国家公務員制度の概要』社会経済生産性本部生産性労働情報センター, 1997 年
神里彩子・成澤光編『生殖補助医療』信山社, 2008 年
木村草太『平等なき平等条項論――equal protection 条項と憲法 14 条 1 項』東京大学出版会, 2008 年
金城清子『生殖革命と人権』中央公論社, 1996 年
憲法訴訟研究会・芦部信喜編『アメリカ憲法判例』有斐閣, 1998 年
憲法訴訟研究会・戸松秀典編『続・アメリカ憲法判例』有斐閣, 2014 年
国立国会図書館調査及び立法考査局「フランスの県議会議員選挙制度改正――パリテ 2 人組投票による男女共同参画の促進」外国の立法 261 号, 2014 年〔服部有希執筆〕
駒村圭吾・鈴木秀美編著『表現の自由Ⅰ・Ⅱ』尚学社, 2011 年
小山剛『基本権保護の法理』成文堂, 1998 年
小山剛『基本権の内容構成』尚学社, 2004 年
佐藤幸治『憲法(第 3 版)』青林書院, 1995 年
佐藤幸治『日本国憲法論』成文堂, 2011 年
下河原忠夫『(新訂)知る権利とプライヴァシー』地方自治研究所, 1994 年
高見勝利編『人権論の新展開』北海道大学図書刊行会, 1999 年
辻村みよ子「人権の観念」樋口陽一編『講座憲法学 3』日本評論社, 1994 年
辻村みよ子「近代人権論批判と憲法学」『憲法問題 13』三省堂, 2002 年
辻村みよ子編『世界のポジティヴ・アクションと男女共同参画』(東北大学 21 世紀 COE

ジェンダー法・政策研究叢書第1巻）東北大学出版会，2004年
辻村みよ子『ジェンダーと人権——歴史と理論から学ぶ』日本評論社，2008年
辻村みよ子『憲法とジェンダー』有斐閣，2009年
辻村みよ子『ポジティヴ・アクション——「法による平等」の技法』岩波新書，2011年
辻村みよ子『代理母問題を考える』岩波ジュニア新書，2012年
辻村みよ子『人権をめぐる15講——現代の難問に挑む』岩波書店，2013年
辻村みよ子『概説 ジェンダーと法（第2版）』信山社，2016年
辻村みよ子『憲法と家族』日本加除出版，2016年
辻村みよ子編集代表・糠塚康江ほか編『政治・社会の変動と憲法——フランス憲法からの展望（第Ⅱ巻） 社会変動と人権の現代的保障』信山社，2017年
ドイツ憲法判例研究会編『ドイツの憲法判例Ⅲ』信山社，2008年
中窪裕也『アメリカ労働法』弘文堂，1995年
中村睦男・佐々木雅寿・寺島壽一編著『世界の人権保障』三省堂，2017年
西原博史『良心の自由』成文堂，1995年，同・増補版2001年
日仏法学会編『日本とフランスの家族観』有斐閣，2003年
根森健編著『（資料集）人権保障の理論と課題』尚学社，2002年
野中俊彦・中村睦男・高橋和之・高見勝利『憲法Ⅰ（第5版）』有斐閣，2012年
晴山一穂ほか『欧米諸国の「公務員の政治活動の自由」——その比較法的研究』日本評論社，2011年
樋口範雄『アメリカ憲法』弘文堂，2011年
樋口範雄・土屋裕子編『生命倫理と法』弘文堂，2005年
樋口陽一・山内敏弘・辻村みよ子『憲法判例を読みなおす——下級審判決からのアプローチ（改訂版）』日本評論社，1999年
フランス憲法判例研究会編（辻村みよ子編集代表）『フランスの憲法判例』信山社，2002年
フランス憲法判例研究会編（辻村みよ子編集代表）『フランスの憲法判例Ⅱ』信山社，2013年
外尾健一『フランスの労働組合と法』信山社，2002年
松井茂記『インターネットの憲法学』岩波書店，2002年
松井茂記『アメリカ憲法入門（第7版）』有斐閣，2012年
皆川治廣『プライバシー権の保護と限界論——フランス法研究』北樹出版，2000年
山本龍彦『プライバシーの権利を考える』信山社，2017年
吉田仁美編著『人権保障の現在』ナカニシヤ出版，2013年
吉田仁美『平等権のパラドクス』ナカニシヤ出版，2015年
労働政策研究・研修機構『データブック国際労働比較2017』労働政策研究・研修機構，

主要参考文献一覧

2017 年

デイヴィッド・M. オブライエン(大越康夫補著・訳)『政教分離の憲法政治学』晃洋書房, 1999 年

ボード・ピエロートほか(永田秀樹ほか訳)『現代ドイツ基本権』法律文化社, 2001 年

J. ルーベンフェルド(後藤光男ほか訳)『プライヴァシーの権利』敬文堂, 1997 年

Favoreu, L. L. Philip (éd.), *Les grandes décisions du Conseil constitutionnel*, 18e éd., Dalloz, 2016

(Ⅷ—Ⅹ章関係)統治

浅香吉幹『現代アメリカの司法』東京大学出版会, 1999 年

浅野一郎『議会の調査権』ぎょうせい, 1983 年

芦部信喜『憲法訴訟の理論』有斐閣, 1973 年

芦部信喜編『講座憲法訴訟(全3巻)』有斐閣, 1987 年

芦部信喜(高橋和之補訂)『憲法(第6版)』岩波書店, 2015 年

阿部竹松『アメリカ合衆国憲法[統治機構]』有信堂高文社, 2002 年

生田希保美・越野誠一『アメリカの直接参加・住民投票』自治体研究社, 1997 年

稲葉馨「ドイツにおける住民(市民)投票制度の概要(1)—(6・完)」自治研究 72・73 巻, 1996—97 年

今井威『比較憲法——諸国の議院内閣制』ブレーン出版, 1998 年

内山秀夫・薬師寺泰蔵編『グローバル・デモクラシーの政治世界』有信堂高文社, 1997 年

梅津實ほか『比較・選挙政治——21 世紀初頭における先進6カ国の選挙』ミネルヴァ書房, 2004 年

大石眞『議会法』有斐閣, 2001 年

大沢秀介編『アメリカの司法と政治』成文堂, 2016 年

大沢秀介・大林啓吾編著『アメリカの憲法問題と司法審査』成文堂, 2016 年

大津浩『分権国家の憲法理論——フランス憲法の歴史と理論から見た現代日本の地方自治論』有信堂高文社, 2015 年

大西健夫編『ドイツの政治』早稲田大学出版部, 1992 年

大林啓吾・溜箭将之編『ロバーツコートの立憲主義』成文堂, 2017 年

大山礼子『比較議会政治論』岩波書店, 2003 年

大山礼子『フランスの政治制度(改訂版)』東信堂, 2013 年

岡田章宏『近代イギリス地方自治制度の形成』桜井書店, 2005 年

岡田章宏「現代イギリス地方自治の歴史的脈絡」法律時報 1011 号, 2009 年

岡田信弘編『二院制の比較研究』日本評論社, 2014 年

奥島孝康・中村紘一編『フランスの政治――中央集権国家の伝統と変容』早稲田大学出版部，1993 年

小野耕二『比較政治』東京大学出版会，2001 年

戒能通厚『イギリス憲法』信山社，2017 年

片岡寛光・奥島孝康編『アメリカの政治――ガリバー国家のジレンマ』早稲田大学出版部，1994 年

川勝平太・三好陽編『イギリスの政治――改革に揺れる伝統国家』早稲田大学出版部，1999 年

工藤達朗編『ドイツの憲法裁判』中央大学出版部，2002 年

月刊自治研『(特集)住民投票と市民自治』39 巻 1 号，1997 年

憲法訴訟研究会・芦部信喜編『アメリカ憲法判例』有斐閣，1998 年

小池治「アメリカにおける住民投票」月刊自治研 39 巻 1 号，1997 年

孝忠延夫『国政調査権の研究』法律文化社，1990 年

国立国会図書館調査及び立法考査局「シリーズ憲法の論点④　財政制度の論点」2004 年〔山田邦夫執筆〕

国立国会図書館調査及び立法考査局「諸外国の王位継承制度」レファレンス 656 号，2005 年〔山田邦夫執筆〕

国立国会図書館調査及び立法考査局「在外選挙制度」調査と情報 514 号，2006 年〔佐藤令執筆〕

国立国会図書館調査及び立法考査局「外国人参政権をめぐる論点」『人口減少社会の外国人問題――総合調査報告書』2008 年〔佐藤令執筆〕

国立国会図書館調査及び立法考査局「ドイツの連邦選挙法」外国の立法 237 号，2008 年〔山口和人執筆〕

国立国会図書館調査及び立法考査局「イギリスの 2011 年議会任期固定法」外国の立法 254 号，2012 年〔河島太朗執筆〕

国立国会図書館調査及び立法考査局「諸外国の選挙権年齢及び被選挙権年齢」レファレンス 779 号，2015 年〔那須俊貴執筆〕

小山剛『「憲法上の権利」の作法(第 3 版)』尚学社，2016 年

参議院憲法調査会事務局(大石眞)『国民主権と半直接民主制に関する主要国の制度』参憲資料第 8 号，2002 年

参議院憲法調査会事務局(井口文男)『両議院と議会制度に関する主要国の制度』参憲資料第 9 号，2002 年

参議院憲法調査会事務局(原田一明)『内閣と議院内閣制に関する主要国の制度』参憲資料第 10 号，2002 年

主要参考文献一覧

参議院憲法調査会事務局（大沢秀介）『憲法裁判と司法審査制に関する主要国の制度』参憲資料第 11 号，2002 年

参議院憲法調査会事務局（原田一明）『地方自治と地方分権に関する主要国の制度』参憲資料第 14 号，2002 年

宍戸常寿『憲法裁判権の動態』弘文堂，2005 年

自治・分権ジャーナリストの会編『英国の地方分権改革』日本評論社，2000 年

白鳥令編『政治制度論——議院内閣制と大統領制』芦書房，1999 年

新藤宗幸編著『住民投票』ぎょうせい，1999 年

高橋和之『国民内閣制の理念と運用』有斐閣，1994 年

高橋和之「議院内閣制——国民内閣制的運用と首相公選論」ジュリスト 1192 号，2001 年

高橋和之『体系 憲法訴訟』岩波書店，2017 年

高橋和之・大石眞編『憲法の争点（第 3 版）』有斐閣，1999 年

田口富久治・中谷義和編『（新版）比較政治制度論』法律文化社，1999 年

竹下譲監修・著，イマジン情報センター編『世界の地方自治制度（新版）』イマジン出版，2002 年

只野雅人『代表における等質性と多様性』信山社，2017 年

辻村みよ子『市民主権の可能性』有信堂高文社，2002 年

辻村みよ子『フランス憲法と現代立憲主義の挑戦』有信堂高文社，2010 年

辻村みよ子『選挙権と国民主権——政治を市民の手に取り戻すために』日本評論社，2015 年

辻村みよ子『憲法（第 5 版）』日本評論社，2016 年，同・第 6 版，2018 年

辻村みよ子編集代表・山元一ほか編『政治・社会の変動と憲法——フランス憲法からの展望（第Ⅰ巻）　政治変動と立憲主義の展開』信山社，2017 年

辻村みよ子編集代表・糠塚康江ほか編『政治・社会の変動と憲法——フランス憲法からの展望（第Ⅱ巻）　社会変動と人権の現代的保障』信山社，2017 年

辻村みよ子責任編集『憲法研究』創刊号，信山社，2017 年

土屋孝次『アメリカ連邦議会と裁判官規律制度の展開——司法権の独立とアカウンタビリティの均衡を目指して』有信堂高文社，2008 年

坪郷實編著『比較・政治参加』ミネルヴァ書房，2009 年

ドイツ憲法判例研究会編『ドイツの憲法判例Ⅱ』信山社，2006 年

ドイツ憲法判例研究会編『ドイツの憲法判例Ⅲ』信山社，2008 年

土岐寛・加藤普章編『比較行政制度論』法律文化社，2000 年

土倉莞爾『現代フランス選挙政治』ナカニシヤ出版，2000 年

中村勝範編『主要国政治システム概論』慶應義塾大学出版会，1999 年

糠塚康江『現代代表制と民主主義』日本評論社, 2010年

糠塚康江編『代表制民主主義を再考する』ナカニシヤ出版, 2017年

野中俊彦・中村睦男・高橋和之・高見勝利『憲法Ⅰ・Ⅱ（第5版）』有斐閣, 2012年

長谷部恭男『憲法(第6版)』新世社, 2014年

初谷良彦ほか『概説 デモクラシーと国家』成文堂, 1996年

樋口陽一『憲法Ⅰ』青林書院, 1998年

樋口陽一・山内敏弘・辻村みよ子・蟻川恒正『新版 憲法判例を読みなおす――下級審判決からのアプローチ』日本評論社, 2011年

福岡英明『現代フランス議会制の研究』信山社, 2001年

福岡政行・青木一能編『世界の政治システム――比較政治分析からの接近』芦書房, 1987年

フランス憲法判例研究会編(辻村みよ子編集代表)『フランスの憲法判例』信山社, 2002年

フランス憲法判例研究会編(辻村みよ子編集代表)『フランスの憲法判例Ⅱ』信山社, 2013年

眞柄秀子・井戸正伸『比較政治学』放送大学教育振興会, 2000年

松井茂記『ブッシュ対ゴア――2000年アメリカ大統領選挙と最高裁判所』日本評論社, 2001年

松井茂記『アメリカ憲法入門(第7版)』有斐閣, 2012年

松本和彦『基本権保障の憲法理論』大阪大学出版会, 2001年

宮沢俊義「国民代表の概念」1934年〔同『憲法の原理』岩波書店, 1967年所収〕

村上英明『ドイツ州民投票制度の研究』法律文化社, 2001年

毛利透『統治構造の憲法論』岩波書店, 2014年

森脇俊雅『小選挙区制と区割り――制度と実態の国際比較』芦書房, 1998年

山内幸雄（翻訳）「アメリカ連邦議会の国政調査権(1)(2・完)」山梨学院大学法学論集12・13号, 1987・1988年

山下茂『比較地方自治(増補改訂版)』第一法規出版, 1992年

横田清「アメリカ合衆国における住民投票(住民立法)制度の運用」都市問題87巻1号, 1996年

李東治「韓国民主主義の発展における憲法裁判所の貢献」法律時報1021号, 2010年

ジョヴァンニ・サルトーリ(岡沢憲芙監訳・工藤裕子訳)『比較政治学』早稲田大学出版部, 2000年

L. ファヴォルー(山元一訳)『憲法裁判所』敬文堂, 1999年

ヨアヒム・J. ヘッセ編(北海道比較地方自治研究会訳, 木佐茂男監修)『地方自治の世界的潮流(上・下)』信山社, 1997年

主要参考文献一覧

(XI・XII 章関係)平和主義・憲法改正

青井未帆『憲法と政治』岩波書店，2016 年
芦部信喜『憲法学 I 憲法総論』有斐閣，1992 年
浦田一郎編『政府の憲法九条解釈——内閣法制局資料と解説』信山社，2013 年
浦田一郎『集団的自衛権容認とは何か』日本評論社，2016 年
奥平康弘・愛敬浩二・青井未帆編『改憲の何が問題か』岩波書店，2013 年
奥平康弘・山口二郎編『集団的自衛権の何が問題か——解釈改憲批判』岩波書店，2014 年
国立国会図書館調査及び立法考査局「世界各国憲法における国防・軍事・平和主義規定(1)—(3)」レファレンス 367—369 号，1981 年〔西修執筆〕
国立国会図書館調査及び立法考査局「シリーズ憲法の論点⑤　憲法の改正」2005 年〔高見勝利執筆〕
国立国会図書館調査及び立法考査局「諸外国における戦後の憲法改正(第5版)」調査と情報 932 号，2017 年
駒村圭吾・待鳥聡史編『「憲法改正」の比較政治学』弘文堂，2016 年
澤野義一『永世中立と非武装平和憲法』大阪経済法科大学出版部，2002 年
高見勝利『憲法改正とは何だろうか』岩波書店，2017 年
竹村卓『非武装平和憲法と国際政治——コスタリカの場合』三省堂，2001 年
辻村みよ子「「人権としての平和」論の再構築——平和主義の「ジェンダー化戦略」を契機として」山内敏弘先生古稀記念論文集『立憲平和主義と憲法理論』法律文化社，2010 年
辻村みよ子『憲法から世界を診る——人権・平和・ジェンダー〔講演録〕』法律文化社，2011 年
辻村みよ子『比較のなかの改憲論——日本国憲法の位置』岩波新書，2014 年
辻村みよ子『憲法改正論の焦点——平和・人権・家族を考える』法律文化社，2018 年
西修ほか『日本の安全保障法制』内外出版，2001 年
西修『よくわかる平成憲法講座』TBS ブリタニカ，1995 年
西修『日本国憲法を考える』文藝春秋，1999 年
西修『憲法改正の論点』文春新書，2013 年
長谷部恭男ほか編『岩波講座 憲法 6　憲法と時間』岩波書店，2007 年
長谷部恭男編『検証・安保法案　どこが憲法違反か』有斐閣，2015 年
長谷部恭男・杉田敦編『安保法制の何が問題か』岩波書店，2015 年
樋口陽一『憲法 I』青林書院，1998 年
樋口陽一『いま，「憲法改正」をどう考えるか』岩波書店，2013 年
樋口陽一・小林節『「憲法改正」の真実』集英社，2016 年

深瀬忠一『戦争放棄と平和的生存権』岩波書店，1987 年
深瀬忠一・樋口陽一・杉原泰雄・浦田賢治編『恒久世界平和のために』勁草書房，1998 年
深瀬忠一・上田勝美・稲正樹・水島朝穂編『平和憲法の確保と新生』北海道大学図書刊行会，2008 年
星野安三郎ほか著，歴史教育者協議会編『(資料と解説)世界の中の憲法第 9 条』高文研，2000 年
前田朗『軍隊のない国家——27 の国々と人びと』日本評論社，2008 年
水島朝穂『平和の憲法政策論』日本評論社，2017 年
吉岡逸夫『「平和憲法」を持つ 3 つの国——パナマ・コスタリカ・日本』明石書店，2007 年
読売新聞政治部『基礎からわかる憲法改正論争』中公新書ラクレ，2013 年
渡辺治編著『憲法「改正」の争点』旬報社，2002 年
渡辺治編『憲法改正問題資料(全 2 巻)』旬報社，2015 年
Lutz, Donald S., Toward a theory of Constitutional Amendment, *American Political Science Review*, vol. 88, no. 2, 1994, p. 369

上記のほか，各国憲法の原文・資料は，各国政府等のウェブサイトおよび下記参照．
* 外務省　　http://www.mofa.go.jp/mofaj/area/world.html
* CIA, The World Factbook 2017　　https://www.cia.gov/library/publications/resources/the-world-factbook/fields/2063.html#gr
* Law Research, Constitutional Law Firms　　http://www.lawresearch.com/practice/ctconsti.htm
* The International Association of Constitutional Law/L'Association Internationale de Droit Constitutionnel　　http://www.iacl-aidc.org/
* The International Institute for Democracy and Electoral Assistance (International IDEA)　　http://www.idea.int/
* The international organization of Parliaments (IPU) Women in politics　　http://www.ipu.org/iss-e/women.htm
* International Journal of Constitutional Law (I-CON) Co-Editors-in-Chief: J. H. H. Weiler & Gráinne de Búrca　　http://icon.oxfordjournals.org/

主要国憲法略年表

イギリス		アメリカ		フランス		ドイツ	
1215	マグナ・カルタ			1576	ボダン『国家論』		
1628	権利請願			1589	ブルボン朝		
1642	ピューリタン革命					1618-48	三十年戦争
1688	名誉革命			1648	ウェストファリア条約	1648	ウェストファリア条約
1689	権利章典						
1690	ロック『統治二論』			1748	モンテスキュー『法の精神』		
1721	ウォルポール内閣			1762	ルソー『社会契約論』		
		1607	ジェームズタウン建設			1772	第1次ポーランド分割
		1620	メイフラワー契約				
		1775	独立戦争勃発	1789	フランス大革命勃発		
		1776	独立宣言	1791	1791年憲法		
			ヴァージニア権利章典		女性の権利宣言		
		1781	連合規約承認	1793	1793年憲法(ジャコバン憲法)		
		1787	合衆国憲法採択				
		1788	合衆国憲法成立				
		1791	合衆国憲法第1-10修正	1795	共和暦3年憲法		
		1803	マーベリー対マディソン事件判決	1804	第1帝制憲法		
				1814	王政復古・1814年憲章		
				1830	7月王政・1830年憲章	1806	神聖ローマ帝国消滅
1801	大ブリテン・アイルランド連合王国成立			1848	2月革命・第2共和制憲法	1814	ウィーン会議・ドイツ同盟
						1818	バーデン・バイエルン憲法
1832	第1次選挙法改正			1851	クーデター・第2帝制	1848	3月革命
						1849	フランクフルト憲法
		1861	南北戦争勃発	1871	パリ・コミューン	1850	プロイセン憲法
1867	第2次選挙法改正	1865	合衆国憲法第13修正	1875	第3共和制憲法	1871	ドイツ帝国憲法成立
1884	第4次選挙法改正	1868	合衆国憲法第14修正			1900	イエリネック『一般国家学』
1911	国会法制定	1870	第15修正(黒人選挙権)				
			1914-18 第1次世界大戦				
1920	第19修正(女性選挙権)				1919	ワイマール憲法	
1928	第5次選挙法改正	1939-45 第2次世界大戦					
				1946	第4共和制憲法	1945	東西ドイツ分割統治
1949	国会法改正			1958	第5共和制憲法	1949	ドイツ連邦共和国基本法
		1964	公民権法	1962	大統領直接選挙		ドイツ民主共和国憲法
1975	EC加盟決定レファレンダム	1973	合衆国最高裁ロウ判決	1971	憲法院憲法審査活発化	1973	東西ドイツ国連加盟

282

イギリス	アメリカ	フランス	ドイツ
1979 サッチャー保守党内閣	1982 性差別禁止修正ERA廃案	1981 ミッテラン大統領当選	1989 ベルリンの壁崩壊
1992 マーストリヒト条約締結	1992 合衆国憲法第27修正	1992 マーストリヒト条約締結	1990 ドイツ統一条約締結・再統一
1997 ブレア労働党内閣	2000 大統領選挙（ゴア対ブッシュ）	1999 憲法改正, 翌パリテ法成立	1992 基本法改正, 高権移譲明記／マーストリヒト条約締結
2000 ロンドン市長選挙・地方政府法	2001 同時多発テロ	2000 憲法改正, 大統領任期短縮	1998 総選挙, 社会民主党勝利（シュレーダー首相）
2001 総選挙, 労働党大勝	2003 グラッター判決(AA)	2003 憲法改正, 地方分権化	1999 ベルリンに首都移転
2003 憲法問題省設置	2007 ゴンザレス判決(妊娠中絶)	2004 スカーフ禁止法	2005 総選挙, SPD敗北／大連立内閣, メルケル首相
2004 憲法問題委員会報告書	2008 大統領選挙(オバマ大統領)	2007 憲法改正(死刑廃止明記)／サルコジ大統領選出	2006 基本法大改正
2005 憲法改革法	2009 オバマ大統領, ノーベル平和賞受賞	2008 憲法大改正	2009 基本法改正
2007 ブラウン内閣	2010 中間選挙(民主党敗北)	2009 リスボン条約発効	2012 総選挙, CDU・CSU勝利／連邦憲法, 超過議席違憲判断
2009 最高裁判所設置	2012 オバマ大統領再選	2010 事後審査制開始／ブルカ禁止法	2013 基本法改正
2010 総選挙, 労働党敗北, 保守党キャメロン連立内閣	2013 連邦最高裁, 婚姻防衛法(同性婚禁止)違憲判決	2012 オランド大統領(社会党)選出	2014 選挙法改正
2013 同性婚容認, 法制化	2015 連邦最高裁, 異性婚限定の州法違憲判決	2013 国民議会選挙法制化, 社会党独過半数／同性婚法制化	2017 基本法改正(第60回)／同性婚法成立
2015 欧州連合国民投票法	2016 大統領選挙, ヒラリー・クリントン敗北	2015 県議会議員選挙に男女のペア投票制導入, 女性議員50%確保	2018 連邦議会総選挙 CDU勝利／CDU・SPD大連立政権
2016 国民投票により, EUからの離脱決定／キャメロン首相辞任, メイ首相就任	2017 トランプ(共和党)大統領就任／トランプ大統領, エルサレムをイスラエルの首都と認定	2017 同時多発テロ／大統領選挙第1回投票, 国民戦線が2位に／マクロン大統領選出, 国民議会選挙「共和国前進」躍進	
2017 総選挙, 保守党単独過半数割れ(メイ首相)			

主要国憲法略年表

イタリア		EU/その他の欧州諸国		ロシア（旧ソ連）		中華人民共和国	
1521-44	イタリア戦争（独仏）					1368	明朝成立
1648	ウェストファリア条約	1648	ウェストファリア条約			1644	明朝滅亡・清帝国
						1662	清の中国支配開始
				1547	ロシア帝国成立	1689	ネルチンスク条約
				1613	ロマノフ朝		
		1791	ポーランド憲法成立	1689	ネルチンスク条約		
		1795	ポーランド王国滅亡	1772	第１次ポーランド分割		
				1795	第３次ポーランド分割		
1805	ナポレオン・イタリア王兼任	1809	スウェーデン統治法			1840	アヘン戦争
1816	両シチリア王国再建	1814	ネーデルランド憲法成立			1842	南京条約
1820	カルボナリ党革命	1831	ベルギー憲法成立			1860	北京条約
1848	サルディニア王国憲章	1843	イスパニア自由主義憲法			1894	日清戦争
1861	イタリア王国統一・イタリア王国憲章	1848	スイス連邦憲法（1999新憲法）	1904	日露戦争	1908	清朝・鉄定憲法大綱
				1917	ロシア革命（２月・10月革命）	1911	辛亥革命
							中華民国南京臨時政府
		1912-13	バルカン戦争				
			第１次世界大戦				
		1914-18		1918	ソビエト憲法成立		
1922	ムッソリーニ内閣成立			1924	ソ連憲法成立	1928	国民政府
				1936	ソ連新憲法（スターリン憲法）	1936	中華民国憲法草案
1943	休戦協定			1945	ヤルタ会談		
			第２次世界大戦				
			1939-45				
1945-46	第１次・２次暫定憲法	1946	ユーゴスラビア人民共和国成立			1949	中華人民共和国成立
1946	国民投票で共和制選択	1947	ブルガリア人民共和国憲法			1954	中華人民共和国憲法成立
1947	イタリア共和国憲法成立	1948	ルーマニア人民共和国憲法			1966	社会主義文化大革命
1956	憲法裁判所活動開始	1949	ハンガリー人民共和国憲法			1975	1975年憲法
1970	人民投票法成立	1950	欧州人権条約	1977	ソ連新憲法	1978	1978年憲法
		1952	ポーランド人民共和国憲法			1982	1982年憲法成立（現憲法）

主要国憲法略年表

1992	マーストリヒト条約締結	1989	東欧自由化・憲法改正	1985	ペレストロイカ開始	1989	天安門事件
1993	新選挙法成立	1992	マーストリヒト条約	1991	ソ連邦消滅・独立国家共同体	1993	憲法改正
2000	憲法改正、在外選挙区創設	1997	アムステルダム条約	1993	ロシア連邦憲法制定	1999	憲法改正／日中首脳会談
2003	憲法改正(51条)	2000	ニース条約(2004 25カ国)	2000	プーチン大統領当選	2004	憲法改正(3つの代表・人権規定)
2005	選挙法改正(比例代表制)	2004	欧州憲法条約締結	2003	地方自治法制定	2009	最高人民法院規定
2006	憲法改正国民投票(不成立)	2005	オランダ・フランス、欧州憲法条約人民投票否決	2005	選挙法改正(下院比例代表制)	2012	習近平、中国共産党中央委員会総書記就任
2008	総選挙(中道右派勝利)	2007	リスボン条約締結	2007	憲法改正	2013	習近平、中華人民共和国主席、中華人民共和国中央軍事委員会主席就任
2011	第4次ベルルスコーニ内閣／ベルルスコーニ首相辞任、モンティ首相就任	2009	欧州大統領設置／リスボン条約の発効／ユーロ通貨危機(ギリシア財政赤字)	2008	憲法改正(大統領任期6年)／プーチン首相に就任	2015	台湾の馬英九総統と中台首脳会談
2013	両院選挙で中道左派勝利、レンツィ首相就任	2013	クロアチアがEU加盟(加盟国 28カ国)	2012	プーチン大統領に就任	2016	インターネット安全法制定
2014	憲法裁判所、選挙法違憲判決	2014	EU、対ロ経済制裁	2014	憲法改正(大統領選出の上院議員枠設定)	2017	トランプ米大統領と米中会談
2015	選挙法改正			2016	下院総選挙	2018	全人代、憲法改正決定
2016	マッタレッラ大統領就任／憲法改正の国民投票で否決／レンツィ首相辞任、ジェンティローニ新政権発足					
2017	憲法裁判所選挙法一部違憲判決					

主要国憲法略年表

大韓民国/朝鮮		日本		他のアジア・アフリカ・中南米諸国		国際連合等国際機関	
1392	李朝成立	(604	聖徳太子十七条憲法)	1565-1898	スペインのフィリピン統治		
1592	秀吉、朝鮮出兵（壬辰の乱）	1592・97	朝鮮出兵	1619-1945	オランダのジャワ統治		
1597	丁酉の乱	1603	江戸幕府				
		1639	鎖国（-1854）				
		1854	日米和親条約				
		1868	明治維新				
		1874-	自由民権運動				
		1881	植木枝盛「日本国国憲按」（私擬憲法草案）	1819-1959	シンガポール植民地化（イギリス）		
		1889	大日本帝国憲法制定・施行	1858-1945	インドシナ植民地化（フランス）		
		1894	日清戦争	1898	フィリピン、アメリカ領化		
1897	大韓国成立	1904	日露戦争				
1904	日韓議定書	1910	日韓併合				
1910	日韓併合・総督府設置	1913	憲法擁護運動				
					第1次世界大戦	1919	国際連盟規約採択
		1914-18		1932	シャム王国憲法	1928	不戦条約
		1925	男子普通選挙制、治安維持法	1935	フィリピン憲法	1941	大西洋憲章
		1941	真珠湾攻撃・宣戦布告				
		1945	原爆投下・終戦		第2次世界大戦		
		1939-45		1945	インドネシア憲法	1945	国際連合憲章
1945	解放・南北分裂	1946	日本国憲法制定・公布	1949	インド共和国憲法	1948	米州機構憲章
1948	大韓民国成立・憲法制定 朝鮮民主主義人民共和国成立・憲法制定	1947	日本国憲法施行				世界人権宣言
		1951	講和条約・日米安保条約			1950	欧州人権条約
		1957-64	憲法調査会/報告書	1957	マレーシア憲法	1965	人種差別撤廃条約
1961	軍事クーデター	1971	沖縄返還協定調印	1965	シンガポール共和国憲法	1966	国際人権規約（A/B）
1987	大韓民国第6共和国憲法	1979	元号法	1987	フィリピン新憲法	1979	女性差別撤廃条約
1992	（北朝鮮）憲法改正	1990	天皇即位の礼・大嘗祭	1997	タイ王国憲法	1989	子どもの権利条約
1998	（北朝鮮）憲法改正	1992	PKO法	1992	ベトナム社会主義共和国憲法	1993	ウィーン宣言
		1999	国歌・国旗法 男女共同参画社会基本法			1995	世界女性会議北京宣言

286

主要国憲法略年表

年	韓国	年	日本	年	世界	年	国際
2000	南北首脳会談	2001	憲法調査会設置 テロ対策特別措置法	1999	東ティモール住民投票・独立	1996	CTBT採択
2004	政党法改正（50%クオータ制） 総選挙（クオータ制実施）	2002	衆議院憲法調査会中間報告	2003	ルワンダ共和国憲法制定	1997	京都議定書採択
2005	憲法裁判所違憲決定 民法改正（戸主制・戸籍廃止）	2005	衆参両院憲法調査会報告書	2008	ルワンダ女性議員 56.3% 台湾国民党・馬英九総統	1999	女性差別撤廃条約選択議定書
2008	李明博大統領就任	2007	国民投票法成立	2009	南アフリカ共和国総選挙 女性議員 44.5%	2000	女性2000年会議
2009	憲法改正国民投票法改正 総選挙、政権交代	2008	国籍法違憲判決	2010	インド上院（下院）の50% クオータ制（判決） 北朝鮮金正恩総書記就任	2001	京都議定書規則採択
2013	朴槿恵大統領（ハンナラ党党首）選出	2009	総選挙、政権交代	2011	ルワンダ女性議員 61.3%	2003	女性差別撤廃委員会総括所見
2014	セウォル号沈没事件 世界法曹裁判官会議第3回総会、アジア人権裁判所提案	2010	国民投票法施行	2014	南アフリカ共和国女性議員 41.8% タイでクーデター マララ、ノーベル平和賞最年少受賞	2008	国際人権自由権規約委員会勧告
2016	朴大統領弾劾逮捕、国会大統領弾劾追決定	2012	参議院選挙、自民党政権復帰、改憲論議再燃	2016	台湾民進党・蔡英文総統選出	2009	女性差別撤廃委員会総括所見
2017	憲法裁判所、朴大統領を弾劾により罷免 文在寅（共に民主党代表）大統領就任	2013	参議院議員、婚外子相続差別規定違憲状態、婚外子相続差別規定違憲判決（民法改正）			2016	パリ協定発効
		2014	総選挙、自民党大勝			2017	核兵器禁止条約採択 安保理、北朝鮮制裁決議 ICAN、ノーベル平和賞受賞 トランプ大統領のエルサレム首都認定撤回要求決議
		2015	公選法改正（18歳選挙権） 女性活躍推進法成立 安全保障関連法可決 最高裁、再婚禁止期間規定一部違憲判決（2016民法改正）				
		2016	オバマ大統領広島訪問 参議院選挙、自民党大勝 天皇、生前退位の意向表明				
		2017	「皇室典範特例法」制定 皇室典範特例法、総辞職、再選挙、与党大勝 参議院定数違憲合憲訴訟 臨時国会の冒頭解散・総選挙、与党大勝				

索　引

あ行

アクセス権　88, 89
アジア憲法フォーラム　15
アジア人権裁判所　15, 16
アジアの憲法　15, 16, 58-70
芦部信喜(説)　104, 243, 244
新しい人権　3, 44, 75-77, 131
アッカーマン　6
アパルトヘイト(法)　47, 229
アファーマティブ・アクション　4, 70, 77, 105, 107, 113, 126, 195
アフリカ憲法　58, 71-73
アフリカ統一機構　48
アフリカ民族会議　72
アムステルダム条約　2, 4, 49, 52
アメリカ合衆国憲法　11, 17, 27-30, 81, 168, 169, 171, 247
アメリカ独立宣言　103, 131
安保法制　238, 239
アンラジェ　30
EU(欧州連合)　2, 4, 11, 48, 49, 52, 106, 199, 215, 219, 232, 245, 260, 261
EU男女均等待遇指令　106, 126
EU離脱(イギリス，ブレグジット)　3, 164, 186, 212, 215, 216
EU労働法　126
イエリネック　13, 38
イギリス(憲法制度)　11, 17, 23-26, 110, 111, 124, 154, 163, 164, 169, 171, 176-178, 185, 186, 211, 212, 215, 216, 219, 220
イギリス革命　24-26
生ける原意主義　195
生ける憲法　195
違憲審査制　1, 4, 5, 7, 21, 41, 49, 52, 56, 64, 68, 74, 187, 189-197
違憲審査制革命　4, 5, 44
萎縮的効果　91, 92

イスラエル　17, 165, 168, 252
イスラム教(国)　66, 84, 86, 217
イスラムのスカーフ事件　77, 84, 86
イタリア王国憲章　55
イタリア共和国憲法(1947年)　49, 55, 119, 156, 248
一院制　9, 35, 67, 68, 167, 168, 253-255, 264
一木喜徳郎　13
五つ星運動(M5S)　57, 167
一般的効力　5, 191
イデオロギー　142
イニシアティブ(人民発案)　216, 221, 222, 256
李明博(イ・ミョンバク)　69, 264
インターネット規制　64, 97, 99, 100
インディアン　28, 262
インド共和国憲法　69, 231
インドネシア　66, 67, 151
ヴァージニア権利章典　87
ヴァサック　76, 77
ヴァッテル　227
ヴァルレ　19
ウィーン宣言　47
ヴィシー体制(政府)　37, 49
ウェールズ　146, 186, 211, 219, 220
上からの近代化　37
ウエストミンスターモデル　154
ウェブスター判決　136
ウォーターゲート事件　89
ウォーレン・コート　93, 163, 194, 195
訴えの利益　5, 190, 196
AID(非配偶者間人工授精)　139-142
エヴァソン事件　82
エスマン　14, 36
愛媛玉串料訴訟　81, 207
エマソン　90
LRAの基準　94
エンドースメント・テスト　82

289

索 引

王位継承制度　151-153
欧州憲法　3, 218
欧州人権条約(ヨーロッパ人権条約)　49, 77, 134
欧州統合　1, 2, 49, 52, 55, 66, 158, 218, 259
欧州連合市民(権)　3
オーヴァービー　228
オーストリア　4, 5, 8, 55, 128, 142, 144, 151, 162, 163, 165, 168, 190, 215, 233, 234, 254, 255
オーバーグフェル事件判決(Obergefell v. Hodges)　4, 133, 195
オブライエン・テスト　94
オランダ　4, 52, 67, 72, 144, 153, 163, 165, 253, 254
オランプ・ドゥ・グージュ　31, 32, 87, 110
オルレアン型議院内閣制　35
オレンジ公ウィリアム　25

か　行

カースト制　69
会計検査院　181
外見的立憲主義　13, 19, 20, 23, 38, 40, 251
外国人参政権　159
解散権(制約)　36, 60, 68, 175-179
解散・総選挙(2017年)　9, 10, 264
解釈改憲　iv, 241
カイロ宣言　47, 135
核兵器禁止条約　239
核兵器廃絶国際キャンペーン(ICAN)　239
家族形成権　78, 115, 118, 121, 132, 134, 140
過度の広汎性ゆえに無効の法理　91, 92
カレ・ドゥ・マルベール　36
カロリーン・プロダクツ社事件判決　90, 194
環境権　44, 68, 72, 76, 235, 263, 266
韓国憲法裁判所　15
間接差別　106, 107
カント　227
カンボジア　67, 153, 235
議院内閣制　1, 7, 35, 50, 56, 60, 70, 151, 154, 174-180, 245-247

一元型——　176, 177
二元型——　35, 176, 177
議会主権(国会主権)　11, 24, 26, 186, 189, 215
議会中心主義　6, 36, 39, 50, 177, 178, 189
議会統治制(会議制)　174
議会任期固定法(イギリス)　178
議席留保(インド)　70
ギゾー　35
貴族院型(民意抑制型二院制)　169
基本権保護義務(論)　3, 76, 100, 123, 200
基本的人権(保障)　12, 23, 28, 266
規約人権委員会　46
キャメロン　164, 216
9条2項全面放棄説　237, 238
9条3項追加論　238
9条の会　228
行政国家　1, 6, 40, 43, 155, 171, 172, 177, 190
行政裁判所　5, 56, 84, 183-185, 200, 205
強制性交等罪　114
行政の二頭制　50, 51, 179
行政までの民主主義　7, 43, 179
共同体主義　67, 122
協約憲法　17, 35, 37
共和主義　28, 35, 55, 85, 122
共和制憲法　18, 33, 34, 55
共和派(リパブリカン)　29, 193
均衡本質説　177
近代国民国家　→　国民国家
近代市民革命　30, 34, 37, 39
近代市民憲法　24, 31, 34, 38-41
近代立憲主義　6, 14, 19, 20, 23-26
欽定憲法　13, 17, 35, 37
クオータ制　56, 68, 70, 73, 109, 111-113
具体的規範統制　192, 198
クック(コーク卿)　24
グラースノスチ　59
グラッター判決　77, 108
クリントン(ヒラリー)　176
グローバリゼーション　1, 142
グロチウス　227
君主(制)　1, 11, 23, 32, 35, 37, 38, 67, 151-

153, 169, 174, 177, 245
君主制憲法　18
警察予備隊違憲訴訟　206
ケイシー判決　136
ゲソ法　100
ゲツェヴィチ　14
ゲリマンダリング　163
ゲルバー　38
原意主義　195, 197
検閲　56, 87, 91, 92, 99
厳格審査基準　93, 104, 105, 108, 195
元首　60, 68, 151, 152, 247, 248
現代家族　115
現代憲法の特徴　43-49
現代立憲主義　23, 41, 77, 101
憲法(の類型)　17-21
　形式的意味の――　11
　実質的意味の――　11
憲法院(フランス憲法院)　5, 51, 52, 85, 86, 99, 124, 134, 141, 190, 192, 200-205, 213, 261
憲法改正　9, 10, 18, 50-53, 206, 208, 241-266
憲法改正限界説　242-244
憲法改正手続法(国民投票法)　9, 250
憲法改正無限界説　242, 243, 245
憲法慣習(憲法習律)　26, 189
憲法裁判所　4, 5, 44, 54, 56, 60, 67-69, 84, 190-192, 197-200, 206, 208, 264
憲法審査会　10, 238
憲法制定権力　6, 243-246
憲法訴願(憲法異議)　5, 55, 60, 68, 84, 96, 191, 192, 198, 199
憲法訴訟　125, 187
憲法尊重擁護義務　241, 245-248
憲法調査会　121, 246
憲法的価値をもつ目的　203
憲法判断回避　194
憲法ブロック　51, 85, 202-205
権利章典　25, 27, 78, 87, 181
権利請願　24, 181
権力分立　1, 6, 12, 23, 33, 43, 154, 174, 176, 194

元老院(フランス)　141, 167, 170, 200, 218
コアビタシオン　51, 154, 179, 203
「公共の福祉」論　128
合区(問題)　166, 264
合憲性優先問題(QPC)　204
硬性憲法　iii, iv, 9, 18, 39, 239, 241, 244, 249-252, 257-260, 265
公正原理　89
拘束名簿式比例代表制　162, 167
公的自由　36, 76, 258
高等法院　184, 186
幸福追求権　3, 68, 94, 131, 263
抗弁による事後審査制　185, 192, 200, 204
公務員の労働基本権　127-129
国際刑事裁判所　3, 44
国際憲法学会　15
国際人権規約　44-46, 64, 66, 115, 116, 228, 229
国際連合憲章　44, 45, 115
国政調査権　171-174
国籍　33, 41, 47, 96, 139, 143, 149, 158, 159, 202, 207
国籍法違憲判決　207
国法学　13, 38, 76
国民　2, 32, 33
国民国家(の相対化)　1, 3, 40, 41, 212
国民主権　1, 2, 12, 14, 23, 32, 34, 41, 53, 88, 90, 123, 154, 243, 244, 263, 265, 266
国民主権(ナシオン主権)　32, 154
国民代表制　32, 33, 41, 249
国民投票(レファレンダム)　3, 9, 10, 18, 50, 214-218, 266
国民投票法　9, 156, 250, 264, 266
国約憲法　17
戸主制違憲決定　68, 112
コスタリカ憲法　74, 231
国会主権　→議会主権
国会中心財政主義　180
国家からの自由　39, 87, 100, 101
国家主権　1-3
国家による自由　100, 101
子どもの権利条約　48

291

索　引

コルシカ人民　　213
婚姻防衛法　　4, 133
コンコルダ　→　政教条約
ゴンザレス判決　　136
コンセイユ・デタ(国務院)　　86, 87, 99, 184, 185, 204, 205
根本規範　　242, 243

さ　行

在外国民選挙訴訟　　207
在外選挙制度　　158
罪刑法定主義　　31, 92, 99
最高法規　　11, 28, 55, 241, 242, 247, 250
再婚禁止期間　　46, 112, 114, 207
宰相民主主義　　178
財政議会主義　　180, 181
財政民主主義　　180
裁判員制度　　7, 187-189
差異への権利　　77
佐藤幸治(説)　　131
サルコジ　　52, 164, 218
サルディニア王国憲章　　55
サルトーリ　　165, 177
猿払事件(最高裁判決)　　94
サロゲートマザー　　139, 140, 149
3月革命　→　ドイツ3月革命
参議院(日本)　　166, 167, 170, 171, 264
サン＝キュロット　　30
三乗比の法則　　160
参審制　　7, 187, 188
三段階審査　　200
サン・ピエール　　227
サン・ラゲ式　　165
シイエス(シェイエス)　　168, 244
自衛官強制徴収制　　239
自衛官合祀事件　　80
自衛権(自衛戦争)　　237-239
ジェファーソン　　27, 29, 193
ジェンダー　　113, 122, 142, 234
ジェンダー・ギャップ指数　　109
ジェンティローニ政権　　57
死刑制度　　46

事件性・争訟性　　195
自己決定権　　77, 78, 94, 131, 134-143
ジスカール・デスタン　　52, 200
私生活尊重権　　133, 134
自然権(論)　　25, 38, 64, 76, 87
事前審査制　　200-203
事前抑制の禁止　　91, 92
思想の自由市場　　88, 90
7月革命(7月王政)　→　フランス7月革命
児童ポルノ　　93, 96, 217
死ぬ権利　　133
渋谷暴動事件　　97
司法権　　183-186
司法裁判所型　　44, 190
司法消極主義　　194, 207
司法審査制　→　違憲審査制
司法積極主義　　194, 195, 197
資本主義憲法　　17, 34, 39, 57, 58
市民主権　　41, 225
市民的自由　　76
社会契約論　　13, 25
社会権　　1, 3, 43-46, 76, 103, 105, 122-129
社会国家　　1, 6, 39, 40, 43, 49, 60, 118, 123
社会主義憲法　　7, 17, 34, 40, 57-66
社会的法治国家　　43, 54, 57, 74, 123, 210
ジャクソン　　193
ジャコバン憲法　　33, 55
衆議院議員定数不均衡違憲判決　　207
修正1条絶対主義　　91
集団的自衛権　　237-239
住民自治　　209, 224, 225
州民請願　　221
州民投票　　214, 221, 255
住民投票　　214-225
熟慮民主主義　　154
首相公選制　　56
消極国家　　6, 39, 40, 43
少数者調査権　　172, 173
少数代表制　　161
小選挙区制　　7, 154, 155, 160, 161, 163-167
小選挙区比例代表並立制　　68, 111, 154, 155, 160, 166, 167

索　引

象徴天皇制　　14, 151
条例　　214, 215, 224, 225
ジョスパン内閣　　99
女性(および女性市民)の権利宣言(グージュ)　　31, 87, 110
女性皇族　　152
女性差別撤廃条約　　44, 47, 109, 114, 116, 117, 134, 152, 228, 229
女性参政権　　29, 110, 111, 262
女性天皇　　152
女性の権利宣言(アメリカ)　　29, 262
女性の人権　　16, 47, 78, 135, 138, 142
ジョン王　　24
シラク　　51, 52, 86, 179, 217
知る権利　　88, 89, 172
人格的利益(自律)説　　131
シンガポール　　66, 67, 254
人権(の概念・用法)　　75, 76
人権としての平和　　227-230
人権のインフレ化　　75
人権の普遍性　　3, 28, 31, 75, 77
人工授精　　139-146
人工生殖(生殖補助医療)　　135-143
人工妊娠中絶　　3, 77, 78, 123, 132, 134-138, 199, 263
人種差別撤廃条約　　47
人種憎悪煽動罪　　96
神道指令　　79
人道に対する罪　　3, 44, 100
新聞法　　203
人民主権(プープル主権)　　5-7, 25, 34, 41, 50, 101, 154, 172, 189, 218, 247
人民戦線　　37
人民投票(レファレンダム)　　→ 国民投票
人民発案(イニシアティブ)　　7, 51, 218, 219
森林法違憲判決　　207
スイス連邦憲法　　3, 191, 216, 234, 256
スウェーデン　　89, 111, 125, 127, 128, 165, 168, 178, 187, 215, 254
杉原泰雄　　15
スコットランド　　186, 211, 212, 216, 219, 220
鈴木安蔵　　14

スタントン　　29
ストーン判事　　90, 194
ストライキ(権)　　46, 56, 125-129
砂川政教分離訴訟　　81, 207
スペイン1931年憲法　　8, 227
政教条約(コンコルダ，コンコルダート)　　79, 81, 85
政教分離　　37, 56, 69, 78-87
性差別禁止(公職選挙候補者)法　　111
成熟性の要件　　196
生前退位(問題)　　152, 153
生存権　　8, 44, 78, 122-125
性的指向　　4, 72, 78, 118
政党(制)　　26, 72, 154-156, 166, 175-178
成文憲法　　9, 13, 16-18, 24, 26, 28, 231, 241, 244, 245
生命権　　49, 137, 138
政令201号　　127, 128
世界経済フォーラム　　109
世界憲法裁判官会議　　15
世界人権宣言　　44, 45, 75, 88, 115, 228
責任本質説　　177
セネカ・フォールズ　　29, 262
選挙区制　　160
選挙制度　　160-168
「全体の奉仕者」論　　128, 248
全逓東京中郵事件　　128
全逓名古屋中郵事件　　128
全農林警職法事件　　128
総司令部案　　→ マッカーサー草案
争議権　　127, 128
租税法律主義　　180
ソビエト憲法　　58, 59
ソルジェニーツィン　　59
尊属殺重罰規定違憲判決　　207

た　行

タイ王国　　67
大韓民国憲法　　248
第3世代の人権　　3, 76-78
ダイシー　　26
大選挙区制　　160-162

293

索　引

大統領制　　1, 7, 50, 59, 67, 71, 151, 154, 174-176, 179
大統領中心主義　　50, 74
第 2 次堕胎判決　　138, 199
大日本帝国憲法　　13, 17, 19, 23, 38, 40, 79, 174, 183, 188, 244, 251, 252
大法官　　186
第 4 世代の人権　　44
代理出産(代理母)　　139-149
大ロンドン庁　　211
田上穣治　　14
闘う民主制　　54, 100, 199
「磔刑像」　　84
多文化主義　　66, 77, 197, 213
単一国主義　　213
男系優先主義　　152, 164
男女共同参画(社会基本法)　　107-113
男女均等待遇指令(1976 年)　　106, 126
団体行動権　　127
団体自治　　209, 224
地域言語　　214
千葉卓三郎　　14
地方自治　　209-214
チャールズ 1 世　　24
中華人民共和国憲法　　7, 61-65, 117, 231
抽象的違憲審査制　　190, 206
抽象的規範統制　　6, 55, 192, 198
中選挙区制　　160, 161
長子優先主義　　152
超然内閣制　　174
朝鮮民主主義人民共和国憲法　　61, 65, 66
重複立候補制　　166
直接民主制　　7, 41, 52, 179, 209, 214-225, 252, 266
通信品位法　　98
津地鎮祭事件判決　　80, 81
ディガーズ　　25
デモクラシー　　21, 41, 154, 155, 193, 218
　協調型──　　154
デュヴェルジェ　　18-20, 179
デュー・プロセス　　28, 29, 82, 124, 132, 136, 193, 195, 261, 262

天安門事件　　62, 64, 75
天皇制　　14, 151
天皇制家父長家族　　122
デンマーク　　111, 124, 128, 168, 179, 187, 250, 254, 255
ドイツ 3 月革命　　37
ドイツ帝国憲法　　23, 38, 40
ドイツ連邦共和国基本法　　3, 8, 11, 49, 52-55, 83, 119, 123, 145, 156, 171, 173, 181, 185, 197, 210, 220, 221, 227, 232, 247, 259
ドイツ連邦憲法裁判所　　4, 5, 44, 54, 78, 84, 96, 99, 123, 138, 185, 190-192, 197-200
統一条約　　53, 119, 199
ドゥオーキン　　95
討議民主主義　　154
当事者適格　　191, 196, 198
同性婚法　　4, 78, 134, 141
統治行為論　　238
投票価値の平等　　157, 163
投票方式　　162, 163
ドゥブレ　　50
トーマス判事　　197
徳島市公安条例事件　　92
特別永住者　　158, 159
特別裁判所　　184
ド・ゴール　　50, 52, 218, 266
トランプ　　169, 176
ドループ式　　162
ドント式　　162, 165, 166

　　な 行

内閣　　176-179, 245-247, 250
ナイロビ将来戦略　　228, 229
長沼事件第 1 審判決　　238
ナシオン主権　　→ 国民主権
ナチス(党)　　40, 53, 54, 141, 145, 165
ナポレオン(1 世)　　34, 35, 212, 266
ナポレオン 3 世(ルイ・ナポレオン)　　35
軟性憲法　　18, 70, 241, 252
南北戦争　　29, 103, 124, 132, 193, 262
二院制　　34, 57, 60, 72, 73, 168-171, 254
2 月革命　　→ フランス 2 月革命

294

索　引

二元型議院内閣制　→議院内閣制
二重処罰の禁止　　28, 261
「二重の基準」論　　89, 194
二大政党制　　154, 155, 166, 175-178
日本国憲法　　8, 14, 122, 126, 155, 171, 183, 227-231, 236-239, 243, 244, 249-252, 264-266
　　第9条　　228, 230, 236-239, 243
　　第13条　　3, 27, 63, 96, 131, 200
　　第20条　　79, 80
　　第27・28条　　126, 127
　　第62条　　171
　　第81条　　206, 235
ニュー・カレドニア　　213, 218, 222
ニュージーランド　　9, 17, 18, 252
ニュー・ディール期　　124, 194
人間宣言（天皇の）　　79
人間の尊厳（ドイツ）　　3, 53, 78, 137, 145, 260
ヌフ・サージュ　　203
ノーベル平和賞（2017年）　　239
ノルウェー　　111, 128, 165, 178

　　　は　行

バーガー・コート　　93, 195, 197
ハーゲンビショップ式　　162
バージェス　　13
パートナーシップ法（ドイツ）　　78
バーネット事件　　194
陪審制　　7, 187-189
胚保護法　　141, 145
パウエル判事　　108
バウワーズ判決　　132
パキスタン憲法　　231
朴槿恵（パク・クネ）　　6, 69
パクス（民事連帯契約）法　　78, 134
漠然性ゆえに無効の法理　　92
発展途上国の憲法　　20, 57, 58, 70, 120, 121
発展の権利　　44, 76, 77
パトニー論争　　25
パナマ共和国憲法　　236
バブーフの陰謀　　19, 34
パラオ憲法　　235

パラグアイ共和国憲法　　235
バラデュール　　51
パリ・コミューン　　19, 35
パリテ（法）　　52, 77, 110
ハンガリー基本法（2011年）　　233
ハンガリー（人民）共和国憲法　　233
ハング・パーラメント　　164
半大統領制　　7, 151, 154, 174, 179, 180
半代表制　　36, 154, 155
半直接制　　7, 50, 51, 154, 266
判例法主義　　4, 30, 186
比較憲法（の方法）　　11-21
　　科学としての——学　　17
樋口陽一　　14, 15, 17
ビスマルク　　38
ヒトラー　　53, 220, 266
1人1票原則　　163
ピューリタン革命　　25
表現の自由　　87-101
平等派（レヴェラーズ）　　25
比例代表制　　7, 154, 161-166
ファシズム憲法　　40, 55
フィッシャー判決　　108
フィリピン共和国憲法　　235
フィンランド　　8, 89, 111, 154, 231, 254
プーチン　　60
夫婦同氏強制　　115
プープル主権　　→人民主権
フェイクニュース　　97, 101
フェデラリスト　　→連邦派
フェミニズム　　32, 95, 134, 135, 142, 197
藤田宙靖判事　　81
付随的違憲審査制　　190
不文憲法　　17, 245
プライバシー権　　44, 49, 76-78, 131-137
ブラジル憲法　　8, 74, 227
ブラン　　35
フランクフルト憲法　　37
フランス革命　　19, 25, 30-34, 85, 157, 168, 244
フランス1789年人権宣言　　13, 14, 23, 30-33, 38, 51, 75, 76, 79, 85-87, 99, 103, 123,

295

　　　　　137, 181, 202, 203, 262
フランス 1791 年憲法　　8, 11, 30-34, 79, 85,
　　　　　168, 227
　　1793 年憲法　　30, 33, 34, 79, 85, 168
　　1795 年憲法　　34, 85, 168
　　第 2 共和制（1848 年）憲法　　8, 35, 125,
　　　　　168, 227
　　第 3 共和制憲法　　37, 49, 177
　　第 4 共和制（1946 年）憲法　　49, 50, 119,
　　　　　125, 232
　　第 5 共和制（1958 年）憲法　　49, 50, 85,
　　　　　126, 179, 190, 212, 260, 261
フランス 2 月革命　　35, 37, 85, 125
フランス 7 月革命　　35
フランス 2008 年憲法大改正　　204, 261
フランス 2017 年大統領選挙　　164
ブランダイス・ルール　　194
ブランデンバーグ事件（テスト）　　93, 97
不利益効果の法理　　106
ブルカ着用禁止法　　86, 87
ブルガリア人民共和国憲法　　253
ブルキニ　　87
ブルム　　37
ブレグジット　→ EU 離脱
プレビシット　　34, 35, 51, 218, 219, 225, 266
プロイセン憲法　　19, 38
プログラム規定（説）　　40, 53, 122, 123
ブロディ内閣　　56
プロバイダー責任法　　98
プロレタリア独裁　　59, 61, 65
文化相対主義　　75
文化多元主義　　66
ヘアー式　　162
ペア投票制　　110
ベイカー事件判決　　195, 196
並行調査　　172, 173
「兵士は殺人者」判決　　96, 199
ヘイトスピーチ　　96, 97, 101
平和主義　　2, 8, 74, 227-239, 243, 244, 266
平和首長会議　　239
平和的生存権　　8, 44, 228-230, 236, 238
平和への権利　　77, 229

ペタン内閣　　37, 49
ベトナム共和国憲法　　61, 117
ベトナム民主共和国憲法　　61
ベルギー　　37, 71, 73, 81, 162, 163, 254
ベルルスコーニ　　56, 57
ペレストロイカ　　59
法実証主義　　38, 76, 243
放送の自由　　97-100
法治国家　　1, 2, 4, 40, 202, 218
法の支配　　1, 2, 4, 12, 24, 26, 28, 49, 183, 186
法律の留保　　38, 79, 99
ホームズ判事　　88, 93
ポーランド（人民）共和国憲法　　258
ポジティブ・アクション　　4, 56, 70, 105-
　　　　　113, 126
ホストマザー　　139, 146, 148, 149
母体保護法　　138
ボビニー事件　　137
堀越事件（最高裁判決）　　94
ポルノ　　93-96, 217

　　　　　　　ま　行

マーシャル　　4, 29, 189
マーシャル・コート　　193
マーストリヒト条約　　2, 49, 52, 199, 218, 260
マーベリー対マディソン事件　　4, 29, 189,
　　　　　193
マイノリティの権利　　4, 44, 48, 262
マッキノン　　95
マグナ・カルタ　　24, 25, 181
マクロン　　164
マッカーサー草案　　14, 27, 126, 251, 252
マルタ　　235
マレーシア連邦憲法　　66, 67
マンデラ　　72
3 つの代表　　62, 63
ミッテラン　　51, 52, 179, 213
美濃部達吉　　13
宮沢俊義　　14, 75
ミラー判決　　95
民衆の憲法思想　　19, 20
民主集中制　　7, 61, 62, 64

民主主義　→ デモクラシー
民選議会型（民主的二院型）　169-171
民定憲法　17
ムートネスの法理　196
無罪推定原則　31
文在寅（ムン・ジェイン）　69
明確性の理論　91, 92
メイ　216
明白かつ現在の危険　91, 93, 97
明文改憲　iv, 241, 264
名誉革命　25
名誉毀損表現　91, 96, 98
命令的委任の禁止　36
メルケル　166
毛沢東　62, 63
目的・効果基準　80-82
モルドバ　235

や行

薬事法距離制限違憲判決　207
夜警国家　6, 40
郵便法違憲判決　207
ヨーロッパ人権条約　→ 欧州人権条約
予算　171, 181, 239
予算法律　181
吉田善明　15

ら行

ラーバント　13, 38
ライシテ　85-87
ラオス　61
リコール　222, 266
リスボン条約　3, 49
立憲主義　→ 近代立憲主義
立法国家　6, 40
立法手続　18, 171

立法までの民主主義　6, 179
リプロダクション　134, 135
リプロダクティブ・ライツ　3, 47, 117, 134, 135
リベラリズム　77, 122, 218
リルバーン　25
累積投票法　161
ルーマニア人民共和国憲法　254, 258
ルクセンブルク　128, 215
ル・シャプリエ法　125
ルソー　13, 32, 103, 189
ルワンダ共和国憲法　73, 112
令状主義　28, 261
レヴェラーズ　25
レファレンダム　→ 国民投票，住民投票
レモン・テスト　82
レンキスト・コート　195
連合議会（コングレス）　27
連邦型二院制　168, 169
連邦主義　28
連邦派（フェデラリスト）　27, 29, 193
労働基本権　126-129
労働権　45, 49, 56, 59, 60, 78, 125-129
ロウ判決　136, 137
ローゼンフェルド　15
ロシア革命　40, 59
ロシア連邦憲法　5, 60, 231, 258
ロック　103
ロバーツ・コート　83, 91, 108, 195
ロベスピエール　33

わ行

わいせつ罪　94-96
ワイマール憲法　39, 40, 43, 53, 67, 83, 99, 103, 118, 122, 173, 220, 221
ワシントン　27

辻村みよ子
明治大学法科大学院教授，東北大学名誉教授

主な著書

『フランス革命の憲法原理』(日本評論社，1989年)[渋沢・クローデル賞]，『人権の普遍性と歴史性』(創文社，1992年)，『市民主権の可能性』(有信堂高文社，2002年)，『憲法とジェンダー』(有斐閣，2009年)[昭和女子大学女性文化研究賞]，『フランス憲法と現代立憲主義の挑戦』(有信堂高文社，2010年)，『ポジティヴ・アクション──「法による平等」の技法』(岩波新書，2011年)，『代理母問題を考える』(岩波ジュニア新書，2012年)，『人権をめぐる15講』(岩波書店，2013年)，『比較のなかの改憲論──日本国憲法の位置』(岩波新書，2014年)，『選挙権と国民主権』(日本評論社，2015年)，『憲法と家族』(日本加除出版，2016年)，『政治・社会の変動と憲法』(全2巻，編集代表，信山社，2017年)，『新解説 世界憲法集(第4版)』(共編著，三省堂，2017年)，『最新 憲法資料集』(編著，信山社，2018年)，『憲法(第6版)』(日本評論社，2018年)

比較憲法 第3版　　　岩波テキストブックス
2018年3月23日　第1刷発行

著　者　辻村みよ子
発行者　岡本　厚
発行所　株式会社 岩波書店
　　　　〒101-8002 東京都千代田区一ツ橋2-5-5
　　　　電話案内 03-5210-4000
　　　　http://www.iwanami.co.jp/

印刷・三陽社　カバー・半七印刷　製本・中永製本

© Miyoko Tsujimura 2018
ISBN978-4-00-028919-1　Printed in Japan

【岩波テキストブックス】（法律）

書名	著者	判型	頁数	本体価格
新EU法 基礎篇	庄司克宏	A5判	390頁	3400円
新EU法 政策篇	庄司克宏	A5判	442頁	3900円
二十世紀の法思想	中山竜一	A5判	240頁	2300円
憲法 第六版	芦部信喜／高橋和之補訂	A5判	462頁	3100円
抑止力としての憲法 ──再び立憲主義について──	樋口陽一	A5判	256頁	4400円
体系憲法訴訟	高橋和之	A5判	432頁	3800円
憲法の円環	長谷部恭男	A5判	278頁	4000円
総点検 日本国憲法の70年	宍戸常寿／林知更 編	A5判	320頁	3500円
新版 世界憲法集 第2版	高橋和之編	岩波文庫		1380円

──岩波書店刊──

定価は表示価格に消費税が加算されます
2018年3月現在